Morgan
Talty

# Sein Name ist Donner

ROMAN

Aus dem Englischen von
Thomas Überhoff

ROWOHLT

Die Originalausgabe erschien 2022
unter dem Titel «Night of the Living Rez»
bei Tin House, Portland.

Morgan Talty verwendet
in der direkten und indirekten
Figurenrede bewusst Rassismen
und diskriminierende Sprache.
Dabei handelt es sich um eine
Wiederaneignung seitens Betroffener
und nicht um eine Aufforderung
zur Reproduktion. Die Übersetzung
orientiert sich eng am Original.

1. Auflage

Deutsche Erstausgabe
Veröffentlicht im Rowohlt Verlag,
Kirchenallee 19, 20099 Hamburg, Juli 2025

Satz aus der Tundra Pro
bei CPI books GmbH, Leck
Druck und Bindung
GGP Media GmbH, Pößneck
ISBN 978-3-498-00703-4

Kontaktadresse nach EU-Produktsicherheits-
verordnung: produktsicherheit@rowohlt.de

Für Mom (1959–2021)
Und für alle Frauen, die mich
erzogen haben

# Verbrennung

Winter, und ich lief nachts neben verharschten Schneewehen über den Gehweg. Ich kam von Rabs Wohnung außerhalb des Reservats. Rab – dieser Weiße mit dem breiten Mund und den Augen, die er beim Lachen zukniff – verkaufte Gras. Auf Verarsche stand er nicht. Ich hatte nach einem Gramm gefragt, und nachdem er es abgewogen und in ein Plastiktütchen gepackt hatte, das er mir hinhielt, suchte ich in meinen Hosen- und Jackentaschen zwischen den Zigarettenblättchen und dem Taschenmesser nach dem Bargeld, und er glaubte mir nicht, als ich meine Nummer abzog und immer wieder sagte: «Scheiße, scheiße, scheiße, es muss auf dem Weg hierher rausgefallen sein.» Er schüttelte den Kopf, nahm das Gras aus dem Tütchen und tat es zurück in sein Einmachglas. «Auf Pump lass ich dich nicht rauchen», sagte er, darauf ich: «Fick dich ins Knie, Rab, ich hab das Geld wirklich verloren, du wirst schon sehen, pass auf, wenn ich in einer halben Stunde mit der Kohle wieder da bin, kommst du dir richtig blöd vor.» Er zuckte die Achseln, *Tut mir leid, Mann*, und ich knallte beim Gehen die Tür zu.

Der Fluss unter der Brücke zum Reservat war noch zugefroren, das Eis leuchtete blauweiß im Licht des Vollmonds. Der Gehweg oben war nicht geräumt worden, seit der letzte Nordoster im November Schnee geschissen hatte, und ich lief in den Stiefelspuren all der Leute, die zu Fuß nach Overtown gegangen waren, um Gras zu kaufen oder einen Bus zu erwischen, der uns *skeejins* brachte, wohin auch immer wir mussten, also nirgendwohin, weil es außer Gras alles, was wir brauchten, im Res gab. Na ja, auch außer Best Buy oder Bed, Bath & Beyond, aber die Indigenen, die sich 4K-UHD-Blu-Rays oder weiße Zierdeckchen leisteten, besaßen Autos und hätten nie den Bus genommen, so wie ich oder Fellis jeden Tag zur Methadonklinik. Das war noch was, was es im Res nicht gab: eine Methadonklinik. Dafür hatten wir heilige Orte, an denen einmal im Monat Schwitz- und Peyoterituale stattfanden, bloß dass ich, seit ich Methadon nahm, dem Arzt im Res zufolge nicht mehr an spirituellen Übungen teilnehmen durfte.

Indigene, die über Indigene urteilten.

Die Straßen im Res waren ruhig, die Bäume bogen sich unter der Schneelast, und als ich an dem gefrorenen Sumpf vorbeikam, stöhnte irgendwer. Ich blieb stehen. Nichts, also ging ich weiter über die glitzernde Straße, bis ich es erneut hörte.

«Wer ist da?», rief ich. Wieder das Stöhnen. Irgendwo im Sumpf war ein Mann. Ich ging näher ran und lauschte. Da war es wieder: ein tiefes Röcheln, und mit dem ausgekühlten Ohr voraus folgte ich ihm.

Der Sumpf war fest zugefroren, der Schnee zu Haufen zusammengeweht, und so rutschte ich übers Eis und suchte nach der Geräuschquelle. Das durch kahle Äste leuchtende Mondlicht erhellte den Sumpf, und zwischen Baumstümpfen und hartem Schnee lag ausgestreckt ein irgendwie eingeklemmter Mensch. Er versuchte, sich aufzusetzen, fiel aber immer wieder zurück, als hätte er gerade tausend Sit-ups gemacht und bekäme keinen einzigen mehr hin.

Es war Fellis.

«Fellis?», sagte ich, als ich über ihm stand.

Er versuchte, sich aufzurappeln, aber irgendwas zog ihn wieder runter. «Fick dich», sagte er. «Hilf mir.» Er stöhnte und zitterte.

Er sagte nicht, wie ich ihm helfen sollte, also musste ich mich hinhocken, um besser sehen zu können. Ich schnippte mein Feuerzeug an, und seine lila verfärbte Lippe bebte.

«Beeil dich», sagte er.

«Fellis, wenn ich nicht weiß, was mit dir ist, kann ich dir nicht helfen.»

«Mein Haar», sagte er.

Ich leuchtete mit der Feuerzeugflamme hin. «Heilige ...», sagte ich und lachte los. Statt zu einem dichten, glänzenden Zopf geflochten zu sein, war Fellis' Haar lose im Schnee festgefroren.

«Hol mich raus, Dee», sagte er. «Dee, hol mich hier raus.»

Zuerst versuchte ich, das Haar aus dem Schnee zu ziehen, ihn abzuklopfen. Aber es kam nicht frei, also zerrte ich daran, und Fellis schrie auf.

«Nimm den Kopf hoch», sagte ich, klappte mein Taschenmesser auf, und beim Einrasten der Klinge erhob er wieder die Stimme.

«Warte, warte», sagte er. «Schneid es nicht ab.»

«Was soll ich denn sonst tun? Dem Eis sagen, es soll dich loslassen?»

Fellis spuckte aus. «Geh zu mir nach Hause und hol kochendes Wasser.»

Ich schloss das Messer. «Fellis, bis ich damit wieder hier bin, ist es längst kalt.»

Er war still. Als würde irgendwer oder -was unter uns oder um uns rumwandeln, knackte das Eis und hallte im Sumpf wider. Der Mond schien hell, und ich sah mich um. Da waren bloß wir.

«Ich muss es abschneiden», sagte ich. «Sonst kommst du hier nicht raus.»

Fellis fragte mich nach einer Zigarette, und als ich ihm sagte, nein, ich hätte keine, fluchte er: «Verdammter Mist, verdammter Scheißwinter, verfickter.»

Ich lachte.

«Das ist nicht lustig, Dee.»

«Schau mal», sagte ich. «Soll ich meinen Zopf auch abschneiden?»

Fellis atmete tief durch, und er hustete und würgte. «Nein», sagte er. «Schneid es einfach ab. Ich muss nach Hause. Mir ist übel.»

Ich machte das Messer wieder auf, nahm sein Haar in die Faust und schnitt. Als ich die letzte Strähne durchhatte, rollte Fellis sich seitlich fort von der Stelle, an der er festgehangen hatte. Er rieb sich den Schädel, als wäre er gerade aufgewacht.

Ich half ihm aufstehen, und wir schlitterten über das Eis aus dem Sumpf. Unterbrochen von Brechreizanfällen sagte Fellis, dass er am Morgen den Bus zur Methadonklinik verpasst hatte – «Ach was?», sagte ich, denn ich hatte ihn weder im Bus noch in der Klinik gesehen – und dann dachte, dass ein bisschen Schnaps vielleicht gut wäre, bevor er sich übergeben musste, weil er kein Methadon genommen hatte. Nachmittags hatte er noch etwas Schnaps übrig gehabt, als er beschlossen hatte, zu Rab zu gehen, um sich Gras zu besorgen, und auf dem Weg hatte er dann beim Sumpf eine Pause eingelegt, um die Ruhe zu genießen, die bei übermäßigem Trinken einkehrt, und als er sich in den Schnee hatte fallen lassen, war er sofort eingenickt. Als er aufwachte, war sein Haar im Schnee festgefroren.

Ich brachte ihn zu Beth, seiner Mutter, wo er noch wohnte. Bis vors Haus schaffte er es ganz gut allein, aber auf der Eingangstreppe stützte ich ihn.

«Ich hätte nie gedacht, dass ich mal einen Stammesbruder skalpieren würde», sagte ich.

«Leck mich», sagte er. Er kramte in der Hosentasche nach dem Hausschlüssel.

«Willst du was kiffen?», sagte ich.

«Hast du nicht zugehört? Ich hab es nicht bis zu Rab geschafft.» Er schloss die Haustür auf.

«Das nehm ich dir ab», sagte ich. «Gib mir die Kohle.»

Fellis sah mich an.

«Zwanzig Minuten», sagte ich. «Ich lauf schnell hin und zurück, während du dir das hübsche Kahlschädelchen aufwärmst.»

Er gab mir dreißig Mäuse, und ich fragte nicht nach, woher er die hatte. Tags zuvor hatte er noch gesagt, er habe kein Geld.

«Für einen Zwanziger», sagte Fellis. «Und geh bei Jim's rein und besorg ein paar große Dosen Bier und eine Tüte Chips. Alles außer Humpty Dumpty.»

Auf dem Weg durch Fellis' Einfahrt stellte ich mir Rabs Gesicht vor, wenn ich ihm das Geld gab. Was hab ich dir gesagt? Was ist jetzt mit dem Gramm?

«Dee», schrie Fellis mir hinterher. «Noch was. Bring mir mein Haar mit, damit wir es verbrennen können. Wir wollen doch keine Geister im Nacken sitzen haben.»

«Wir sind sowieso verdammt», sagte ich. «Aber dein Haar bring ich dir gern mit.»

Ich lief los und fragte mich: Haar oder Gras zuerst? Gras schien am sinnvollsten. Es würde komisch aussehen, das Haar mit dem Eis dran wie einen vollgesogenen Mopp bei Jim auf den Tresen zu legen, während ich in meinen Taschen nach Fellis' Geld kramte. Jim – der alte Waldschrat – würde sagen: «So was nehmen wir nicht mehr.» Ich würde ihm direkt ins Schwabbelgesicht starren und sagen: «Ich handle nicht mit Haar, du alter Sack», dann würde ich eine Zehndollarnote für das Dosenbier und die Chips auf den Tresen klatschen. Mit dem klingelnden Restgeld in der Tasche würde ich dann zu Rab gehen, und er würde sagen: «Bring das Haar hier raus, du tropfst mir die ganze Wohnung voll», und ich würde es auf den schlammfeuchten weißen Boden im Hausflur werfen müssen, während Rab die bereits abgewogenen Blüten noch mal abwog.

Nein, ich würde Fellis' Haar auf dem Heimweg aus dem Sumpf holen. Dann würde Fellis auf seinem ungemachten Bett und ich auf dem zerrissenen Sitzsack in der Ecke sitzen, jeder mit einem großen Bier, während die Grasschwaden den Raum grau vernebelten, und wir würden an dem Haar rumprokeln und es auswringen und warten, bis es trocken genug war, dass wir es verbrennen konnten.

## In einem Glas

Ich hatte kein Fieber mehr, aber Mom machte sich Sorgen, dass ich immer noch krank war, und sagte mir, ich solle es langsam angehen. Den ganzen ersten Morgen in unserem neuen Heim ließ sie mich mit einer Schüssel Cornflakes und einer halben Scheibe Toast auf der Couch sitzen, während sie auspackte und das Haus einrichtete, ihre braunen Regale an die weißen Wände schraubte und dann ihren bunten Nippes reinstellte, Miniaturen größerer Dinge wie hölzerne, mit bemalten Holzfrüchten gefüllte Schälchen, winzige Limofläschchen aus Glas, kleine Porzellanschildkröten und eine Reihe winziger, winziger Bücher mit echten Seiten, die alle leer waren. Als ich aufgegessen hatte, saß ich da und machte mir Gedanken über Moms Haar. Sie hatte es sich schneiden lassen, und mir war schleierhaft, wie sie die Zeit dazu gefunden hatte. Als sie mit dem Haus fertig war, gingen wir raus. Da saß ich dann auf den Betonstufen und spielte mit meinen Spielzeugmännern, die ich in einer schwarzen Plastikwanne aufbewahrte, Geschenke meines Vaters, wenn er aus dem Casino gekommen war. Ich hatte eine Menge Spielzeugmänner. Während ich spielte, arbeitete Mom im Schuppen. Sie ordnete und stapelte überzählige Kartons von unserem Umzug in die Panawahpskek Nation. Vielleicht war *Umzug* nicht das richtige Wort. Ich wusste nur, dass wir unser Leben mit meinem Vater und meiner Schwester unten im Süden aufgegeben hatten. Ich hatte x-mal nachgefragt, aber Mom hatte nie gesagt, ob Paige auch mitkommen würde.

Ich hatte noch nicht lange gespielt, als ich einen meiner Männer in einem Spalt zwischen der Treppe und der Tür verlor. Es war ein roter Alien, und obwohl er nicht meine Lieblingsfigur war, ärgerte mich das. Als ich hinter die Stufen spähte, wurden meine Knie nass vom Schnee und meine Hände kalt und schmutzig. Die Sonne knallte mir in den Nacken; sie leuchtete auch genau im richtigen Winkel hinter die Betonstufen, und in ihrem Licht glaubte ich, meinen Spielzeugmann zu sehen. Aber als ich nach ihm tastete, bekam ich irgendwas Hartes, Rundes zu fassen. Ich zog es raus.

Es war ein mit Haar, Mais und Zähnen gefülltes Schraubglas. Die Zähne waren weiß und an den Wurzeln leicht gelblich verfärbt. Das Haar war grau und dünn und ungebunden. Wild. Und der Mais glich irgendwie den Zähnen, weiß, gelb und hart.

«Mumma», sagte ich. «Was ist das?»

«David», rief sie aus dem Schuppen zurück. «Kannst du warten? Bitte, Schatz.»

Ich sagte nichts, wartete und untersuchte das Glas. Meine Hand war leicht gerötet, entweder von dem heißen Glas, das den ganzen Nachmittag in der Sonne gelegen hatte, oder von dem kalten Schnee, in dem ich rumgekrochen war.

Mom kam aus dem Schuppen und blinzelte im Licht.

«Was ist was, *gwus*?», sagte sie. Sie meinte: mein Junge.

Ich hielt ihr das Schraubglas hin, und sie nahm es. Ich sah, wie sie es anschaute, mit schräg gelegtem Kopf und

Augen so rund wie das Glas selbst. Dann ließ sie es in den matschigen Schnee fallen und befahl mir, meine Spielsachen aufzusammeln. «Nein, nein, egal», sagte sie. «Lass die Spielsachen. Komm, wir gehen rein.»

Sie ging ans Telefon und rief jemanden an, dessen Stimme am anderen Ende ich hören konnte; sie klang vertraut. «Ich komme vorbei», sagte die Stimme. «Bin bald da. Fass das Ding nicht an, und lass ihn auch nichts anfassen.»

Mom legte auf und zündete sich eine Zigarette an.

Wir warteten lange. Mom blieb stumm, und ohne Unterhaltung oder meine Spielzeugmänner, mit denen ich mich hätte beschäftigen können, versuchte ich, mir den Umzug in unser neues Heim ins Gedächtnis zu rufen, der ja keine entfernte Erinnerung war, sondern erst einen Tag zurücklag. Aber wegen des Fiebers fielen mir bloß Bruchstücke ein. Kilometerlange Highways, kilometertiefe Kiefernwälder. Ich entsann mich, auf dem Beifahrersitz unseres weißen Toyotas gesessen zu haben, während das Fieber in mir brannte. Mom hatte ihre lange Winston 100 an das einen Spalt weit geöffnete Fahrerfenster gehalten, und bei 130 km/h hatte die vorbeiströmende Luft den Rauch rausgesaugt. «Wir haben Paige dagelassen», sagte ich immer wieder. «Wir haben sie dagelassen, Mumma.» Mum nahm den Blick von der Straße und sah mich an. Sie legte mir die Hand auf die verschwitzte Stirn. «Du Ärmster», sagte sie. Sie fuhr schnell. Richtig schnell, und die meiste Zeit behielt sie dabei mich im Blick, als wäre ich die Straße zu unserem neuen Zuhause.

Jetzt schreckte mich ihre Stimme auf. «Kau nicht ständig auf deinen Nägeln rum», sagte sie. Sie zündete sich eine zweite Zigarette an, während wir warteten. «Er hat gesagt, du sollst nichts anfassen – das betrifft auch deinen Mund.» Eine ganze Weile versuchte ich, mir unsere Ankunft vorzustellen, versuchte, mich genau daran zu erinnern, wie meine Mutter ein Bett zusammengebaut, es bezogen und mich unter die Decken gesteckt hatte. Aber eigentlich war ich dazu nicht imstande. Mir fiel nur ein, dass ich in der Nacht einen Traum gehabt hatte, in dem ich aus dem Bett ins Dunkel des mir unvertrauten Hauses krabbelte, nach einem nicht vorhandenen Türknauf griff und über Kartons stolperte, die verstreut im kurzen, schmalen Flur standen, der direkt in die Küche und das kleine Wohnzimmer führte, wo mich eine Männerstimme ansprach und zurück ins Bett schickte. Ich fragte den Mann, wer er war, aber er antwortete nicht. Er brachte mich zurück in mein Zimmer, und seine Stiefel hallten durch den Flur davon.

Beim Geräusch eines Pick-up-Trucks, dessen Motor abgestellt wurde, sagte Mom: «Endlich», und stand vom Tisch auf. Als der Mann durch die Einfahrt und die Treppe raufkam und über den Spalt stieg, wusste ich sofort, dass mein Traum keiner gewesen war. Dieser Mann, den Mom wegen des Schraubglases angerufen hatte, hatte mich in der vergangenen Nacht ins Bett gebracht. Er war dunkelhäutig wie Mom, und im Gegensatz zu ihr hatte er langes schwarzes Haar und einen schmalen schwarzen Oberlippenbart. Dick war er nicht, aber ein bisschen kräftig schon, was ich im Dunkeln nicht bemerkt hatte, und seine Jeans waren ausgebleicht und schlabbrig. Er trug ein schwarz-rotes Flanellhemd.

«*Gwus*», sagte Mom. «Das ist Frick. Er ist Medizinmann.»

«Er war heute Nacht hier», sagte ich zu Mom, und dann zu Frick: «Ich hab dich gesehen.»

«Was glaubst du denn, wer den Herd angeschlossen hat?», fragte Frick.

Ich dachte, Mom.

«Lass mich mal deine Hand anschauen», sagte er.

Ich streckte sie aus, und er nahm sie und strich mir über den Handteller. Dann ließ er los und sprach mit Mom über das Schraubglas. «Das ist schlechte Medizin», sagte er, und Mom fragte, wer sie da hingetan haben könnte. Darauf hatte Frick keine Antwort. «Könnte jeder hier im Res gewesen sein. Ich kümmere mich drum.»

Er verließ das Haus. Ich fragte mich, warum man das Glas nicht einfach wegwerfen konnte, fragte mich, was Frick damit vorhatte. Ich erkundigte mich bei Mom, und sie wurde ziemlich sauer.

«Das kann man nicht wegwerfen», sagte sie. «Frick ist Naturheiler. Das Glas muss vernünftig entsorgt werden.»

Ich fragte noch mal nach, und sie sagte, was ich dort gefunden hätte, sei da gewesen, um mir zu schaden. Um uns zu schaden.

«Aber mir geht's gut», sagte ich, worauf sie meinte: «Nur für alle Fälle.»

Bald machte Frick die Tür wieder auf und sagte, er sei bereit für uns. Mom nahm mich mit nach draußen hinters Haus und runter in den Wald, wo vier Fähnchen von einem Baum hingen: rot, weiß, schwarz und gelb.

«Die vier Himmelsrichtungen», erklärte mir Mom.

«Wozu sind die da?», sagte ich.

«Um uns zu heilen.»

«Aber mein Fieber ist doch weg», sagte ich. «Ich bin nicht mehr krank.»

«Bist du wohl», sagte sie.

Frick kniete sich vor den Baum mit den vier Fähnchen, und er murmelte Worte auf *skeejin*. Es war komisch, jemanden außer Mom, Paige und Grammy, wenn sie zu Besuch war, *skeejin* sprechen zu hören. Aber ich konnte nicht verstehen, was er sagte, und konnte die Worte immer noch nicht ausmachen, als um ihn her Rauch aufstieg und er aufstand und eine riesige Muschel von der Größe eines Baseballhandschuhs hochhielt, die mit Tabak und diesem langen, buschigen Zeug gefüllt war, von dem ich später erfuhr, dass es Salbei war, der brannte und dabei so beruhigend roch wie Salzwasser.

In der Hand hielt er eine große Feder – Adler, sagte Mom –, deren Kiel mit Perlen verziert war. Weiter vor sich hin murmelnd kam er auf uns zu, und Mom meinte, er bete. «Er räuchert uns. Das ist gute Medizin. Pass auf, wie ich es mache, *gwus*.»

Im Gehen stolperte Frick über eine kräftige Wurzel und ließ den rauchenden Salbei fallen.

«Scheiße», sagte er.

Ich lachte; Mom machte scharf: «Pssst», und ich hielt die Klappe.

Frick holte den Salbei aus dem Matsch und tauenden Schnee, ging wieder los und blieb vor ihr stehen. Er musste den Salbei neu anzünden. Der Rauch wallte auf und um ihn her, und mit der Feder wedelte er ihn über meine Mutter. Er fing am Kopf an, strich den Rauch mit der Feder über sie und durch ihr kurzes Haar, dann über ihre Brust. Sie drehte sich um, und er machte am Rücken weiter. Wieder drehte sie sich um, sodass sie ihm das Gesicht zuwandte, und hob die Arme. Er sah sehr ernst aus. Er räucherte die Unterseiten ihrer Arme und ihre Achselhöhlen. Dann die Beine. Mom hob die Füße, und Frick wedelte Rauch darunter. Er trat zurück, murmelte noch ein paar

Worte, begab sich wieder zu dem Baum mit den Fähnchen, die sich in einer leisen Brise strafften, und dann kniete er sich noch mal hin und sprach, diesmal lauter, weitere Worte. Stand wieder auf und räucherte mich auf dieselbe Weise wie meine Mutter.

Als er fertig war, räucherte er auch meine Spielsachen, die Stufen und die Hintertür. Dann räucherte er alles im Haus, und ich sah, wie sich unser neues Heim mit beißendem Qualm füllte. Ich hustete einmal. Endlich war er damit durch und kehrte zu dem Baum zurück, während Mom und ich uns drinnen an den Küchentisch setzten.

Nach einiger Zeit kam Frick durch die Tür und hielt irgendwas Rotes in der Hand. Zuerst dachte ich, er hätte hinter die Stufen gegriffen und meinen Plastik-Alien rausgeholt, aber es war nicht meine Spielzeugfigur. Es war dünnes gelbes Stroh, gehüllt in ein rotes Tuch und dann mit Draht umwickelt.

«Kannst du mir eine Heftzwecke besorgen?», sagte er zu Mom, die aufstand und in einer Küchenschublade kramte, aber keine finden konnte. Sie ging in das leere Zimmer, in dem, wie ich hoffte, Paige bald wohnen würde, kam wieder raus und gab Frick eine winzige grüne Pinnwandnadel. Er heftete das gelbe Stroh im roten Tuch über unsere Haustür. «Das wird die schlechte Medizin draußen halten», sagte er zu Mom und mir. «Außerdem hab ich noch das hier.»

Er grub in seiner Hosentasche und zog ein kleines, oben zugenähtes Hirschledersäckchen raus. Es war nicht größer als ein Quarter, und in der Mitte steckte eine geöffnete Sicherheitsnadel.

«Komm her», sagte er zu mir. Ich trat vor, und er ließ sich auf ein Knie nieder. Er umklammerte das Säckchen, schob die Hand in mein Hemd, stieß auf Höhe meines Herzens die Sicherheitsnadel durch den Stoff und drückte sie zu.

«Kann ich auch eins haben?», fragte Mom, und er zog noch eins aus der Tasche. Mom nahm es und pinnte es sich an.

«Das ist ein Medizinbeutel», sagte Frick. «Hab ich selbst gemacht.»

«Wie funktioniert der?», fragte ich.

«Er funktioniert eben einfach», sagte er.

Der Beutel kratzte, und ich mochte ihn nicht. Ich hatte vor, ihn abzunehmen und unters Bett zu stopfen, sobald ich in meinem Zimmer war. Was er da über der Tür aufgehängt und angepinnt hatte, war zumindest nicht körperlich unangenehm. Störend aber schon – es sah aus wie ein Spielzeug, so wie es in das rote Zeug gewickelt war, und jedes Mal, wenn ich durch den Flur oder aus dem Haus ging, dachte ich an meinen verlorenen Plastikmann, den es immer tiefer in den Schneematsch saugte.

*

Es schien, als wäre Frick fast so schnell eingezogen, wie Mom all den Hausrat ausgepackt hatte. Den ganzen Tag war er da und hockte mit ihr rum, auf der Couch oder am Küchentisch, und wenn ich ins Bett ging, war er immer noch da, und sie tranken Wein aus einem Karton. Morgens trank er schwarzen Kaffee und rauchte mit Mom. Bald lag seine Haarbürste im Bad, Strähnen trieben unabgespült in der Kloschüssel, und seine Zahnbürste stand neben meiner im Becher.

Ich hörte Frick sagen, das Schraubglas sei ein alter Fluch und höchstwahrscheinlich nicht gut gemacht, dass sich wohl irgendwelche *skeejins* mit Mom und mir hätten anlegen wollen, es aber richtig gewesen sei, sich abzusichern, zu beten und zu räuchern und unser Heim zu weihen.

Mir ging es gut, wie auch schon vor dem Räuchern, als ich das Glas angefasst hatte, deshalb sah ich das genauso wie Frick, dass es wohl nicht gut gemacht war, aber Mom war sich da nicht so sicher. «Ich weiß nicht», sagte sie immer wieder, eigentlich nicht zu mir, sondern zu Frick, der dann den Kopf schüttelte. «Erst die Zeit wird das zeigen», sagte sie.

Ende März fing ich mit der Schule an, und danach verbrachte ich die Nachmittage bis zur Dinnerzeit im Gemeinschaftshaus – verrostetes Dach, gelbe Mauern – und spielte auf dem Betonfeld mit ein paar Jungs aus meiner Klasse Basketball; ich fühlte mich im Nullkommanichts heimisch, so als wäre ich schon mein Leben lang da gewesen und nicht mitten in der Nacht mit Fieber aus dem Bett gezerrt und weit, weit nach Norden gefahren worden, wo Mom herkam.

Falls Dad über unser Verschwinden wütend war, sagte er nie was zu mir, aber spätabends hörte ich Mom am Telefon mit ihm streiten, und einmal hörte ich, dass Frick an den Apparat ging und ihn anschrie: «Du Spieler», sagte er und lallte dabei, «du hast dich richtig verzockt.» Wenn ich sie abends am Telefon hörte, schlief ich oft ein, um dann von meinem verlorenen Alien hinter den Treppenstufen zu träumen.

Fast jeden Abend nach dem Dinner sprach ich mit Dad, und immer stellte er die Fragen, die Mom nie stellte: «Wie war's in der Schule?» – «Was hast du gefrühstückt?» – «Was hast du zu Mittag gegessen?» – «Was hast du heute gespielt?» – «Irgendwelche Hausaufgaben?» – «Was ist dein Lieblingsfach?» Manchmal sagte er, er werde mir ein Spielzeug schicken. «Wenn ich den nächsten Job kriege, schicke ich dir dieses Raumschiff.» Immer ließ er mich auf irgendwas hoffen, und wenn ich das Spielzeug vergessen hatte und längst an anderes dachte, landete irgendeine kleine Actionfigur mit FedEx auf unseren schiefen Betonstufen und wanderte dann in meine schwarze Plastikwanne zu all den anderen Männern. Die Wanne wurde langsam voll, kaum kriegte man noch den Deckel zugeklickt.

*

Monatelang erwähnte Mom das Schraubglas mindestens einmal am Tag. «Damit ist irgendwas», sagte sie dann. «Ich glaube nicht, dass das schon vorbei ist.» Schließlich hörte sie auf, darüber zu reden, weil Frick es ihr aufgetragen hatte, aber dann am Ende des Sommers, als es nachts schon schneidend kalt wurde und Paige in ihrem VW mit dem erblindeten Lack auftauchte, fing sie wieder damit an. Ich hatte den Wagen schon gehört, bevor ich ihn zu Gesicht bekam, hatte gehört, wie der Motor aufjaulte und dann zu knallen begann, als sie in den ersten schaltete. Mom und Frick saßen am Küchentisch und tranken Kartonwein aus Hartplastikbechern. Ich rannte durch den Flur in die Küche, vorbei an den Trinkenden, und riss die Haustür auf.

«Ich hab dir doch gesagt, dass sie kommen würde», sagte Mom. Ich war so glücklich über Paiges Ankunft, dass mich Moms Lüge gar nicht kümmerte: Sie hatte nie gesagt, dass Paige kommen würde.

Barfuß rannte ich über die sandige, mit spitzen Kieseln gespickte Einfahrt auf Paige zu und umschlang ihre Hüften, und sie umarmte mich, wuschelte mir durchs Haar und küsste mich auf den Kopf. «Du bist gewachsen, weißt du das, *chagooksis*?» *Chagooksis*. Kleiner Scheißer.

«Und du hast immer noch Segelohren», sagte ich. Sie zog eine Grimasse, rümpfte die Nase, und dann küsste sie mich noch mal auf den Kopf.

Drinnen nahm Mom Paige fest in den Arm, und Frick stand auf und schüttelte ihr die Hand. Paige sagte nichts zu ihm, und nachdem er gegangen war, wurde mir klar, dass Mom ihr nichts von ihm erzählt hatte. Ich saß auf der Couch, aß italienisches Eis und sah mir die *Simpsons* an. Mom und Paige rauchten am Küchentisch, und wann immer Werbung kam, hörte ich ihnen zu.

«Wer ist der Kerl überhaupt?», sagte Paige.

«Frick», sagte Mom zu ihr. Da Mom noch jung gewesen war, als sie Paige bekommen hatte, teilten sie eine gewisse Vertrautheit, und Paige hatte eine Art, Mom dazu zu bringen, dass sie sich öffnete und irgendwie nicht mehr bloß mütterlich war. Manchmal, wenn Paige dabei war, fragte ich mich, ob sie nicht in Wahrheit Moms Schwester war, so wie sie miteinander redeten, sich stritten und einander verwünschten.

«Frick?», sagte Paige. «Was zum Teufel soll das, Frick?»

Mom lachte. «Er heißt Melvin, aber er frickelt eben gern an Sachen rum.»

«Tut er das?»

Moms Feuerzeug flammte auf. «Tut er was?»

«An Sachen rumfrickeln.»

Mom war still und dachte nach. «Tja, tut er wohl.»

«Komischer Vogel», sagte Paige. «Als ich angekommen bin, kriegte er gar nicht den Mund auf. Er hat mir die Hand geschüttelt und sich wieder hingesetzt, kein Wort gesagt und ist dann aufgestanden und verschwunden.»

«Ach, er ist bloß schüchtern.»

«Wenn du meinst.»

Mom schob ihren Stuhl zurück, und die Beine quietschten auf dem Boden. Ich hörte, wie die Kühlschranktür aufging. «*Gwus*», sagte sie. «Willst du was trinken?»

Ich sagte Nein, und dann fragte sie Paige, ob sie einen Becher Wein wollte. Ich starrte auf den Fernseher, wo Homer Bart würgte, dass dessen rosafarbene, wie ein Wurm aussehende Zunge durch die Luft schwang, und ich lachte, lachte ganz für mich allein, während die leere Plastikdose von dem italienischen Eis auf meinem Bauch rumhüpfte. Dann kam Werbung, ich hörte auf zu lachen, es folgte ein Moment gewaltiger Stille, und dann fiel Mom über Paige her wie Homer über Bart.

«Von wem ist es, Paige? Hä?», schrie Mom.

«Beruhigst du dich bitte?»

«Tu ich nicht.» Sie knallte ihren Plastikbecher hin. «Deshalb bist du also hier raufgekommen, ja? Du kleines Aas. Kleines Aas!»

Ich linste um die Ecke in die Küche, und Mom stand über Paige gebeugt, und jetzt erhob sich Paige und hielt dagegen, stieß sie brüllend und fluchend mit dem Körper weg.

Das mit dem Herzrasen war nichts Neues, aber ich bekam trotzdem Panik und schlug schreiend gegen die Wand: «Aufhören!»

Mom sah mich nicht an. «Geh in dein Zimmer, *gwus*. Auf der Stelle.»

Ich eilte durch den Flur, während Moms Worte mir durch den Kopf hallten, und bevor ich die Tür schloss, hörte ich noch Paige: «Er wird erwachsen werden und dich auch hassen.»

*

Ich blieb in meinem Zimmer und spielte mit den Spielzeugmännern, während sie bei laufendem Wasserhahn leise weiterstritten. Mom ließ Teller, Tassen und Besteck scheppern, während sie abspülte. So hörte sich ihr Abwasch jedes zweite Mal an. Dann und wann kam mir Paiges Lachen zu Ohren, und ich wusste, dass es Mom noch wütender machte. Nach ungefähr einer Stunde wurde es still im Haus. Aber dass sie nicht redeten, hieß nicht, dass der Streit vorbei war.

Ich packte die Plastikmänner weg, öffnete die Tür und schlich durch den Flur in die Küche. Mom wischte die Arbeitsplatte ab, und die Hintertür stand offen; durch die Fliegentür sah ich Paige draußen auf den Stufen sitzen, rauchend und mit angezogenen Knien.

«Junge», sagte Mom. Ich stand still. Es gab ein Wort, dass mir Moms Laune zuverlässig verriet: *Junge*. Irgendwas war dran an der Art, wie sie mich *gwus* – was dasselbe bedeutete – oder *Junge* nannte. Vielleicht der Ton, in dem sie es sagte.

«Junge», sagte sie noch mal. «Geh und sag deiner Schwester, dass Rauchen in der Schwangerschaft schädlich ist.»

«*Ich* soll ihr das sagen?», fragte ich.

«Du hast mich schon verstanden.» Unter metallischem Geklapper der Gasringe schrubbte sie den Herd sauber. Sie warf den Lappen beiseite, nahm ihren Plastikbecher und trank aus. Dann ging sie in ihr Zimmer.

Durch die Fliegentür sagte ich: «Paige?»

Sie sah mich nicht an. «Ich weiß schon, David. Geh fernsehen.»

Den Rest des Tages kam Mom nicht mehr aus ihrem Zimmer, und nachdem Paige mir Abendessen gemacht hatte, tauchte Grammy auf. Grammy erschien immer unangekündigt, und bei mehr als einer Gelegenheit machte Mom alle Lichter aus, wenn sie sie in die Einfahrt einbiegen sah, nahm mich mit in ihr Zimmer und sagte mir, ich solle still sein, ihr sei heute nicht nach Besuch, und ich musste mit ihr auf dem kratzigen Teppich sitzen und zuhören, wie Grammy klopfte, klopfte und klopfte, und ich stellte mir vor, wie sie das Gesicht an das kleine Fenster in der Haustür drückte und nach uns Ausschau hielt. «Wir waren spazieren», sagte Mom dann immer, wenn sie Grammy das nächste Mal sah.

Die Tür war offen, deshalb kam Grammy rein. Ich hüpfte von der Couch. «Hi, mein Junge», sagte sie. Ich umarmte sie. Paige drehte den Hahn über der Spüle zu und trocknete sich die Hände ab.

«Wann bist du hergekommen, *doos*?», sagte Grammy zu Paige.

«Vor einem Weilchen.»

Grammy lief in Schuhen über das Linoleum und schloss Paige auf eine Weise in die Arme, die besagte: *Wie schön, dich zu sehen*. «Wo ist eure Mom?», sagte sie.

«Der geht's nicht so gut.»

Grammy schaute in den Flur.

«Hat irgendwas Falsches gegessen», sagte Paige.

Grammy sagte: «M-hm.» Sie stand in der Tür, und Paige fragte, ob sie sich nicht setzen wollte.

«Nein, nein», sagte Grammy. «Ich bin bloß vorbeigekommen, um zu sehen, ob David nicht zum Abendgottesdienst in der Kirche mitwill.» Jetzt sah sie mich an, und auf den Blick hin konnte ich nur Ja sagen. Schließlich war sie meine Grammy. Aber allein wollte ich nicht mit, gar nicht wegen ihr, sondern wegen der Kirche.

«Wenn Paige auch mitkommt», sagte ich. Paige ließ kopfschüttelnd die Schultern sinken. Sie ging in ihr Zimmer, sich umziehen.

Grammys Wagen war ein stotternder Haufen rostiges Metall mit zwei Türen. Ich hatte gedacht, Paiges Auto wäre schlecht beieinander, aber Grammys war noch mal eine ganz andere Nummer. Der Motor produzierte alle paar Minuten so ein jaulendes Geräusch wie eine Luftschutzsirene. Ihr Blinker ging zwar, aber die Anzeige war kaputt, deshalb fuhr sie manchmal kilometerweit mit angeschaltetem Blinksignal. Vielleicht war ihr das auch bewusst, vielleicht legte sie sich gern mit anderen Fahrern an. Außerdem schaltete sich das Radio von selbst ein und aus, und nachdem wir schweigend an dem kleinen Gesundheitszentrum, dem großen, wie eine Konservenbüchse aussehenden Gemeinschaftshaus, der hinter dichten Kiefern verborgenen Stammesverwaltung und der braun geziegelten Schule mit dem Footballfeld vorbeigefahren waren, bogen wir auf den Kirchenparkplatz ein, und das Radio ging an und spielte Meredith Brooks' «Bitch»; Paige wackelte im Takt mit dem Kopf und sagte Grammy, sie solle es lauter stellen, aber Grammy drehte das Radio schnell aus.

«*Michaganasuus*», sagte sie. Dieses kleine Miststück.

Wir stiegen aus, und Grammy eilte vor uns her. Paige ging an meiner Seite und flüsterte mir was über Goog'ooks zu. Böse Geister. «Die verfolgen Grammy», sagte sie zu mir. «Deshalb ist das Radio angegangen.»

Ich gab mir zwar Mühe, keine Angst zu haben, aber ich hatte doch welche. Paige sprach ständig über Goog'ooks, und ein Grund, warum ich nie bei Grammy übernachtete, war, dass Paige gesagt hatte, dort spuke es, und als ich Mom davon erzählte, sagte die, die ganze Insel sei verhext, dass unser Volk sie über Jahre, Jahre und Jahre als Friedhof benutzt habe, dass sie sogar noch spätabends Goog'ooks an die Wände klopfen hörte. Sie meinte, ich solle mich nicht fürchten.

In der Kirche nahmen wir unsere Plätze ein, und ich blätterte in der Bibel vor mir. Ansonsten gab ich nicht besonders acht auf das, was passierte, beobachtete nur ab und zu Leute; manche hatten die Augen geöffnet, manche geschlossen. Ich glaubte auch nicht, dass Paige so genau zuhörte – sie hielt den Kopf zur Seite geneigt, die Augen nur halb geöffnet, als würde die Predigt des Pfarrers sie einschläfern.

Nachdem wir uns angestellt hatten, um den Leib Christi zu empfangen – den ich nicht zu mir nehmen durfte und den der Priester durch ein Kopftätscheln ersetzte, weil meine Mutter mich nicht hatte taufen lassen –, kehrten wir auf unsere Plätze zurück. Paige stupste mich an. Grammy sah mit der Hand auf der Brust zu, wie Paige ihre Oblate entzweibrach und die Hälfte mir gab. In meinem Mund löste sie sich auf, und sie schmeckte wie ein mehliger Keks, der nass geworden und wieder getrocknet war.

Paige sah meine angeekelte Miene und flüsterte: «Besser hat Jesus es einfach nicht hingekriegt.»

«Die hat Jesus gemacht?», sagte ich.

Paige verschränkte die Arme. «Ich kenne mich aus, oder?»

Grammy befahl uns, verflixt noch mal den Rand zu halten.

Der Gottesdienst zog sich. Wenn wir knien mussten,

knieten wir, wenn wir singen mussten, sangen wir, wenn wir beten mussten, beteten wir. Grammy betete wahrscheinlich darum, dass Gott Paige verzieh, und Paige betete wahrscheinlich um eine Zigarette. Ich betete um die sichere Rückkehr meines Aliens im roten Raumanzug. Ich fühlte mich immer noch mies, ihn da unten ganz allein unter diesen Stufen zu wissen, im kalten Matsch begraben, und ich betete, dass ihn eines Tages der Jahreszeitenwechsel an die Oberfläche bringen und ich ihn wiederfinden würde.

Zum Ende knieten wir ein letztes Mal und sagten noch ein Gebet auf, aber ich betete um nichts, weil ich mich nicht konzentrieren konnte: Ich roch nämlich einen stinkenden Schleicher, einen Pups. Ich hielt die Augen offen und sah mich um, und ich spürte, dass Paige es auch tat. Unsere Blicke fanden sich, und sie beugte sich zu mir.

«David», flüsterte sie und deutete in die Runde. «Hast du dich schon mal gefragt, warum man Kirchen stille Örtchen nennt?»

Ich kniff die Lippen zusammen und merkte, dass ich rot anlief. Ich biss mir auf die Zunge und benutzte den Schmerz, um mir das Lachen zu verkneifen. Grammy sah uns kopfschüttelnd an, aber es wirkte, als würde auch sie sich Mühe geben, nicht loszulachen, und als Paige Grammys Gesicht sah, entrang sich ihr ein krächzender kleiner Pruster, laut genug, dass der Pfarrer ihn hörte, laut genug, dass Köpfe sich umwandten, laut genug, dass der Mensch, der da einen fahren lassen hatte, wusste, er war ertappt.

*

Grammy lieferte uns wieder ab, erinnerte mich, dass ich jederzeit zu ihr kommen könnte, und ich sagte Okay. Frick war da, sein Truck stand dicht hinter Paiges Wagen, aber wir sahen weder ihn noch Mom. Ich ging durch den Flur zu meinem Zimmer und spähte durch die Ritze unter Moms Tür. Da war kein Licht an. Keine Stimmen.

Ich machte mich bettfertig, zog meinen Schlafanzug an und ging zu Paiges Zimmer. Ich stand in der offenen Tür, versuchte, sie auf mich aufmerksam zu machen. Sie lag angezogen im Bett, den Kopf auf ein Kissen gestützt, las mit einer Zigarette zwischen den Fingern das Lokalblatt von Overtown, und der Rauch wand sich und stieg an dem grauen Papier entlang zur Decke auf. Sie legte die Zeitung beiseite und sah zu mir her.

«*Be-de-gée, chagooksis*», sagte sie. Komm rein, kleiner Scheißer.

Ich krabbelte auf ihr schmales Bett, versuchte, mich herumzuwälzen, und stieß ihr dabei den Ellbogen in die Seite. «Au! Kannst du nicht still liegen?»

Sie las. Rauchte. Schnippte die Asche ab. Drückte die Kippe aus. Zündete sich noch eine an. Blätterte um, faltete die Seiten. Schließlich ließ sie die Zeitung auf ihren Bauch sinken, und es sah wie ein kleiner Hügel aus, aber ich wusste, dass bloß ihre Kleider den machten, noch nicht das Baby. Paige stieß eine besonders lange Rauchwolke aus, und dann war sie still.

Der Kühlschrank in der Küche summte, und dann grummelte er tief wie ein Magen und schaltete sich ab. Ein Rohr in der Wand rappelte. Eine Minute Stille, bis der Kühlschrank sich summend und grummelnd wieder anschaltete. Klick. Noch ein Rohr. Stille. Das ging so weiter, bis ein anderes Klopfen dazukam, leise über den Flur und an den Wänden entlang. Es wurde lauter, kam näher, und Paige muss gespürt haben, wie ich ihren Arm umklammerte, denn sie meinte, es sei ein Rohr, aber das Klopfen wurde immer lauter, schien direkt über ihre Zimmertür zu wandern, und ich wusste, dass in dem dünnen Sperrholz keine Rohre lagen.

Paige schlug die Augen auf und schaute. Das Klopfen hörte auf, und ich hörte erneut den Kühlschrank angehen und die Fußleistenheizung pingen, aber dann wurde alles ruhig, und bevor ich mich versah, sprang Paige auf, dass ich vom Bett flog, hielt sich den Schenkel und schrie.

Paiges Schrei weckte Mom und Frick, und Mom kam in Unterhose und langem T-Shirt raus, Frick mit vorstehendem braunem Bauch über seinen blauen Boxershorts, und beide kniffen im Licht die Augen zusammen.

«Was zum Teufel ist hier los?», sagte Mom.

«Au, Scheiße!» Paige konnte ihre schwarze Hose nicht so hoch aufkrempeln, deshalb zog sie sie runter, wobei Frick entsetzt zuschaute, aber dann weiteten sich seine Augen erst richtig. Ich packte Mom am Handgelenk und hielt mich an ihr fest, während ich mir Paiges Oberschenkel anschaute. Irgendwas hatte sie da gebissen – winzig kleine Zahnabdrücke.

«Geh zur Seite», sagte Frick zu Mom.

«Könnte das an dem Schraubglas liegen?», fragte sie.

Frick ignorierte sie, trat dicht an Paige ran und besah sich die Bissspuren. Paige erzählte Mom und ihm, was wir gehört hatten, das Klopfen, dann die Stille und schließlich der Schmerz in ihrem Bein. Ich umklammerte weiter Moms Handgelenk.

Wir schauderten, aber Frick blieb ruhig. Er ging in

Moms Zimmer, holte eine kleine hirschlederne Tasche raus und sagte zu Paige, sie solle mitkommen.

«Bleibt einfach im Haus», sagte er zu Mom und mir. Er war immer noch in Unterwäsche, und ich spürte, wie die Kälte durch die offene Tür drang und mich durch die Schlafanzughose zwickte. Mom und ich setzten uns an den Küchentisch. Sie rieb sich den Schädel, und ich fragte sie, ob sie Kopfweh hatte.

«Ein bisschen, *gwus.*»

Sie blieben lange weg, und dann öffnete Frick die Hintertür, und Paige folgte ihm, während ihr die Kälte folgte. Frick trug die Muschelschale, Rauch stieg in Spiralen auf, drehte sich und wehte davon, als er hinter sich und Paige die Tür zumachte. Er räucherte das ganze Haus – vor allem Paiges Zimmer –, und dann räucherte er Mom und mich.

Als er fertig war, segnete er seine Muschelschale und den Tabak und tat alles in die hirschlederne Tasche zurück. Mom sagte nichts. Sie umarmte Paige, gab ihr einen Gutenachtkuss, dann machte sie bei mir dasselbe und trug mir auf, ins Bett zu gehen.

Aber ich konnte nicht schlafen. Die ganze Nacht lauschte und lauschte ich auf das Klopfen, das nie zurückkam, und versuchte, nicht daran zu denken, was hinter alldem steckte. Irgendwann mitten in der Nacht stand ich auf, legte mich auf den Boden und zog die schwarze Plastikwanne unterm Bett hervor, und als sie herauskam, hing unten an der Wanne der Medizinbeutel dran, den Frick mir gegeben hatte. Vorsichtshalber pinnte ich ihn von innen an mein Schlafanzugoberteil, und die Nadel pikste mich. Ich wusste nicht, ob ich blutete. Ich betastete die Haut, aber sie fühlte sich nicht blutig an.

Ich öffnete die schwarze Plastikwanne. Die Männer nahm ich gar nicht raus – ich betrachtete sie bloß, den Haufen Plastikfiguren im Mondlicht, das durch die geteilten schwarzen Vorhänge im Fenster hinter mir fiel. Mir ging auf, dass ich einige von ihnen loswerden und Platz für neue schaffen musste. Was tun mit den alten Spielzeugmännern, deren Farbe ausblich und deren Gelenke verdreckt und verschmiert waren? Ich dachte an meinen Vater, bevor ich die Wanne leise schloss und mich wieder hinlegte. Während die Stunden vergingen – und ich immer mal wieder wegdöste –, erhellte sich mein Zimmer mit kaltem Morgenlicht, das durchs Fenster reinströmte. Ich tastete nach dem Beutel, aber er war abgefallen. Ich warf Decken und Kissen vom Bett und suchte danach; dann schaute ich zwischen Bett und Wand. Er lag ganz hinten unterm Bett. Ich versuchte dranzukommen, aber er war zu weit entfernt. Ich ließ ihn liegen und ging durch den Flur in die Küche.

Gewöhnlich tat Mom mir am Abend Cornflakes in ein Schälchen, füllte eine kleine Tasse mit Milch und stellte sie in den Kühlschrank, damit ich sie nicht zu wecken brauchte und mir mein Frühstück selbst machen konnte. Aber das hatte sie vergessen, und anstatt zu versuchen, Cornflakes in eine Schüssel zu schütten und Milch aus einem Vierliterbehälter über die Flocken aus dem Vorratsschrank zu kippen, ging ich direkt zur Couch, stellte den Fernseher an und schaute Trickfilme. Im Haus war es kalt, und Mom hatte mir aufgetragen, die Finger vom Thermostat zu lassen. Frick hatte mir immer noch nicht gezeigt, wie man den Holzofen anmachte, deshalb wickelte ich mich in eine Decke und blinzelte zum Fernseher, der nur leise an war, und wenn Werbung kam, lauschte ich, ob Mom, Frick oder Paige sich rührten, husteten oder ihr Feuerzeug anschnippten.

Ein paar Clips später hörte ich, wie eine Tür aufging und das Licht im Bad angeknipst wurde; ich hörte, wie Pipi laut ins Wasser klatschte, und ich wusste, es war Frick. Er spülte, ging aus dem Bad in die Küche und stöpselte die Kaffeemaschine ein. Er sagte nichts; vielleicht hatte er mich nicht gesehen.

Nach und nach standen alle auf, und Mom und Paige sprachen darüber, was sie zum Frühstück machen sollten, während Frick am Küchentisch saß, rauchte und an seinem Kaffee nippte. Paige briet Rührei, und Mom machte ein paar Würstchen, diese Dinger in der gelben Packung, die in der Mikrowelle heiß werden. Dazu machte sie Toast, aber wir hatten keinen Toaster, deshalb tat sie ihn in den Backofen, und das Brot wurde nicht richtig knusprig, sondern nur hart und spröde.

Mom stellte den verstaubten grauen Gettoblaster an, legte ihre Elton-John-CD ein und spielte «Tiny Dancer». Niemand sprach über das Schraubglas oder die Bissspuren. Frick und ich aßen und hörten zu, wie Mom und Paige lachten und mitsangen, den Mund voller Ei oder einem Bissen Toast, bis wir alle mit Essen fertig waren und den Song dreimal gehört hatten.

«Verdammich», sagte Mom, stand auf, stellte die Teller klappernd aufeinander und brachte sie zur Spüle. «Das waren gute Eier.»

Paige drehte sich auf ihrem Stuhl um. «Willst du das Geheimnis wissen?»

«Liebe?», singsangte Mom.

«Nein, kleine Flamme und ein Achtel Butter.»

Mom warf Paige einen langen Blick zu, so lang, wie ich

mir das Eierbraten vorstellte, und durch den Kopf ging mir der Gedanke, den ich schon seit dem frühen Morgen wälzte, dass sich dieser Morgen nämlich so anfühlte, als wären wir alle in der Zeit zurückgereist bis zu dem Tag, als Paige in ihrem VW mit dem erblindeten Lack in unsere Einfahrt eingebogen war.

Butter! Ein ganzes Achtel! Ich hätte geschworen, dass ich Herzflattern kriegen würde von all dem Fett, aber Mom unterbrach alles, indem sie den Kühlschrank aufriss, sodass die Tür ausschwang und schepperte, weil all die Würzsaucen in ihren Glasgefäßen gegen die Halterung knallten. Dann schwang die Tür zurück und stieß gegen Mom, die den Kopf in den Kühlschrank gesteckt hatte und mit den Händen mit Metallfolie abgedeckte Tupperware aus dem Billigladen beiseiteschob. «Das war unser letztes Achtel», sagte sie.

Ich weiß nicht, was lauter war: Paiges Kichern, das Quietschgeräusch von Fricks Zahnstocher zwischen seinen Zähnen, Moms lautes Gestampfe durch den Flur in ihr Zimmer oder mein Herzschlag.

*

Im späten Oktober begann Frick, Mom in sein Camp auf *skeejin*-Land dreißig Kilometer nördlich mitzunehmen. Einmal ließen sie mich auch mitfahren, aber mir gefiel es dort nicht. Frick und Mom spielten die ganze Zeit Cribbage und tranken Kartonwein, und ich musste mich ganz allein mit einem einzigen Spielzeugmann draußen rumtreiben, Han Solo, dessen Blaster ich verloren hatte. (Meine schwarze Plastikwanne konnte ich nicht einpacken, weil sie nicht mehr in Fricks Tragekorb passte.)

Eines Nachmittags nahm er mich mit auf die Jagd. Er ließ mich seinen .22er-Repetierer benutzen, und ich hatte Spaß daran, auf Büchsen zu schießen – da fühlte ich mich wie Han Solo. Aber als wir dann in den Wald gingen, deutete er auf dieses kleine Kaninchen, das wie angewurzelt dasaß, dieses kleine weiße Wesen, das wusste, dass wir da waren, oder wusste, dass es von irgendwas bedroht wurde, und Frick sagte: «Los, mach, bevor es davonspringt.» Ich legte das Gewehr an, schaute über den schmalen braunen Lauf hinweg auf das weiße Kaninchen, konnte aber nicht abdrücken.

«Los, sonst haut es ab. Mach schon», sagte Frick. Aber ich zögerte zu lange, und es hüpfte davon. Ich war erleichtert, bis Frick sagte: «Vielleicht sollte ich dich lieber bei Save 'n Shop abliefern, da kannst du jagen wie die Weißen.» Mom hab ich das gar nicht erzählt, aber sie bekam mit, dass ich mich über irgendwas ärgerte. Danach ließ sie mich bei Paige zu Hause, wenn sie und Frick ins Camp fuhren.

Nach ein paar Wochenenden zu Hause wollte Paige nicht mehr auf mich aufpassen. Sie meinte, sie bräuchte eine Pause. Nicht von mir – vielleicht war ich zum Teil der Grund –, sondern von der Welt. So war Paige eben: Immer mal wieder versank sie langsam in irgendeinem Dunkel, und wenn es nicht heller wurde, packte sie ihr Zeug zusammen und verschwand, als wollte sie die Sonne jagen, damit sie niemals unterging. Trotzdem kam sie immer wieder zurück, und ich stellte mir gern vor, dass sie um die Welt gereist war und die Sonne nie unter den Horizont und aus den Augen hatte sinken lassen, bis sie schließlich die Erde umrundet hatte und erfüllt vom Licht, dem sie nachgejagt war, nach Hause kam. Jedes Mal, wenn sie aufbrach, machte ich mir ein bisschen Sorgen, und immer hatte ich das Gefühl, dass sie irgendwann nicht mehr zurückkehren, sondern endgültig verschwinden würde. Aber jetzt konnte sie nicht ohne Weiteres los: Sie war schwanger, und mein Gefühl sagte mir, dass sie sich hüten würde, einfach so abzuhauen.

Da Paige nicht auf mich aufpassen und ich nicht ins Camp mitfahren wollte, brachte Mom mich im Haus eines Jungen namens Jay Pitch unter (den seine Eltern, Lehrer und Klassenkameraden nur JP nannten). JP war ein bisschen pummelig, und wenn er sich das lange schwarze Haar zurückband, sah er noch pummeliger aus. Ich war froh, bei ihm zu sein – nach der Schule warfen wir immer Körbe beim Gemeinschaftshaus, und auch er hatte ein paar coole Plastikmänner.

Also verbrachte ich die meisten Wochenenden bei JP, wir spielten draußen mit unseren Männern, bis es zu kalt wurde, aßen mit seiner Mutter, seinem Dad und seinem Bruder, der schon zur Highschool ging, zu Abend, und später ließen wir uns von JPs Mom ausschimpfen, wenn sie uns noch lang nach Mitternacht oben hörte, wie wir laut über unsere Fürze lachten und uns Geschichten über unsere Actionfiguren erzählten oder ausdachten. JP berichtete mir, dass er im Sommer mal eine draußen liegen lassen hatte, und die Sonne hatte so draufgeknallt, dass ihr das Gesicht geschmolzen war, und wir konnten nicht aufhören, über den verformten Kerl zu lachen, kriegten seine seltsame Fratze nicht aus dem Kopf, während wir spätnachts im Dunkeln lagen. Ich kam immer ziemlich erledigt bei JP an, aber wenn es Sonntag wurde und Mom und Frick mich abholten, war ich auf eine Weise hellwach wie nie, wenn Paige auf mich aufpasste.

JP habe ich die Geschichte mit dem Schraubglas und den Bissspuren nie erzählt – nicht weil ich es nicht gekonnt hätte (niemand hatte mir befohlen, den Mund zu halten), sondern weil es bei ihm nur um gutes Wetter und unsere Actionfiguren ging. Deshalb hatte ich das Glas und die Bissspuren bis zu einem blauen, kalten Sonntag, an dem Mom und Frick mich vorzeitig abholten, völlig vergessen. «Pack deine Sachen zusammen, *gwus*», sagte Mom.

Niemand erklärte mir irgendwas. Mom sagte so was wie: «Ich weiß immer noch nicht, warum er dabei sein muss», und Frick sagte zu ihr: «Weil es wichtig ist. Es betrifft auch ihn.» Als wir nach Hause kamen und den Truck in der Einfahrt parkten, eilte Mom nach drinnen, und Frick und ich folgten ihr. Sie rief nach Paige, aber Paige antwortete nicht. Sie saß im Wohnzimmer auf der Couch, eine Decke über dem Schoß, und war total abwesend, musterte sich selbst und vielleicht uns alle durch das spiegelnde Glas im schwarzen Fernsehbildschirm, während wir uns um sie scharten.

«Schatz», sagte Mom und legte Paige die Hand auf die Schulter. Es hörte sich an, als würde sie gleich in Tränen ausbrechen, aber Mom weinte nie. «Wo ist es?» Paige sah zu ihr auf, und dann huschte ihr Blick den Flur runter in Richtung Bad. «Okay», sagte Mom. Sie wandte sich an mich. «David, *gwus*, geh in dein Zimmer. Wir holen dich gleich wieder dazu.»

Das tat ich, aber ich wollte nicht in meinem Zimmer sein. Ich wollte helfen, Anteil nehmen. An was auch immer da los war. Auf meinem Bett griff ich zu der schwarzen Plastikwanne und holte ein paar Männer raus. Ich spielte nicht mit ihnen, betrachtete sie bloß und wartete darauf, dass Mom mich wieder holte. Es war still im Haus, und still waren auch meine Gedanken. Stumm geschaltet. Ich hörte Mom und Frick im Bad. Er sagte, sie bräuchten einen Behälter, irgendwas, das nicht leck werden würde.

Und da wusste ich, wie ich an all dem Anteil nehmen, wie ich mich einbringen konnte. Ich nahm die schwarze Plastikwanne und kippte alle Männer aufs Bett. Mom und Frick waren in Moms Zimmer, und ich machte meine Tür auf. Mom hörte mich und rief, ich solle wieder in mein Zimmer gehen.

«Hier», sagte ich. «Hier, Mumma.»

Ihre Füße stampften schwer über den Boden, und ich spürte das Haus zittern. Mit wild rollenden Augen kam sie aus ihrem Zimmer, aber als sie sah, dass ich ihr die schwarze Plastikwanne hinhielt, wurde ihr Blick unter dem kurzen Haar sanfter, und sie lächelte.

Frick drehte die Wanne hin und her, sagte, die sei prima, und nahm sie mit ins Bad. Mom zog mich an der Hand ins Wohnzimmer und drückte mich neben Paige auf die Couch.

Sie holte sich einen Küchenstuhl, stellte ihn neben die Couch, setzte sich dicht neben Paige, legte ihr die Hand aufs Bein, und ich tat dasselbe, aber Paige sah so aus, als wollte sie eigentlich nicht, dass irgendwer sie anfasste.

Nach einer Weile kam Frick aus dem Bad und trug meine schwarze Plastikwanne, von deren Rändern Wasser tropfte. Er stellte sie auf den Boden, ging ins Schlafzimmer und kam mit seiner Hirschledertasche wieder raus. «Ich bin so weit», sagte er zu niemand Bestimmtem, und ich und Mom standen auf, aber Paige blieb sitzen.

«Komm, *doosis*», sagte Mom zu ihr. «Es muss sein.»

Paige stand langsam auf, die Decke fiel von ihr ab, und

sie trug nur Unterwäsche. Die Couchkissen waren nass. Mom holte ihr eine Hose und half ihr rein.

Es war nicht genug Platz für uns alle in Fricks Truck, deshalb sagte Frick zu mir, ich solle auf die Ladefläche steigen, mich hinlegen und unten bleiben.

Ich stieg auf, aber Mom befahl mir, wieder runterzukommen. «Er wird nicht dahinten drauf mitfahren. Das lasse ich nicht zu.» Es war ihr wirklich ernst.

Also drängten wir uns alle in den Truck, Paige auf den Beifahrersitz, Mom mit der Plastikwanne in die Mitte und Frick ans Steuer mit mir auf dem Schoß. «Nimm den Kopf runter», sagte er. Er roch so säuerlich wie vergorener Traubensaft mit Zigarettenstummeln drin, und die am Medizinbeutel und seinem Hemd befestigte Sicherheitsnadel zwackte mich bei jedem Schlagloch in den Rücken. Vielleicht hätte ich meinen Beutel auch mitnehmen sollen.

Wir fuhren so weit nördlich, wie es auf der Insel möglich war, und bogen dann auf einen holprigen Feldweg in Richtung Flussufer ab. Wir stiegen aus. Es war kalt, und die Sonne ging schnell hinter dunklen Kiefern auf der anderen Seite unter. Ein Wind blies übers Wasser, und mir standen die Härchen auf den Armen zu Berge. Wir folgten Frick über einen Pfad und kamen auf einem schmalen, braunsandigen Strand raus.

Frick trug Mom und mir auf, trockenes Kleinholz zu suchen, und ich gab mir alle Mühe, gute Stücke zu finden, aber es wurde schnell dunkel. Ein paar fand ich tatsächlich, und Mom dankte mir auf *skeejin* und legte sie dann auf ihren großen Haufen. Frick zündete ein Feuer an und kniete sich davor, wie er es an dem Baum hinterm Haus getan hatte, die Arme an den Seiten und zum blutunterlaufenen Himmel aufblickend.

Mom drückte mich an den Schultern runter, ließ mich neben Frick niederknien, und dann kniete auch sie. Ich schaute zu Paige. Sie stand noch da; im Schein der roten Flammen sah ihr Gesicht formlos und eingesunken aus und glänzte wie Plastikfolie. Frick griff in seine Hirschledertasche, zog seine Muschel raus und schüttete Tabak rein. Er entzündete ihn mit einem Stock, den er ins Feuer gehalten hatte. Mir brannten die Augen und die Nase vom Rauch.

Er räucherte zuerst sich selbst und dann Mom. Als er mich räucherte, besah ich mir seinen Schweiß, der im Licht des Feuers schimmerte, während er ihm von der Stirn über die Nase rann und auf die Muschel oder den Sandstrand tropfte. Dann war er mit mir fertig und räucherte Paige, und Mom musste ihr helfen, die Arme und Beine zu heben. Schließlich legte Frick die Muschel weg und ging zu seinem Truck.

Das Feuer knackte. Irgendwo im Fluss schlug ein Biber mit dem Schwanz. Ich hörte Mom einmal schlucken und sich räuspern.

Frick kam mit einer Schaufel zurück, begann zu graben und hörte dann wieder auf. «Wir müssen uns abwechseln», sagte er. Mom ließ mich als Nächstes schaufeln, und das war harte Arbeit. Schweiß lief mir über die Nase und kitzelte mich. Ich hörte auf, um mich zu kratzen, und Mom muss geglaubt haben, ich weinte, denn sie nahm mir die Schaufel ab.

«Gut, *gwus*. Das reicht.» Jetzt schaufelte Mom, und sie legte sich richtig ins Zeug, stieß und stieß die scharfe Metallkante in den Sand, löste den ganzen harten Boden, und dann schaufelte sie ihn hoch und in den Wald. Sie hörte nicht auf, bis das Loch fertig war.

«Sie muss es selbst machen», sagte Frick und meinte Paige.

Mom rubbelte ihr über den Rücken, aber Paige sagte nichts, starrte nur über den Fluss. Mom rubbelte weiter, flüsterte ihr ins Ohr, umarmte sie, ließ los und umarmte sie noch mal. Bald begann Paige, sich zu bewegen, sah runter auf die schwarze Plastikwanne zu ihren Füßen, bückte sich und hob sie auf. Sie umschlang sie mit den Armen, trug sie zum Loch. Kniete sich hin. Das Feuer spie Gelb. Lange blieb sie so, umschlang die Wanne, flüsterte mit ihr. Dann sagte sie laut: «Ich kann es nicht, Mumma, ich schaff das nicht.» Ich wollte ihr über den Rücken rubbeln wie Mom, aber als ich näher trat, streckte Frick die Hand aus, um mich aufzuhalten. Mom ging zu ihr, sagte, das sei aber notwendig. Paige stellte die Wanne ins Loch und sah Frick an. «Bist du sicher, dass es sich so gehört?»

«So hab ich es gelernt», sagte er.

Paige stand auf, und Frick sagte, sie könne zum Truck zurückgehen, und ich versuchte, ihr über den dunklen Pfad zu folgen, aber Mom sagte Nein: «Wir haben das Loch gegraben», sagte sie, «und jetzt füllen wir es wieder auf.» Sie sah Frick an, um sicherzugehen.

Wir hockten alle auf dem Boden im kalten Sand und benutzten unsere Hände, um den Sand ins Loch zurück- und über die Wanne zu schaufeln, und jedes Mal, wenn welcher reinfiel und auf die Wanne traf, gab es ein dumpfes Geräusch, und schließlich war die Wanne verschwunden, über einen Meter tief im Sand begraben, und ich fragte mich, ob der Fluss, wenn er anstieg, unsere Arbeit zunichtemachen würde, indem er den Sand mitriss, meine Wanne rausspülte und sie unwiederbringlich forttrug, immer flussabwärts, bevor er sie im salzigen Ozean versenkte.

# Besorg mir Medizin

Novemberregen schlug gegen das Küchenfenster über der Spüle und drückte ein feuchtes braunes Blatt gegen die Scheibe. Fellis suchte nach dem Kartenspiel. Ich saß am Tisch und schob den Aschenbecher beiseite, aus dem sich mir der Rauch von Fellis' Zigarette in die Nase kringelte.

Fellis knallte einen Geschirrschrank zu und kam mit den Karten zu mir. «Gib schon mal, Dee», sagte er zu mir. «Ich muss schnell kacken gehen.» Er verschwand durch den Flur ins Bad. Ich mischte lange.

Die letzten zwei Wochen hatten wir nichts anderes gemacht als dauerferngesehen, und ich war es leid. Ich brauchte Bewegung. Mein Nacken war steif und tat weh, und obwohl ich es eigentlich genoss, mich ständig auf den Fernseher zu konzentrieren, dem Geschehen folgen und aufpassen zu müssen, hatte ich auch das Gefühl, dass ich allmählich was vergaß, an das ich mich hätte erinnern sollen. Vielleicht auch nicht sollen, sondern wollen.

Im August hatte Fellis am Community College außerhalb des Reservats angefangen. Er meinte, er gehe bloß hin, um den staatlichen Zuschuss zu kassieren, der ungefähr in Woche drei ausgezahlt wurde. Danach verkrümelte er sich. Die Studiengebühren wurden uns *skeejins* erlassen, und weil seine Mom – bei der er seit sechsundzwanzig Jahren lebt – mit ihrem Lehrerjob an der Res-Schule scheiße verdient, bekam er diesen netten fetten Zuschuss, den er sofort bei Amazon verballerte: schwarzrote Jordans, sechzig – jawohl, sechzig – Paar Sneakersocken, einen Smart-TV und ein iPhone, für das er dann die Zahlungen einstellte. Jetzt benutzte er es bloß noch als Taschenlampe. Den Rest gab er für Zigaretten, Bier und Gras aus, wogegen ich nichts einzuwenden hatte.

Eines Abends kaufte Fellis Lachgas, und wir zogen uns jeder vier Sahnekapseln rein, worauf ich dermaßen abdrehte, dass zum ersten Mal in neun Jahren die Stimme meines Vaters zu mir sprach – er sagte meinen Namen –, also gab ich Fellis den Rest meiner Dosis, und an einem anderen Abend besorgte er Koks von diesem dünnen *skeejin* namens Meekew, und Fellis lästerte über ihn, obwohl er ihn gar nicht abgezogen hatte. Jedenfalls war alles, was Fellis da gekauft hatte, runtergesetzt – außer den Drogen –, und weil er Student war, gab Amazon ihm einen sechsmonatigen Gratiszugang zu Prime, weshalb er nicht mal Versandgebühren zahlte.

Aber dieser Prime-Zugang war schuld an unserem Glotzenmarathon, der Grund, warum ich das Rumhocken so leid war. Die letzten zwei Wochen hatten Fellis und ich nämlich sechs oder sieben Stunden am Tag damit verballert, die *Sopranos* umsonst zu gucken, und das Haus seiner Mom bloß verlassen, um uns unsere Methadonration abzuholen oder Kippen zu besorgen. Als die Serie dann vorbei war und Fellis so weit, dass er mit einer neuen anfangen wollte, sagte ich: Warte mal, sagte ihm, ich hätte es satt, immer bloß rumzusitzen, sagte, wir sollten mal in die

Bar gehen, aber er schlug vor, Karten zu spielen. Wohl mal was anderes, aber immer noch im Sitzen.

Die Klospülung ging. Sie ging noch mal. Und noch mal.

Fellis kam aus dem Bad und durch den Flur zurück.

«Ich weiß nicht, was geiler ist», sagte er. «Das, was ich gerade da drin gemacht habe, oder wenn der Wagen hinter dir auch noch bei Rot über die Ampel fährt.»

Er ging zum Schrank und griff sich die Schachtel Spaghetti, die wir als Spielchips benutzten. Er schüttelte sie, und die ungekochten Nudeln glitten auf den Küchentisch.

«Lass uns um Geld spielen», sagte ich.

«Du hast doch gar keins», sagte Fellis.

«Leih mir zwanzig Mäuse. Dann spiel ich damit.»

«Wie zahlst du die denn zurück, wenn du verlierst?»

«Ich verliere nicht.»

«Aber du verlierst doch immer», sagte er.

Ich hätte keine Möglichkeit gehabt, ihm das Geld wiederzugeben. Ich war im vergangenen Sommer arbeitslos geworden, hatte vorher Teilzeit beim Stamm in der Instandhaltung gearbeitet und den Friedhof gemäht. Ungefähr drei Wochen lang bekam ich danach Stütze, vergaß aber, das Formular einzusenden, mit dem man seine Bemühungen um neue Arbeit nachwies, und sie strichen sie mir wieder. Geld kam in letzter Zeit nur rein, wenn ich tote Stachelschweine bei Clara drüben auf dem Birch Hill vorbeibrachte, die für jeden stinkenden Kadaver zwanzig Dollar hinlegte. Sie verwendete die Stacheln in ihren Ornaten.

«Ich finde schon einen Weg», sagte ich. «Ich kann deine häuslichen Pflichten erledigen.»

«Ich hab keine häuslichen Pflichten.»

«Klar hast du welche», sagte ich. «Du erledigst sie bloß nicht. Deine Mom bittet dich doch ständig, irgendwas zu machen. Bring den Müll raus, spül mal das Geschirr, hack Holz.»

«Macht sie nicht», sagte er. «Sie weiß doch, dass ich für die Schule zu tun hab und so.»

Ich lachte, und Fellis lachte auch.

«Also, ehrlich», sagte ich. «Sie bittet dich sehr wohl, Sachen zu machen.» Ich stand auf und ging an den Tresen. Ich griff nach dem frankierten weißen Umschlag und winkte ihm damit. «Du erinnerst dich doch sicher, dass Beth dich heute Morgen gebeten hat, den zur Post zu bringen, bevor sie zu der Lehrerkonferenz gegangen ist.»

Fellis sammelte seine Spaghetti ein. «Arschgesicht», sagte er. Er ging in sein Zimmer. Als er zurückkam, hielt er Bargeld in der Hand. Er hatte immer irgendwo Kohle, sagte aber nie, woher sie kam. Einmal hatte ich gefragt, und als er es mir nicht erzählen wollte, hatte ich Witze darüber gemacht, hatte gesagt: «Ich wette, du hast sie nicht alle und kriegst Behindertengeld.» Er wurde sauer und sagte Sachen wie: «Wer sie hier nicht alle hat, bist du; du kannst dich ja nicht mal für einen verfluchten Job bewerben, findest schon den Antrag nicht.» Das war alles nicht ernst gemeint, aber er ärgerte sich dermaßen, dass ich dachte, er bekäme vielleicht wirklich Behindertengeld.

Fellis gab mir die Scheine. «Wenn du verlierst, schuldest du mir zwanzig Schleifen. Jetzt gib.»

Wir spielten ein paar Hände mit wechselndem Glück, und ich lag fünf Dollar vorn. Fellis griff zu der Zigarette, die erloschen im Aschenbecher lag, und als er sie wieder anzündete, flammte das Papier hellrot auf. Er nahm zwei Züge, gab sie mir, und bevor wir den Joint durchhatten, lag ich zehn vorn. «Warte», sagte er zu mir, und dann ging er in sein Zimmer und holte noch zwei Fünfer.

Als er zurückkam, wollte er die Karten. «Jetzt gebe ich.»

«Glaubst du etwa, ich betrüge?», sagte ich.

«Es ist bloß komisch, dass du plötzlich mal gewinnst.» Er teilte das Blatt in vier Häufchen und mischte dann je zwei zusammen. Als er zwei Häufchen übrig hatte, mischte er auch die zusammen. «Ich glaube, du hast beim Geben gestapelt», sagte er. «Das ist mieser Meekew-Scheiß.»

«Ich betrüge nicht», sagte ich. «Und würdest du mal mit Meekew aufhören? Er hat dich nicht abgezogen.»

«Wenn ich eine Waage gehabt hätte, wüsste ich das. Oben in der Tüte war ganz schön viel Luft.»

«Ist nicht wahr», sagte ich. «Gib.»

«Zuerst die Bet.»

Ich setzte zehn. Er ging mit und gab. Ich sah mir die Karten an. Nichts. Aber ich setzte, als hätte ich was. Ich erhöhte um zehn und tauschte eine. Fellis ging in sein Zimmer und holte mehr Geld.

«Er hat Glück, dass ich ihm nicht hinterher bin», sagte er, als er sich wieder hinsetzte.

«Er hätte dir den Arsch aufgerissen», sagte ich. Meekew war zwar dünn, aber auch drahtig und groß. Er war ein paar Jahre jünger als wir, machte sich gut an der Uni – «Dekansliste», schrieb das Stammesblatt –, und er vertickte Drogen, um den Kredit für seinen Wagen abzuzahlen (dachte ich jedenfalls, aber Fellis meinte, er deale, weil er ein Drecksack sei). Fellis hatte ihn noch nie gemocht. Er meinte, Meekew ziehe seinen eigenen Leuten Weiße vor.

«Nein, hätte er nicht», sagte er.

Ich warf ihm einen *Schon klar*-Blick zu.

«Hätte er echt nicht», sagte Fellis. «Also halt verdammt noch mal die Klappe. Und wehe, wenn du an diesen Karten rumgefingert hast, während ich in meinem Zimmer war.»

Er drückte die Zigarette aus. Sie schmurgelte im Aschenbecher weiter. Wir setzten, und dann gab Fellis ein letztes Mal. Ich linste auf mein Blatt. Kaum besser als nichts.

«Wenn ich ihn das nächste Mal sehe, sag ich was», sagte Fellis.

«Mach das», sagte ich zu ihm. «Und ich schaue dann zu, wie du zusammengeschlagen wirst.»

«Du würdest verdammt noch mal bloß zuschauen, was?», sagte er. «Du würdest ihm noch aufhelfen, wenn ich ihn zu Brei geschlagen hab, würdest ihm wahrscheinlich das Gesicht verbinden und ihn nach Hause bringen. Setz.»

Ich setzte noch mal; jetzt hatte ich kein Geld mehr. Fellis ging mit, und auch er hatte jetzt keins mehr. Er ließ die Fingerknöchel knacken. Der Pot stand bei sechzig Dollar.

«Herrgott, Beth wird *dir* das Gesicht verbinden», sagte ich und begann zu lachen. «Schau dir doch bloß deine dünnen Ärmchen an. Du schlägst keinen zu Brei.»

«Du Arschgesicht, Dee», sagte er. «Zeig deine Karten.»

«Du zuerst, Rambo.»

Er drehte sein Blatt um. Ein König, eine Dame, ein Bube, eine Vier und eine Sieben. «Warte», sagte er. «Was?» Er kramte im Flop.

Ich drehte lachend meine Karten um. «Ein Zweierpärchen schlägt die leere Hand», sagte ich. Ich nahm das Geld und hielt ihm die vier Fünfer hin, die ich ihm schuldete.

«Ich wollte diese hier behalten.» Er zeigte sie mir. «Scheiße! Wenn du mir nicht das Ohr abgekaut hättest.»

«Du hast verloren», sagte ich. «Genauso wie du gegen Meekew verlieren würdest.»

Mit einem einzigen Armschwung fegte Fellis alle Karten und Spaghetti auf den Fußboden. Er riss mir die Fünfer aus der Hand und verschwand in seinem Zimmer.

Ich sammelte die Karten auf und stapelte sie auf dem Tisch. Ich hob auch die Spaghetti auf – einige waren unter den Herd gerollt, die ließ ich liegen – und tat sie zurück in die Packung.

Fellis' Tür stand offen, die Lampe in seinem Zimmer schien taghell. Er saß auf seinem Bett, sah zu Boden und rieb sich den Nacken, als hätte jemand draufgeschlagen.

Ich lehnte mich gegen seine Kommode. «Weißt du, wie du das Geld zurückkriegen kannst?», sagte ich.

«Ich will es nicht zurück.»

«Aber weißt du, wie?»

Fellis stand auf. «Ist mir scheißegal.» Er öffnete seinen Kleiderschrank.

«Wir könnten Stachelschweine jagen gehen und sie Clara bringen.»

Fellis sagte nichts. Er schnappte sich seine Jacke vom Boden des Kleiderschranks.

«Wohin gehst du?», sagte ich.

«In die Bar.»

Ich sah auf die Uhr. «Letzte Bestellung ist in einer Stunde.»

«Dann halten wir uns mal ran.»

Meine Jacke lag im Wohnzimmer über einen mit alten Klassenarbeiten gefüllten Karton gebreitet, die Beth immer aufhob und ablegte, als würden ihre jungen Schüler eines Tages erwachsen werden und vorbeikommen, um ihre Bruchrechenaufgaben von ehedem einzusehen.

Fellis streifte an mir vorbei und machte die Haustür auf.

«Hey», sagte ich. «Wirf diesen Umschlag für deine Mutter in den Kasten.»

«Wird da geleert zwischen jetzt und wenn wir aus der Bar zurückkommen? Lass uns los.»

Es regnete. Auf dem Weg nach Overtown sagte Fellis nicht viel. Als wir die Brücke überquerten – unter uns strömte der Fluss – und das Res verließen, deutete Fellis zu Jim's rüber. Er kaufte zwei Schachteln Camel und vier große Dosen Steel Reserve. Ich kaufte eine Schachtel Marlboro Reds und eine Halbliterflasche Smirnoff. Was zu kaufen fühlte sich gut an.

Die Tür schloss sich klingelnd hinter uns, und Regen schlug mir ins Gesicht. Wir überquerten die Straße und gingen weiter in Richtung Bar. Im Wald verborgen rauschte der Fluss. Aber abgesehen von dem Rauschen und Fellis' schwerem Atem, der kundtat, dass er sauer war, war die Nacht still, kalt und regnerisch. Die Straßen waren schwarz und nass. Vor uns flackerte eine Straßenlaterne orangefarben über einem roten Zu-vermieten-Schild. Mir fiel nicht mehr ein, was da vorher gewesen war.

Fellis zog mich am Ärmel von der Straße in den Wald, um ein bisschen Ballast loszuwerden. Wir gingen zum Flussufer runter, und Fellis stellte seine Plastiktüte mit den Dosen an einem Baum ab. Der Fluss hatte ziemlich Zug, und der Wind blies uns Gischt ins Gesicht.

Wir gingen zurück zur Straße, ließen meinen halben Liter hin und her wandern, und als wir an dem Zu-vermieten-Schild ankamen, bogen wir links auf die Falls Road ab.

Viel war in der Bar nicht los. Draußen standen zwei Leute und quatschten. Drinnen war die Beleuchtung trüb wie Honig. Fellis zog seine Jacke aus und hängte sie über einen Stuhl, und ich tat das Gleiche. Vier Männer in durchweichten Jacken spielten Pool – das grüne Tuch war stellenweise zerrissen –, und an der Bar saß ein Pärchen.

Ich fühlte mich mies, weil Fellis das Geld verloren hatte, deshalb gab ich ihm einen aus.

«Immer gern», sagte ich.

Er nippte.

Mir war heiß – der Alkohol kreiste warm durch meine Blutbahn.

Billardkugeln klackten. Der Barkeeper rief die letzte Runde aus.

«Lass uns die hier niedermachen und schnell noch welche bestellen», sagte Fellis.

Das taten wir, und ich gab auch die nächsten beiden aus.

Noch mal klackten Billardkugeln, ein Stoß nach Spielschluss, und die Männer lehnten die Queues gegen die Wand und zogen die Reißverschlüsse ihrer Jacken zu. Zwei Reihen Deckenlampen gingen an, und in der Bar wurde es so hell, als wäre eine Glühbirne kurz vor dem Durchbrennen, und erst in dem plötzlich gleißenden Licht fiel mir auf, dass der Holztisch, an dem wir saßen, mit Strohhalmhüllen, Erdnussschalen, zwei abgebrannten feuchten Streichhölzern und blauem Kaugummi zugemüllt war, der an einem Pfefferstreuer klebte.

Ich führte das kalte Glas an die Lippen, und Fellis gab mir einen Stoß, dass mir das Bier über Kinn und Hemd lief. Ich fluchte, und Fellis machte *Psst.* Er deutete auf die vier Männer, die unterwegs zur Tür waren. Einer kratzte sich im Nacken, und ich merkte, dass ich mir selbst den Hals rieb. Nebendran stand ein fetter Mann in einem blauen

Ecko-Sweatshirt, dem die Hose halb herunterhing, sodass seine roten Boxershorts rauslugten wie eine hechelnde Hundezunge. Hinter ihm schüttelte ein anderer eine Kippe aus seiner Schachtel und gab sie dem Mann hinter sich, den ich erkannte.

«Würdigt uns keines Blickes», sagte Fellis.

«Jetzt lass ihn doch mal in Ruhe.»

«Warum verteidigst du das Arschloch dauernd?», erwiderte Fellis, aber bevor ich sagen konnte: «Weil er keine solche Lusche ist wie wir», war Fellis aufgesprungen und rief hinter Meekew her, der schon halb aus der Tür war.

«*Doosis*», sagte Fellis. «*Duna'gak*?»

Meekew schaute zurück, dann nickte er. Er sagte irgendwas zu den drei Männern, ließ die Tür zufallen und kam zu uns.

«Wer sind diese *winooches*?», fragte Fellis.

«Kumpels von der Uni», sagte Meekew. «Sie sind cool. Wir wollten mal hier oben ein bisschen Pool spielen.»

Fellis trank sein Bier aus und stellte das frostige Glas auf den Tisch. «Mach das alle», sagte er mit einem Blick auf mein Glas zu mir und stand auf. Er ging Meekew voran nach draußen.

Aber ich trank mein Bier langsam aus, weil ich mich gerade mal nicht mit Fellis befassen wollte. Als nur noch ein Schluck drin war, dachte ich kurz darüber nach, durch die Hintertür zu verschwinden, aber dann fragte ich mich, wo ich hingehen sollte. Nicht zu Moms Haus – das hatte ich gemieden, seit sie weg war, um sich auszukurieren, und ich wollte auch nicht die Nachrichten abhören, die sie auf ihrem eigenen Anrufbeantworter hinterlassen hatte, um sich zu erkundigen, wo ich steckte, wann ich sie besuchen kommen würde und ob ich ihr bitte Zigaretten mitbringen könnte. Und zu Tabithas Wohnung in Overtown, wo ich untergekommen war und mir die Miete mit ihr zu teilen versucht hatte, wollte ich schon gar nicht. Wir waren durch miteinander, und sie hatte mich und die Wohnung verlassen, um die ich jetzt, wie um Moms Haus, einen Bogen schlug.

Ich wünschte, der Barkeeper würde das Licht wieder ausmachen, bis alle weg waren.

Ich zog meine Jacke an und ging vorne raus. Fellis gab mir seine Zigarette.

«Mach das später», sagte er zu Meekew, und Meekew sah zum dunklen Himmel auf und blies eine kalte Atemwolke aus. «Jetzt komm einfach ein Stück mit uns. Hinter der Brücke trennen wir uns dann.»

Und hopplahopp begannen wir, die Straße zum Res runterzulaufen. Fellis ging neben Meekew, und ich lief irgendwie hinterher und sah zu. Fellis redete, fragte ihn nach dem Koks. Woher er es kriegte. Wie viel er zahlte. Was für ihn dabei raussprang. Meekew sagte ihm nicht, woher er das Koks bekam, aber er erzählte ihm schon, wie viel am Ende für ihn abfiel, und Fellis stieß einen Pfiff aus.

«Denkst du drüber nach, das Geschäft auszubauen?», fragte er.

«Nee, Mann», sagte Meekew. «Ich mach das nur vorübergehend bis zum Masterstudium.»

Über die Schulter warf Fellis mir einen *Hat diese Rothaut sie noch alle?*-Blick zu.

Wir gingen unter der orangefarbenen Straßenlaterne durch und dann an dem roten Zu-vermieten-Schild vorbei. Fellis blieb stehen.

«Doktor Meekew», sagte er. «Lass uns da runtergehen. Im Wald lagert mein Bier.»

«Ich muss los», sagte Meekew. «Ich schreibe morgen drei Tests.»

«Ich möchte ein bisschen was von dieser Medizin kaufen», sagte Fellis. «Dauert bloß eine Minute.»

«Fellis», sagte ich. «Hast du nicht gehört?»

«Eine Minute», sagte Fellis. «Bloß eine.»

Am Ufer war es dunkel. Fellis nahm sein iPhone raus, machte die Taschenlampe an und suchte nach der Tüte. Er nahm eine Dose raus, knackte sie und bot sie Meekew an, der meinte, er habe genug.

«Nicht dass du dich später beschwerst, ich hätte dir keins angeboten», sagte Fellis. Dann versuchte er, sie mir zu geben, aber ich zeigte ihm meine Halbliterflasche und nahm einen kleinen, brennenden Schluck.

Fellis trank die Dose leer; dann leuchtete er Meekew mit der Taschenlampe ins Gesicht. Der blinzelte, und wie das Eichhörnchen, nach dem er benannt war, hatte er keine Einbuchtung zwischen Nasenrücken und Brauen.

«Gib mir ein Gramm», sagte Fellis. «Sechzig, oder?»

«Ich verkaufe im Moment nicht grammweise», erwiderte Meekew. «Nur in Achtelunzen. Du warst der Letzte, dem ich ein einzelnes Gramm verkauft habe.»

Fellis lehnte sein Bier gegen einen Baum. «War die Tüte vielleicht deshalb ein bisschen leicht?»

Ich kippte noch einen aus der Halbliterflasche.

«Was willst du damit sagen?», fragte Meekew.

«Ich wette, die weißen Jungs bescheißt du nicht», sagte Fellis.

Meekew wedelte mit der Hand und wandte sich zum Gehen.

«Ich zieh dich doch bloß auf», sagte Fellis, und ich begann zu lachen. Er war so hinterhältig.

«Komm ein andermal vorbei», sagte Meekew.

«Warte einfach.» Fellis griff in die Tasche und fischte sein Geld raus. «Dee, leih mir mal was.»

«Ich bin blank», sagte ich. «Hab den Rest für deine Biere ausgegeben.»

Fellis zählte, was er hatte. Meekew wartete zwischen zwei verwachsenen Kiefern. «Hier», sagte Fellis. «Ich hab einundsiebzig. Zu Hause liegt noch mehr, ich kann's dir morgen vorbeibringen.»

«So verkaufe ich nichts», sagte Meekew. «Das weißt du doch.»

Fellis ging auf ihn zu. «Nimm es.» Er stopfte Meekew das Geld in die Taschen, und als Meekew es wieder rausholte, nahm Fellis es nicht zurück. Ich nippte am Smirnoff.

«Hier», sagte Meekew.

Fellis trat zurück. «Nein.»

Meekew warf ihm die Scheine ins Gesicht, und Fellis sprang vor und packte ihn an den Armen. Hin und zurück rangelten sie und ließen ihre Körper aufeinanderprallen. Abwechselnd flogen die Fäuste. Fellis stürzte, griff sich einen Stock und schwang ihn, aber Meekew duckte sich, rammte Fellis die Schulter in den Bauch, hob ihn hoch in die Luft und warf ihn so schwungvoll zu Boden, dass ihm die Puste wegblieb. Dann wandte er sich zum Gehen, aber Fellis war noch nicht fertig. Er trat Meekew so von hinten in die Kniekehle, dass er ins Straucheln geriet. Fellis war müde – er schlug langsam und kraftlos zu. Meekew war nicht langsam, er packte Fellis mit Leichtigkeit, drehte ihn um und nahm ihn in den Schwitzkasten.

Ich war kurz davor einzugreifen, aber ich wollte sehen, wie Fellis den Arsch vollbekam. Sein Telefon war im

Matsch gelandet, aber das Licht leuchtete in die andere Richtung, zu den nassen Bäumen hin, was es schwer machte, ihn zu erkennen. Ich sah bloß, dass er auf den Knien lag und sich Mühe gab, Meekews Arm mit den Händen von seinem Hals abzuziehen. Meekew stand stabil hinter ihm und drückte weiter zu. Fellis laberte irgendwelchen Scheiß – «Verdammter Weißenarsch, scheiß Dreckskerl» –, also behielt er wohl das Kinn unten, um zu verhindern, dass ihm die Luft ausging.

Ich nippte lachend an meinem halben Liter. Im Halbdunkel hob Meekew die Faust und landete einen Hammer auf Fellis' Oberschenkel. Fellis entrang sich ein schrecklicher, schriller Schrei, der den rauschenden Fluss übertönte.

«Er sticht mich ab, Dee!», brüllte er. «Dee, er sticht mich ab!»

Ich handelte schnell. Griff mir die Plastiktüte mit den Steel Reserves, holte über Kopf aus und ließ die drei schweren Dosen auf Meekews Schädel niederkrachen. Fellis befreite sich und trat zurück. Meekew fiel der Länge nach mit dem Gesicht voran in den Matsch. Er rollte sich auf den Rücken und hielt sich den Kopf.

«Wo ist das Messer?», sagte ich. Fellis stand wieder und bückte sich, dann raffte er Laub, Stöcke und Matsch zusammen und warf sie auf Meekew.

«Fellis», brüllte ich. «Wo ist das Messer!»

Fellis trat Erde über Meekew und vergrößerte den Haufen, der ihn schon bedeckte. Mit einer Hand packte ich ihn am Arm und zog ihn durch den Wald davon, während ich mit der anderen die Plastiktüte umklammert hielt. Auf der Straße fingen wir an zu laufen – Fellis mir hinterher –, eilten über die Brücke ins Reservat, während uns der Regen schräg ins Gesicht klatschte, und wir rannten weiter an der Kirche und der Suppenküche vorbei und um den kleinen Teich rum – die Straßenlaternen auf der anderen Seite warfen Licht übers Wasser und zeigten, wie tausend Tropfen darin aufschlugen; es sah aus, als würde es in einem Topf kochen –, und als wir im Dunkeln das rostende Gemeinschaftshaus aufragen sahen, stahlen wir uns in den Wald davon und folgten dem durchweichten Pfad zu Fellis' Straße. Erst dort verwandelte sich der Regen in einen Dunstschleier.

Wir gingen langsam, außer Atem. Die Tüte war zerrissen, das Bier weg.

Bei ihm zu Hause setzten wir uns an den Küchentisch.

«Lass mich mal schauen, wo er dich erwischt hat», sagte ich, und Fellis begann zu lachen.

«Da hab ich dich aber drangekriegt», sagte er. «Gut zu wissen, dass du mir beispringst, wenn einer ein Messer zückt.»

Ich stand schnell auf, und Fellis zuckte zurück. «Was ist?», sagte er.

Ich warf die Plastiktüte weg. «Was, wenn er tot ist?», sagte ich.

«Das waren Dosen. Wahrscheinlich ist er aufgewacht und nach Hause gegangen. Verdammter Apfel – außen rot, innen weiß.»

«Wir hätten ihn nicht da liegen lassen sollen. Das hätten wir wirklich nicht.»

«Tja, ich laufe jetzt jedenfalls nicht den ganzen verdammten Weg zurück. Dem geht's gut, Dee. Hör auf, dir Sorgen zu machen. Du hast dem Jungen ein paar Dosen über die Rübe gehauen. Was kann da schon Schlimmes passieren?»

Mir war übel. Ich lehnte mich gegen die Spüle, und am Fenster rasten Tropfen runter. Ich stellte das Wasser an, machte mir das Gesicht nass und ließ es so. Der Schädel tat mir weh. Der halbe Liter auf dem Tisch sah gar nicht mehr verlockend aus. Fellis' Zimmer am Ende des Flurs dagegen sehr.

Er fragte, was ich da tat, und ich sagte ihm, ich sei müde.

Ich breitete Decken über den Fußboden und zog mich bis auf die Boxershorts aus. Fellis kam rein, knipste das Licht aus und setzte sich mit dem Rücken zur Wand auf sein Bett, während er sich weiter den Mund fransig redete. Das Zimmer drehte sich, und da ich schon lag, konnte ich nicht den Trick anwenden, wo du einen Fuß flach vor dich auf den Boden stellst, um dich aufrecht zu halten und die Erddrehung zu stabilisieren. Fellis redete, hörte nicht auf von seinem Telefon, das er am Fluss liegen gelassen hatte. «Ich hätte mir doch die wasserdichte Hülle kaufen sollen», sagte er. «Die war auch runtergesetzt.»

Ich rülpste und würgte.

«Willst du einen Papierkorb?», sagte Fellis. Er stand auf.

Wieder rülpste und würgte ich.

«Tja», sagte er. «Ich hol dir lieber mal einen.»

*

Ich wachte zu den Geräuschen auf, die Beth beim Kochen machte – Pfannengebrutzel und aufgehende Kühlschranktür. Die rot leuchtende Uhr zeigte acht an, und ich setzte mich auf. Fellis schlief ebenfalls auf dem Boden, ungefähr eine Armlänge entfernt. Der Papierkorb stand neben mir. Er war leer. Ich warf die Decken von mir und zog mich an. Die Beine meiner Jeans waren nass, kalt und voller Matsch. Auf dem Boden kramte ich nach meiner Medizinbox mit dem Methadon. Sie lag unter einem Haufen schmutziger Klamotten. Ich öffnete sie, nahm die letzte Ampulle mit dem pinkfarbenen Drink raus und schlürfte ihn langsam wie Kaffee.

Ich ging über den Flur ins Bad und warf einen Blick auf Beth in der Küche. Sie beugte sich vor und las irgendwas vom Boden auf.

Im Bad pinkelte ich und wusch mir das Gesicht. Dreimal schrubbte ich mir die Hände mit Seife. Ich machte die Dusche an, stellte mich aber nicht drunter. Auf der Kloschüssel sitzend, die Hände vor dem Gesicht, sagte ich laut: «Hoffentlich lebt dieser Wichser noch.»

Im Flur knackte und knarzte der Boden. Eine Tür ging auf und zu. Stille. Ich spülte und ging raus auf den Flur. Beth war in ihrem Zimmer verschwunden. In der Küche zischte Speck in einer heißen Pfanne, und in einer zweiten brieten Eier. Es roch nach Pfeffer und Fett. Ich schlüpfte in meine Jacke und band mir die Schuhe. Fellis' Jordans waren schlammverkrustet.

Die Sonne war heißes Gold an einem kühlen Himmel. Ich beeilte mich, nahm die Abkürzungen durch den Wald – dabei sah ich ein Bier aus der zerrissenen Tüte, nahm es aber nicht mit. Ich ließ Gemeinschaftshaus, Teich, Suppenküche und Kirche hinter mir. Pater Tim war dabei, die Doppeltüren zu öffnen, und ich sagte nicht: «Pater», sondern lief einfach an ihm vorbei zur Brücke, und auf halbem Weg darüber hinweg warf ich einen Blick zurück und sah keinen Pater mehr. Ein Windstoß hatte die gerade erst geöffneten Türen wieder zugeschlagen.

Langsam lief ich dorthin, wo Meekew zurückgeblieben war, und passte auf, dass keine Autos kamen, als ich mich in den Wald verdrückte. Ich behielt den Kopf unten und sah zu Boden, wollte es nicht wissen. Am Ende musste ich doch hinschauen. Meekew war weg, aber im Matsch am Fluss war dort, wo wir ihn zurückgelassen hatten, noch ein Abdruck zu sehen, und der Haufen Erde, den Fellis auf ihn geworfen hatte, lag verstreut drumherum. Ich fragte mich, wie lange das noch so aussehen würde.

Im Schlamm lag Fellis' iPhone. Ich hob es auf. Es war nass. Der Bildschirm war verschmiert, und ich versuchte es anzuschalten, aber es war tot. Ich überlegte schon, es wie einen flachen Stein über den Fluss hüpfen zu lassen, aber dann hätte ich Fellis erzählen müssen, dass ich es nicht gefunden hatte, und er wäre davon ausgegangen, dass Meekew es eingesteckt hätte.

Auf halbem Weg zurück zu Fellis' Haus wurde mir wieder schlecht. Ich schaffte es bis in seine Straße, und ein Stück vor mir tapste irgendwas Braunes über den Gehweg in den Wald. Geld. Ich rannte über die Straße, dem Stachelschwein hinterher, brach durch dichten Kiefernbestand, immer dem Geräusch raschelnder Nadeln nach, und mitten in der Jagd musste ich anhalten, mich vorbeugen und kotzen. Ich spie. In meinem Kopf hämmerte es, und als ich mich wieder aufrichtete und mir den Mund am Ärmel abwischte, hörte ich es in meinen Ohren nur noch dumpf klingeln.

Bei Fellis zu Hause spülte Beth das Geschirr. Fellis saß am Küchentisch, das Haar zur Seite geklatscht, und sprach mit vollem Mund.

Beth sah mich an, als würde sie wissen wollen, wohin ich verschwunden war; stattdessen sagte sie: «Du hast vergessen, die Dusche abzustellen.»

Ich machte einen Schritt in Richtung Flur und Bad.

«Jetzt ist sie aus», sagte sie. «Setz dich. Ich hab dir einen Teller voll gemacht. Es gibt auch noch Toast, wenn du willst.»

Ich dankte ihr – entweder dafür, dass sie die Dusche abgestellt hatte, oder fürs Essen, da war ich mir nicht sicher –, griff mir den Teller und setzte mich.

Beth holte einen Besen aus der Küchenkammer. Sie stieß Fellis damit gegen die Füße, damit er sie hochnahm. Dann fegte sie unter dem Tisch.

«Warum liegen hier überall Spaghetti?», fragte sie.

Fellis trank einen Schluck pinkfarbenen Saft. Er stand auf und führte es ihr mit einem schmutzigen Putzlappen vor. «Dee hat gestern Abend die Schachtel in der Hand gehalten – weißt du, um einen Imbiss zu machen –, und dann hat er einen schweren Krampf im Bein gekriegt, hat ‹AHH› gemacht und sie fallen gelassen.»

Beth lachte. «Du spinnst.»

Sie lehnte den Besen an die Wand und hob den Lappen auf. Sie warf ihn auf die Arbeitsplatte. Über dem Mülleimer drehte sie die Kehrschaufel um, und Spaghetti und Staubflusen fielen rein.

Ich zerkaute noch lachend einen Bissen Ei, als Beth sagte: «Was ist das hier?»

Sie griff in den Mülleimer und zog einen Umschlag raus.

«Hatte ich dich nicht gebeten, den einzuwerfen?», sagte sie.

«Hab ich vergessen», erwiderte Fellis. Er aß weiter.

«Warum liegt er im Müll?»

«Muss reingefallen sein.» Fellis stand auf und holte sich mehr Speck von einem weißen Teller neben dem Herd.

Beth starrte ihn an, während er sich wieder hinsetzte.

Ich erhob mich und bat um den Umschlag. «Ich bringe ihn zur Post», sagte ich, aber Beth wollte mich nicht anschauen.

«Willst du dein Schulgeld selbst bezahlen?», sagte sie. «Wenn sie nicht wissen, dass du indigen bist, behandeln sie dich wie einen Weißen.»

«Ich bin nicht weiß.» Fellis wischte sich den fettigen Mund am Hemdsärmel ab.

«Ich bin überrascht, dass sie das Geld nicht längst angemahnt haben», sagte Beth. «Du hättest dieses Formular schon vor Monaten in der Schule abgeben sollen.»

«Beth», sagte ich. «Gib mir den Brief. Ich bringe ihn zur Post.»

«Ich bin nicht weiß», sagte Fellis. «Also sollten sie das lieber nicht tun.»

«Nein», sagte Beth zu mir. «Setz dich hin und iss. Fellis macht das.»

«Dee hat doch gesagt, er macht es.»

«Du wirfst den jetzt ein!»

Fellis schoss hoch und entriss seiner Mutter den Umschlag. Er brachte ihn zum Mülleimer und stopfte ihn zu den Spaghetti, den Flusen, den Eierschalen und dem Schinkenfett.

«Ich hab die Schule geschmissen», sagte er und setzte sich wieder an den Tisch.

«Geschmissen?», sagte Beth.

«Was hast du erwartet?», gab er zurück. «Ich wusste nicht, was ich da sollte. Ich wollte doch gar nicht hin. Ich hab das bloß getan, damit du aufhörst zu meckern.»

«Du hast es nicht mal versucht.»

«Ich hatte da verdammt noch mal nichts zu suchen.

Zwei verfluchte Wochen lang hab ich im Philosophieunterricht gesessen, mit diesem Schwachkopf von einem Lehrer, der nichts tat, als auf einem Stuhl vor der Klasse zu hocken und einen Hustenbonbon nach dem anderen im Mund rumzuschieben – und ich hab wirklich versucht aufzupassen, aber als mir aufging, dass ich zwei Wochen – zwei verfluchte Wochen lang – dachte, wir reden über diese Kleidermarke – wie heißt sie noch gleich?» Er schnippte mit den Fingern. «Ach ja, Aeropostale, das war's –, während es in Wahrheit um irgendeinen Typen namens Aristoteles ging, da wusste ich, dass ich am Arsch war. Also bin ich mitten im Unterricht abgehauen. Hab sogar meine Bücher dagelassen.»

Wir blieben stumm. Meine Eier waren kalt.

«Und mein Notebook», sagte Fellis. «Das, was Tante Alice mir gekauft hat.»

Ich hätte gern Mitgefühl mit Fellis empfunden. Wirklich wahr – aber er hatte mir nie erzählt, wie es eigentlich gelaufen war. Warum auch? Er hatte es immer so dargestellt, als wäre es bloß ums Geld gegangen. Aber zu sehen, wie miserabel er Beth behandelte, ging mir gegen den Strich und machte mich wütend.

Beth nahm Fellis' Serviette und warf sie weg. Den Umschlag ließ sie im Müll liegen. Sie drehte sich um, um irgendwas zu sagen, tat es aber nicht. Hinten im Flur rechnete ich damit, dass sie die Tür zuschlagen würde, aber sie ließ sie nur leise klicken.

Fellis stand auf und stellte sich an die Spüle. «Was hat sie erwartet?» Er aß einen Streifen Speck. «Die ganze Highschool über hat sie mir die Hausaufgaben gemacht. Blöde Kuh.»

Ich trug meinen Teller zur Spüle. Meine Hände zitterten, und die Gabel auf dem Teller klapperte. Ich ließ Wasser drüber laufen und schob ihn unter eine schmutzige Schüssel. Es war noch ein Stück Speck übrig, und ich hätte es gern gegessen, hätte darauf rumgekaut und einen urweltlichen Zorn abgearbeitet, aber noch bevor ich zugreifen konnte, nahm Fellis es und stopfte es sich in den Mund.

Er lächelte mich an, und ich brach ihm die verdammte Nase.

*

Vier Tage lang – bei feuchtkalter Luft und anhaltend bleichem Himmel, der den Eindruck vermittelte, es würde bald den ersten Schnee geben – suchte ich an den Straßenrändern des Res nach Stachelschweinen. Mit Fellis hatte ich nicht mehr gesprochen, deshalb verbrachte ich die Tage, indem ich ganz auf mich gestellt Stachelschweine jagte und den Wald durchforstete (ein Tag ging für die Busfahrt zur Methadonklinik drauf). Aber an den Tagen, an denen ich suchte, wurde ich nicht fündig. Stachelschweine – tot oder lebendig – sind nicht leicht zu kriegen. Nachts schlief ich, müde von der Suche, im Kesselraum hinter Moms Haus. Rein ging ich nur, um mich mit Essen zu versorgen, das Klo zu benutzen oder mich umzuziehen. Der Anrufbeantworter auf dem Küchentisch blinkte rot, aber ich hörte ihn nicht ab, und das Telefon läutete auch nie. Das Haus war sauber: das Geschirr aufgeräumt, der Boden gefegt außer dort, wo ich Dreck reingetragen hatte, und es roch irgendwie steril, wie es eben in Häusern riecht, wenn keiner drin wohnt.

Frühmorgens, gleich bei Sonnenaufgang, ging ich los,

um nach Stachelschweinen zu schauen und ein bisschen Geld zu verdienen. Vom Schlafen auf dem harten Beton im Kesselraum tat mir alles weh, und jeden Tag fühlten sich meine Knochen zerbrechlicher an. Am vierten Morgen – um halb vier ungefähr – stand ich auf, ging rein und zog den Telefonstecker aus der Buchse. Ich schlief auf der Couch, und als ich aufwachte, war es Mittag. Das Erste, was mir einfiel, waren die Steel Reserves. Ich sagte: Scheiß auf dieses Stachelschwein, redete mir ein, dass ich es sowieso nicht finden würde, und wandte mein Augenmerk den verlorenen Bieren zu.

An dem Nachmittag fand ich bloß eins wieder, und die Dose war eingedrückt und dreckig. Ich lief weiter durch den Wald, sammelte Kienholz und klemmte es mir unter den Arm, und dann kam ich an den Fluss. Das Wasser stand hoch und schwappte im Vorbeifließen übers Ufer. Unter dem dunkelnden Himmel sah der Fluss schwarz aus.

Ich fand ein Fleckchen Erde, auf dem nichts wuchs – harter, ausgekühlter Boden und Steine –, ließ mich darauf nieder und baute ein kleines Feuer. Ich exte das Steel Reserve, damit es besser knallte. Der Fluss rauschte wie eine Klangmaschine, und ich driftete ab und starrte auf den kalten Boden. Wie beim Blick in die Sterne steckten so einige Steine in der Erde, die eine Gestalt zu umreißen schienen. Als ich sie erst entdeckt hatte, konnte ich sie nicht mehr ungesehen machen, und sie erinnerte mich an eine Geschichte, die meine Mutter mir mal erzählt hatte.

Das war, nachdem der Stamm meinen Vater mit Gewalt vertrieben hatte. Da war ich nicht älter als zehn, elf gewesen – er war raufgekommen, war zehn Stunden gefahren, um mich über den Sommer abzuholen. Mom wollte ihn nicht lassen, sagte immer wieder: «So läuft es eben, wenn das Geld zu spät kommt!» Ich erinnerte mich daran: wie die Polizei reinstürmte und ihn von der Schlafzimmertür wegzog – «Ich habe ein Recht auf meinen Sohn!» –, hinter der meine Mutter uns verbarrikadiert hatte. So weit wäre es gar nicht gekommen, wenn wir mit ihrem Freund ins Camp gefahren wären – oder wenn er bei uns gewesen wäre –, aber es lief eben darauf hinaus. Sie hatte mir eine Decke übergeworfen und mich im Kleiderschrank unter ihren umgedrehten Schuhen und kaputten Plastikkleiderbügeln versteckt.

Die Geschichte erzählte sie mir später, nachdem er aus dem Reservat verwiesen worden war und mich eine Weile nur noch anrufen durfte.

Sie handelte von den Steinmenschen. Ich erinnerte mich, dass ich auf einem an die Spüle gestellten Stuhl gestanden hatte. Mom spülte, und ich trocknete ab. Wenn sie mir ein Geschirrstück gab, machte sie Fließbandgeräusche. Irgendwann, vielleicht als der Spaß an den Geräuschen nachließ, erzählte sie mir von Gluskabe, dem Mann aus dem Nichts. Ich hatte nie verstanden und verstand immer noch nicht, wie Gluskabe aus dem Nichts stammen konnte, weil ihn doch Kei-niwesk – das Große Wesen – erschaffen hatte.

Irgendwoher müsste er doch gekommen sein, sagte ich zu meiner Mutter, und sie lachte. «Schatz», sagte sie, während sie mir vielleicht einen Teller oder einen Löffel zum Abtrocknen gab, «die Menschen sind eben so hochmütig und von sich eingenommen, dass sie glauben, sie hätten sich selbst erschaffen.»

Bevor Gluskabe uns richtig hingekriegt hatte, oder zumindest annähernd, erzählte meine Mutter, bevor er einen Pfeil in eine Esche schoss, sie mittendurch teilte und wir raus ins erste Licht purzelten – das Volk der Morgendämmerung –, schuf er Wesen aus Stein. Eine Weile wandelte er unter ihnen und versuchte, sie zu lehren. Aber sie waren aus kaltem Stein, aus einer Mixtur von Mineralien, und beim Laufen schlugen ihre Quarzitgelenke Funken und entzündeten im trockenen Gras ein Feuer, das auf die Eichenfarne übergriff, von dort auf die Schuppenrindenhickorys, die Birkenrinde und die Eichen, bis die halbe Welt in Flammen stand. Ein Steinmensch deutete in den Himmel – auf die Sonne – und dann zurück auf die Erde wie zu einer Prophezeiung.

Das Volk aus Stein konnte die Hitze nicht spüren, empfand keinen Schmerz, deshalb sah Gluskabe ein, dass er gescheitert war. Er machte sich auf, einen nach dem anderen zu zerschlagen, sie alle zu zerstören und noch mal von vorn anzufangen. Aber einige liefen in die Berge davon und versteckten sich. Gelegentlich, erzählte meine Mutter, kommen sie raus und wandeln unter uns.

*

Das Feuer war aus, und dass mir solch eine Geschichte eingefallen war, machte mich verlegen. Ich stand auf, bürstete den Hintern meiner Jeans ab und streckte mich. Ich griff mir die Bierdose, trank einen augentropfengroßen Restschluck und warf sie in den Wald. Nachdem ich im Feuer rumgetrampelt war, um sicher zu sein, dass es nicht mehr brannte, ging ich los in Richtung Kesselraum, obwohl ich eher an die Couch dachte.

Es war duster, aber ich fand den Pfad und folgte ihm. Alle paar Meter stolperte ich über eine große Wurzel oder einen vorstehenden Stein. Der Pfad gabelte sich, und ich entschied mich für den linken Abzweig, um hinter unserem Haus rauszukommen, aber dann hörte ich Schritte aus der anderen Richtung, hörte Zweige brechen und jemanden rumstöbern. Ich ging nach rechts.

Diesen Pfad runter war es noch viel dunkler, als drängten sich die Bäume viel zu dicht und die kahlen Äste hätten sich so verflochten, dass sie gar kein Licht mehr durchließen, nicht mal vom Mond, der oben hinter Wolken stand, die in Abständen aufrissen, um den Ort bläulich zu erleuchten. Langsam ging ich über den holprigen, dunklen Pfad dorthin, wo es klang, als wäre jemand am Fluchen.

Die Person war nicht mehr als ein aufgerichteter Schatten, der einen Stock durch die Luft gegen einen Baum schwang.

«Meekew?», sagte ich.

Der Schatten fuhr zusammen und ließ den Stock fallen. Er bückte sich und hob ihn wieder auf.

«Nein, du verdammter Blödmann», sagte Fellis. «Besorg dir einen Knüppel und hilf mir.»

Ich fragte, wobei, aber er gab mir keine Antwort. Mit den Füßen tastete ich auf dem Boden nach einem Stock. Dreimal dachte ich, ich hätte einen guten gefunden, aber alle waren zu kurz, durchweicht und morsch.

«Es gibt keine anständigen.»

«Herrgott», sagte Fellis. «Dann nimm meinen.»

Er gab ihn mir, kam mir dabei nahe, und im Dunkeln konnte ich zwar sein Gesicht nicht sehen, aber dafür was anderes.

«Fellis», sagte ich. «Tut mir leid wegen deiner –»

«Mach dir keine Sorgen, Dee», sagte er. «Mach dir deshalb keine Sorgen. Schwing einfach den Stock.»

«Gegen was?»
«Schau in den Baum rauf.»
Ich schaute.
«Schaust du?»
«Tja, mach ich.»
«Was siehst du da?»

Ich schaute scharf hin. Der Mond kam raus und leuchtete, aber nicht kräftig genug, dass mehr als verschwommene Äste zu erkennen gewesen wäre. «Nichts», sagte ich.

Fellis suchte den Boden nach einem weiteren Stock ab. Schließlich fand er einen langen – mindestens vier Meter –, und als er sich damit umdrehte, musste ich mich schnell bücken.

«Pass auf.» Er hielt den Stock senkrecht, sodass er direkt in den Baum raufzeigte. Dann warf er ihn hoch, und er krachte durch die Zweige, bis die Schwerkraft ihn wieder runterzog. Trümmer regneten auf uns herab, und der Stock schlug mir in den Nacken.

Wir schauten rauf, und schließlich entdeckte ich das stachelige Tier auf dem höchsten Ast. Es sah erschrocken zu uns runter.

«Hab ich es getroffen?», sagte Fellis.

Ich sagte, nein, es sitze noch da und starre auf uns runter.

Im Dunkel lehnte Fellis sich gegen eine Eiche.

«Wir können ja warten, bis es runterkommt», sagte ich. «Was haben wir denn sonst schon vor?»

Fellis zündete sich eine an, und in der Flamme seines Feuerzeugs sah ich seine geschwollene, aufgeblähte Nase, sah, dass seine Augenwinkel dick und leuchtrot unterlaufen waren. Er nahm zwei tiefe, tiefe Züge, und bei jedem Zug leuchtete die orangefarbene Glut heller. Er gab mir die Zigarette und machte sich daran, ein Feuer anzuzünden. Als es hell zu lodern begann, schnippte ich die Kippe in die Flammen und setzte mich neben ihn.

«Willst du wetten, wie lang es dauert, bis es runterkommt?», sagte ich, und Fellis lachte.

«Nein», sagte er. Er nahm eine geöffnete Tüte mit irgendwas drin aus seiner Jackentasche, und dann gab er sie mir, und im Licht des Feuers sah ich dieses dicke trübe Plastik, das einen Stapel Salzcracker umhüllte.

Eine Dose zischte. Fellis schlürfte und ließ mich dann aus dem anderen Steel Reserve mittrinken.

«Warum nicht?», sagte ich. «Hast du Angst, dass du wieder verlierst?» Ich trank einen Schluck und gab ihm dann die Dose zurück.

«Das nicht», erwiderte er. «Ich hab Angst, dass keiner von uns gewinnen würde.» Er warf einen Stock gegen den Baum. «Ich hab das Gefühl, das Scheißvieh kommt nie da runter.»

# Essen gegen die Erkältung

Der verschneite Friedhof sah aus, als würde er brennen. Graue Äste schwankten wie Rauch vor dunklen Kiefern. Je weiter ich den hart gefrorenen Feldweg rauflief, umso mehr wünschte ich mir, der Rauch wäre echt, wünschte mir den ganzen Friedhof in Flammen, damit die Sache zwischen Mom und Frick sich erledigte.

Als ich mich am späten Nachmittag verdrückt hatte, waren sie damit zugange gewesen. Na, eigentlich ging das seit fünf Jahren so, aber an dem Nachmittag hatten sie sich wieder mal über den Grabstein gestritten. Frick hatte gemeint, der Friedhof müsse weg, der einzige Grabstein rausgerissen und zerschlagen werden, wir sollten die alten Sitten wieder einführen.

«Was für alte Sitten?», hatte Mom gefragt, und Frick hatte sich zu erinnern oder irgendeine Antwort zu finden versucht, die gut klang, aber er hatte zu viel getrunken. Er war zwar Medizinmann, vergaß aber, morgens und abends zu beten und einmal im Monat die Geister zu versorgen. «Dieser Grabstein steht da für die Ewigkeit», sagte Mom, und Frick sah erst mich an, dann sie.

«Ich frage mich, wer länger aushalten wird», sagte er. «Ich oder der Grabstein.»

Das veranlasste Mom, ins Bad zu laufen, damit sie ungestört heulen konnte. Und Frick, sich nachzuschenken. Und mich, zu der Schleuder zu greifen, die mein Vater mir zum elften Geburtstag geschickt hatte – Frick hasste sie und bezeichnete sie als «Klimbim für kleine Weißenjungs» –, und zum Friedhof zu laufen, um auf den Grabstein zu schießen, als lägen all unsere Probleme nicht kalt und tief begraben, sondern schauten uns gleich dort an der Oberfläche entgegen.

Der Grabstein war ein solider Block aus schwarzem Granit, ohne Inschrift. Oben war er gewölbt wie eine kleine Tür und insgesamt ein bisschen nach links geneigt, nicht unähnlich der Tür zu unserem Haus, dessen Fundament sich über die Jahre verschoben hatte. Eine Weile schoss ich auf diesen schiefen Grabstein, der Gummizug der Schleuder knackte in der Kälte, und ich fürchtete, er könnte zerreißen, aber ich musste einfach diese Kugeln fliegen lassen. Ungefähr zehnmal traf ich daneben, dann hatte ich den Dreh raus und konnte gar nicht mehr fehlen, schoss ein ums andere Mal, bis die Stahlkugeln alle waren. Ich versuchte, sie im Schnee um den Grabstein rum zu finden, aber der hatte sie begraben. Von dem Stein war nicht mal was abgesplittert.

Ich machte mich auf den Heimweg, und der Kaminrauch aus unserem Haus kringelte sich in den Himmel.

Drinnen saß Frick noch immer mit finsterer Miene am Küchentisch, die Hände um denselben Becher Wein gelegt, aus dem er bei meinem Aufbruch getrunken hatte. Über den Flur hinweg starrte er Mom an, die gerade aus ihrem Zimmer kam – vielleicht hatte er auch die ganze Zeit in den schnurgeraden Flur gestarrt und schien jetzt nur zu ihr zu schauen, weil sie plötzlich da war, mit blutunterlaufenen, geschwollenen Augen. Sie ging zur Spüle und fing mit dem Geschirr an, von dem wir unter anderem letzte Woche Nudeln mit Ei gegessen hatten.

«Was gibt's zu Abend?», sagte ich in der Hoffnung, die Antwort könnte uns einen Moment lang wieder zusammenbringen.

Aber bevor Mom den Mund aufbekam, sagte Frick: «Was immer du mit deiner Schleuder erlegt hast.»

Dabei schaute er nicht mich an, sondern starrte weiter auf Mom. Ich entsinne mich, dass ich sagen wollte, es sei ja nur ein Friedhof mit einem Grabstein, aber ich hatte das Gefühl, da steckte mehr dahinter.

Jetzt sah Frick über die Schulter zu mir, auf meine leeren Hände. «Nicht mal ein Streifenhörnchen?» Beim Lachen fiel ihm das Doppelkinn runter und entblößte seine weinroten Zähne.

«Lass ihn in Ruhe», sagte Mom.

*So eine Streifenhörnchendiät täte dir gut,* dachte ich, und gerade als mir dieser Gedanke wie Rauch aus dem Hirn drang, fuhr Frick auf eine Weise hoch, die Mom und mich zwang, ihn anzuschauen, als wollte er mir gleich die Schleuder aus den Händen reißen und sie wegwerfen oder irgendwas noch Böseres, Unvergessliches machen.

Sein Haar war nicht geflochten, so wie immer, wenn er schon frühmorgens getrunken hatte. «Ich schau mal im Camp nach dem Rechten», sagte er.

Mom schwieg, während er sich die Stiefel schnürte. Ich stellte den Fernseher im Wohnzimmer an. Die Hintertür hörte ich nicht zugehen, aber seinen Truck, der murrend ansprang, schon. Eine Weile hörte ich noch das Wasser in der Spüle laufen, und auch Fricks Truck grummelte weiter in der Einfahrt. Ich fragte mich, warum er noch nicht losgefahren war, deshalb schaute ich aus dem Wohnzimmerfenster. Mom stand am Fahrerfenster und sah geknickt aus. Hinter mir in der Küche war von der Spüle bis zur geöffneten Hintertür das Linoleum nass getropft.

Schließlich setzte Frick den Truck zurück, Mom hatte sich ans Fenster gehängt, und er schleppte sie mit, bis sie losließ und zu Boden fiel. Im Knien sah sie ihm heulend zu, als er in Drive schaltete und davonfuhr.

Solange sie auf der Erde lag, blieb ich am Fenster und sah zu. Zwei Autos kamen vorbei, und jedes Mal warf der Fahrer meiner Mutter einen flüchtigen Blick zu. Als sie schließlich aufstand, wischte sie sich die Hände an den Jeans ab, rieb sich die Augen und kam über die Einfahrt zum Haus zurück. Sie muss gesehen haben, dass ich sie vom Fenster aus beobachtete, tat aber so, als hätte sie es nicht, und als sie wieder reinkam, ging sie ohne ein Wort oder Geschniefe direkt zur Spüle.

Sie beendete den Abwasch und kochte dann. Elchfleisch, Erbsen und Fertigcouscous. Als das Essen in den Töpfen dampfte, füllte Mom sich einen Teller auf und stellte ihn für später neben die Mikrowelle. Noch immer sprach sie kein Wort, und es sah aus, als hätte sie irgendwo noch einiges an Tränen in sich.

Am Küchentisch pustete ich auf mein heißes Essen, aber ich hoffte, es würde ewig heiß bleiben, weil ich gar nicht hungrig war. Ich drehte den Stuhl um und sah Mom an, die die Arbeitsplatte abwischte.

«Mumma?» Sie mied meinen Blick, und ich entsinne mich, wie sehr ich es brauchte, dass sie mich ansah.

«Mumma?», sagte ich noch mal.

«Was, *gwus*?» Sie sprühte die Theke mit Reinigungsmittel ein.

Seit ich Frick kennengelernt hatte, seit er vor fünf Jahren hier eingezogen war, hatte ich ständig das Gefühl gehabt, dass seine Verärgerung oder passive Aggressivität auf meine Existenz zurückzuführen war. Und obwohl ich diesem Gefühl oft Moms Glück entgegensetzen konnte, ihr Geturtel mit mir oder ihre tröstliche Beschwichtigung meiner kindlichen Ängste und Sorgen, die mich aus irgendeinem Grund plagten, fühlte ich mich angesichts ihrer Distanz an diesem Tag alleingelassen. Wenn ich schon gewusst hätte, dass das zum Erwachsenwerden gehört, hätte ich nicht «Ist er sauer auf mich?» gefragt.

Moms Reaktion beruhigte mich kein bisschen. Sie brach erneut in Tränen aus und versuchte erst gar nicht, sie zu verbergen. Zuletzt hatte sie gleich zweimal an einem Tag geweint, als meine Schwester ihr Kind verloren hatte. Nein, sie hatte auch an dem Tag gleich zweimal geweint, als meine Schwester ein weiteres verloren hatte und verschwand, wobei sie einen Zettel hinterließ, auf dem stand, sie habe was verloren und sei los, um es zu suchen.

Würgend stand ich auf. Fragte sie, was ich angestellt hatte.

Sie kam zu mir und drückte mich mit nassen Händen wieder auf den Stuhl. «Gar nichts. Iss einfach.»

Dass sie mich dabei ansah, reichte, um mich zu beschwichtigen. Trotzdem hatte ich keinen Hunger, zumindest nicht auf was zu essen. Mom wischte die Arbeitsplatte fertig ab und ging in ihr Zimmer. Als die Tür zuklickte, nahm ich meinen Teller, deckte ihn ab und stellte ihn neben Moms an die Mikrowelle.

Vor dem stumm geschalteten Fernseher schlief ich auf der Couch ein, wachte aber in meinem Bett wieder auf. Der Morgen graute; draußen glühte ein blassrosafarbenes

Licht und erleuchtete mein Zimmer. Durch den Flur waren leise Stimmen aus der Küche zu vernehmen.

«Du wirst es ihm erzählen müssen, *doos*», sagte die eine. Es war Grammy.

«Wenn ich es ihm erzähle, geht er», sagte Mom.

«Gut. Er taugt auch nichts.»

«Er taugt schon was. Nur in letzter Zeit nicht.»

Er hatte mal was getaugt, aber Mom hatte recht: Frick war fieser, seit er vom Teilzeitmedizinmann zum Vollzeittrinker geworden war.

Grammy hustete. «Du wirst es ihm erzählen müssen. Wenn er zurückkommt, sagst du es ihm. Du kannst keine Kinder kriegen. Und dann schaust du, was passiert.»

Kinder?

«Wunder können geschehen», sagte Mom. «Aber ich will nicht alles aufs Spiel setzen, was ich habe.»

«*Doos*, du kannst keine Kinder mehr kriegen. Sieh das doch ein. Das erzählst du ihm, und Ende der Debatte.»

«Dann wird er gehen. Ganz bestimmt.»

«Hast du vergessen, dass du schon einen Sohn hast?», sagte Grammy. «Und eine Tochter?»

«Eine Tochter. Das hätte ich tatsächlich fast vergessen.»

«Sie trauert immer noch. Und sie ist selbstständig. Eine erwachsene Frau. Sie kann tun und lassen, was sie will.»

Mom ignorierte den ersten Teil. «Eine erwachsene Frau ist sie schon. Aber Frick will, dass wir eigene Kinder kriegen.»

«Ein *michigun* eben. Er will ein dunkelhäutiges Baby ganz für sich allein. Das wollen diese Eingeborenen aus dem Westen doch alle – dunkelhäutige Babys. Gib mir mal den Aschenbecher.»

Mom schwieg.

«Wie du willst», sagte Grammy. «Dann glaub mir eben nicht.»

Ein Stuhl quietschte über den Boden.

«Ich hab dir gesagt, was ich kann. Den Rest musst du dir selbst zusammenreimen», sagte Grammy.

«Du bleibst nicht hier?», fragte Mom.

«Ich muss in die Kirche.» Die Hintertür ging auf. «*Doosis*», sagte Grammy. «Hier riecht irgendwas komisch.»

«Wahrscheinlich der Müll.»

«Nein, nein. Es riecht nach Fisch.»

«Ich rieche nichts», sagte Mom.

Ich schnupperte in meinem Zimmer und stimmte ihr zu – ich roch auch nichts.

«Dann weiß ich's nicht», sagte Grammy, und im Gehen wiederholte sie, dass Mom es Frick erzählen sollte, und als Mom glaubte, sie wäre ganz allein, sagte sie es noch mal: «Ich will nicht alles aufs Spiel setzen.»

Was aufs Spiel setzen? Kinder? Mochte Frick mich deshalb nicht, weil ich nicht sein Kind war?

Ich stieg aus dem Bett. Vom Flur aus sah ich Mom am Küchentisch sitzen und an ihrem Kaffee nippen. Ich ging aufs Klo, und als ich wieder raus in die Küche kam, stand auf dem Tisch nur die Kaffeetasse, und im Aschenbecher lag eine frisch ausgedrückte Zigarette, die noch rot glühte.

Ich klopfte an die Schlafzimmertür.

«Mir ist nicht gut», sagte Mom. «Geh fernsehen.»

Ich stellte den Fernseher an, sah aber gar nicht hin. Ich griff zum Telefon und wählte Dads Nummer.

Es läutete einmal und nur dieses eine Mal, dann war er schon dran mit seinem «Hey, Kumpel», wie immer begierig, mit mir zu reden, und ich ließ ihn nicht mal sein «Wie geht's meinem Kumpel denn heute» hinzufügen, bevor ich ihn fragte, warum Mom nicht wegen einem Baby alles aufs Spiel setzen wollte und warum Grammy gesagt hatte, sie könne keins mehr kriegen.

«Was?», sagte er.

«Warum kann sie das nicht?»

«Hol mir mal deine Mutter ans Telefon.»

Ich sah durch den Flur auf Moms Zimmer, und ihre Tür ging auf.

«Mit wem sprichst du da?», fragte Mom.

«Dad», sagte ich.

«Ist das deine Mutter?», sagte Dad. «Gib sie mir.»

«Leg auf und komm her», sagte Mom.

«Lass mich mit ihr reden, David», sagte Dad.

Ich legte auf.

Mom kam durch den Flur. «Was hast du ihn gefragt?»

«Warum du kein Baby mehr kriegen kannst.»

«Das geht dich nichts an. Das geht nur mich allein was an.»

Ich nahm das Telefon, schlug es drei Mal kräftig auf den Tisch und schrie, dass mich das sehr wohl was anging, dass Frick mich, wenn er sein eigenes wollte, aber bloß ich da sei, weiter hassen würde und sie und diesen ganzen Ort gleich mit. «Und keiner wird je glücklich werden», sagte ich.

Grummelnd schaltete sich der Kühlschrank ein, und das Licht in der Küche flackerte. Das Telefon läutete. Mom ging ran und legte sofort wieder auf.

Ihre Knie knackten, als sie sich auf den Boden setzte und mich zitternd auf ihren Schoß zog.

«Wir werden alle glücklich sein», sagte sie. «Jeder Einzelne von uns.»

Ich sah sie an, aber sie wandte sich ab und starrte auf

die Hintertür. Ich also auch. Aus meinem Blickwinkel im Arm meiner Mutter sah die Tür gerade aus, als hätte sich nicht das Fundament im Lauf der Zeit verschoben, und ich glaubte ihr – dass ich glücklich sein würde, dass sie glücklich sein würde, dass Dad glücklich sein würde, dass sogar Frick glücklich sein würde –, und dass ich das alles glaubte, ließ es irgendwie möglich erscheinen, selbst wenn es nur für die paar Minuten in den Armen meiner Mutter war, bevor sie mich auf die Füße stellte und ich sofort wieder sah, dass unsere Tür schief hing.

*

Seit dem Tag, an dem Frick gegangen war, hatte Mom nicht ein einziges Mal geweint. Jeden Abend aß sie mit mir zusammen am Küchentisch, und einmal kramte sie an gleich zwei aufeinanderfolgenden Abenden das Monopoly raus; wir spielten es aber nicht, sondern griffen uns bündelweise das bunte Spielgeld, liefen im Haus rum und taten so, als wären wir bei Tiffany & Co.

Es verging eine Woche, eine Woche, in der das Glück durch unsere Adern zu kreisen schien wie Blut, aber inzwischen denke ich eher, dass es nicht Glück, sondern Taubheit war. Zumindest bei Mom. Eines Donnerstags kam ich aus der Schule nach Hause, und sie war nicht da. Als das Dunkel einsickerte, war sie immer noch nicht da, also wärmte ich mir einen Rest Hühnerfleisch mit Reis auf und starrte bis Mitternacht auf den Schlamassel auf dem Teller. Als Mom da immer noch nicht zu Hause war, stellte ich das Essen in den Kühlschrank und blieb die ganze Nacht auf, setzte mich mal ins Wohnzimmer, mal draußen vor der Tür auf die kalten Betonstufen.

Als die Sonne aufging, hatte ich das Gefühl, ich müsste mich fertig machen, den Tag beginnen, weitermachen. Ich duschte, zog mich an, aß Cornflakes, putzte mir die Zähne, aber als der Schulbus vor dem Haus hielt, stand ich mit der Hand auf dem Knauf an der Hintertür und war nicht in der Lage, zu gehen, die schiefe Tür zu öffnen, und schließlich fuhr der Bus ab und hinterließ eine dicke weiße Abgaswolke in der kalten Luft.

Als er weg war, öffnete ich die Tür und machte mich zu dem einzigen Ort auf, wo es, wie ich dachte, Antworten gab: der Werkstatt, wo Frick in Teilzeit für den Stamm arbeitete. Ich wusste, er würde dort sein. Während der kalten Monate wurde er dafür bezahlt, dass er dort rumsaß und Wasser aus der Kühlbox trank. In den warmen Monaten war es seine Aufgabe, den Rasen um die stammeseigenen Gebäude herum zu mähen und die Kanten des hohen Grases zu stutzen, das an den Maschendrahtzäunen um die Inselschule und den Friedhof wuchs. Jetzt aber war Spätwinter, deshalb hatte er nichts anderes zu tun, als mit den Typen in der Werkstatt zu quatschen und auf die Schneeschmelze zu warten.

Ich legte den ganzen Weg im Laufschritt zurück und wurde erst langsamer, als die Werkstatt in Sicht kam, wo Männer auf metallenen Klappstühlen hinter der Dachkante saßen, von der das schmelzende Eis tropfte, und aus kleinen Tassen Kaffee, Wasser oder sonst was tranken. Sie alle sahen auf, als ich näher kam, und einer von ihnen rief nach Frick.

«Dein Junge ist hier», sagte ein anderer.

Ich ging nicht näher ran, weil ich mit niemand anderem als Frick reden wollte, und als Frick rauskam, blieb er ebenfalls stehen, als wollte er nicht mit mir reden.

«Warum bist du nicht in der Schule?», sagte er.

«Mom ist weg», sagte ich. «Sie ist seit gestern weg, und ich weiß nicht, was ich machen soll.»

Er sah erst mich an, dann zu Boden und schließlich hinter sich auf die Werkstatt und all die Männer, die wieder angefangen hatten, zu reden und an ihren Getränken zu nippen.

«Komm», sagte er und ging zu seinem Truck.

Er sagte nichts, fuhr bloß einfach los, und ich nahm an, er würde mich zur Schule bringen, aber wir fuhren glatt an dem langen braunen Ziegelgebäude und dem roten Spielplatz vorbei. Er legte kein großes Tempo vor – das tat Frick nie, er fuhr immer sehr vorsichtig –, und an jeder Kreuzung bremste er und sah sich um, bis mir aufging, dass er mich nirgendwo hinbrachte. Er hielt Ausschau nach meiner Mutter, und ich hatte das Gefühl, dass ihm was auf der Seele lag.

Wir klapperten jede Straße auf der Insel ab, und schließlich parkte Frick auf der Brücke nach Overtown, und der Fluss strömte unter uns dahin und trug Eisplatten in Richtung Stauwehr. Selbst im warmen Truck fror ich.

Bis Mittag blieben wir auf der Brücke stehen, und wir sprachen so lange kein Wort miteinander, bis mir der Magen zu knurren begann.

«Lass uns was essen», sagte er, dann schaltete er in Drive und überquerte die Brücke. Er bog rechts ab – zur Rechten war nichts als das Camp, dann fuhren wir also da hin. Ich war nicht mehr dort gewesen, seit ich neun war und Frick mich schließlich doch dazu gebracht hatte, einem Kaninchen eine Kugel in den Kopf zu schießen, das noch nicht mal richtig weiß geworden war, dieses kleine Wesen, mitten in einer Verwandlung, die mehr war als ein einfacher Fellwechsel, als einfaches Braun zu Weiß.

Früher war der Weg zu seinem Camp ein Pfad gewesen, den wir gehen mussten, nachdem wir unser Fahrzeug anderthalb Kilometer weiter hinten abgestellt hatten, aber Frick hatte ihn inzwischen breit genug für seinen Truck ausroden lassen, und wie all die Wege zu den Camps war Fricks voller Löcher und scharfer Rinnen, die Erde gefroren wie ein raues Meer. Er führte geradeaus, dann machte er eine Kurve, und dahinter verlief er wieder geradeaus, bis eine weitere Kurve in Sicht kam – es fühlte sich an, als würde er nie enden, wie der Ozean. Und tatsächlich endete er erst, als unerwartet das Camp auftauchte und von Kiefern umdrängt dalag – unfertig, ein umgedrehter blauer Plastikeimer als Trittstufe zu der halbmeterhohen Tür, und die Innenwände eine Zuckerwattenglasur aus pinkfarbener Schaumisolierung.

Aus dem Schornstein rülpsten Rauchwolken, die zwischen den großen Eichen und Kiefern verschwanden. Neben dem Gebäude stand Moms weißer Toyota.

«Da hätten wir sie ja», sagte Frick, und als er den Truck abstellte, rieb er sich die Augen. «Scheiße», sagte er.

Als ich ausstieg, tat er es auch. Er stemmte die Hände in die Hüften und wartete. Die Tür des Camps ging auf, und Mom sah Frick an.

Sie hielt quadratische Kodakbilder in der Hand. «Was soll das hier?»

«Geht dich nichts an», sagte Frick. «Leg sie zurück, nimm deinen Sohn und verschwinde.»

Mom trat zunächst auf den blauen Eimer und dann auf den Boden. «Wer ist das?», fragte sie. Sie deutete auf ein

Bild. Es zeigte ein Mädchen, nicht älter als ich. Über ihren Schultern lag ein Schal. Sie tanzte.

Frick näherte sich ihr, packte sie am Handgelenk und drehte.

Ich schrie lauter als Mom, und dann rannte ich volle Kanne los, um Frick wegzuschubsen, aber er nutzte meinen Schwung, um mich an sich vorbeizuziehen und zu Boden zu werfen.

Mom stand auf, und dann half sie mir hoch. Sie zog mich zu ihrem Auto.

Frick sammelte die Fotos vom Boden, wischte sie sauber, stieg auf den Eimer und verschwand im Gebäude.

«Das ist meine Tochter», sagte er, und dann schloss er die Tür.

*

Mom fuhr schnell über den holprigen Feldweg.

«Tut mir leid, dass ich dich allein gelassen habe», sagte sie.

«Schon gut», sagte ich, obwohl es nicht gut war. «Wo warst du?»

Mom schwieg, was hieß, dass ich das nicht erfahren sollte.

«Er hat mir dich suchen geholfen», sagte ich. «Ich wusste nicht, wohin sonst, also bin ich zur Werkstatt. Er hat mir dich suchen geholfen.»

«Nett von ihm.» Mom lenkte mit dem Knie und massierte sich das Handgelenk.

Als wir schließlich ans Ende der Straße zum Camp kamen, wendete Mom auf der Route 1 und fuhr zurück auf den Weg, über den wir gerade erst gekommen waren. «Er wird reden», sagte sie, nicht zu mir oder irgendwem. «Ja, jetzt wird er reden.»

Sie parkte hinter Fricks Truck. Befahl mir, im Auto zu bleiben. Sie balancierte auf dem blauen Eimer, während sie ihre Lebensmittelmarkenkarte zwischen Schloss und Türrahmen schob, und als die Tür aufschwang, stand Frick gleich dahinter und zog sie rein. Es gab keinen Lärm. Keiner schrie oder brüllte. Ich kurbelte das Fenster runter, die Kälte drang langsam ein, und ich bemühte mich, ihren Streit mitzubekommen. Nichts, deshalb stieg ich aus und setzte mich auf die Motorhaube. Ein leiser Geruch nach verrottenden Eingeweiden driftete aus dem kleinen Schuppen, in dem Frick seine Beute aufbrach. Ich wandte mich ab, und kein Laut drang aus dem Camp. Nichts schepperte, klapperte oder knallte so, wie Mom manchmal draufkam. Und Frick sagte auch nicht sein «Jetzt komm schon! Komm!» Nichts dergleichen. Ein Stück entfernt in den Bäumen krächzten Krähen. Der kleine Bach hinter dem Camp plätscherte vorbei. Unter der Motorhaube, auf der ich saß, klickte es. Die immense Stille war mir unangenehm; ich wünschte, sie hätten gebrüllt oder irgendwas zerschlagen.

Frick machte die Tür zum Camp auf. «Geh jetzt», sagte er. «Geh einfach.»

Mom hatte einen Fuß auf dem Eimer und den anderen noch in der Hütte. «Das wusste ich nicht», sagte sie. «Frick, das wusste ich nicht.»

«Jetzt weißt du's.»

«Du kannst doch aber mit mir reden. Du kannst mit mir reden.»

«Worüber?»

«Ich weiß, wie so ein Verlust sich anfühlt.»

«Nein, weißt du nicht.» Frick drückte die Tür zu, aber Mom drückte zurück.

«Verdammt noch mal», sagte sie.

Die Tür blieb offen.

«Ich weiß sehr wohl, wie er sich anfühlt. Nämlich so, als wär die ganze Welt aus den Fugen, als wär da was aus der Balance geraten und nie wieder auszugleichen. Und weißt du, was? Es ist wirklich nicht mehr auszugleichen. Jeder Morgen fängt schon schief an, der Tag ist ständig drauf und dran abzudrehen, und trotzdem musst du irgendwie Halt finden, dein eigenes Gleichgewicht.»

«Vielleicht bringst du mich ja aus dem Gleichgewicht. Hast du daran schon mal gedacht?»

«Hör zu. Du musst einsehen, dass ich dir nicht geben kann, was du willst. Und selbst wenn, würde es nichts helfen. Das weiß ich.»

Mom sah erst mich an und dann Frick.

«Warum nicht?», sagte Frick. «Das will ich wissen.»

Mom stieg vom Eimer. «Das willst du wissen? Das willst du wirklich ernsthaft wissen?» Sie machte sich auf den Weg zum Auto. «Dann komm. Ich zeig's dir.»

Und Frick begann ihr zu folgen, stieg von dem blauen Eimer auf den Boden. Ich stand an der Wagentür, machte sie auf, und dann blieb Frick stehen.

«Er hat Hunger», sagte er und machte eine Kopfbewegung zu mir.

«Ich kann warten», sagte ich. Ich entsinne mich, dass mir so war, als würden wir uns an irgendwas annähern, irgendwas Wichtiges, Unnennbares, das wie ein Hobel die Bretter glätten konnte, auf denen wir uns bewegten.

Aber Frick blieb hartnäckig, und ich hatte das Gefühl, dass er uns davon entfernte. Schon wandte er sich wieder

der Tür zum Camp zu, stieg auf den Eimer und zog sich hoch.

«Er muss erst mal was essen», sagte er. Er stand an der Hüttentür, wartete, dass wir ihm nachkamen, und als wir es getan hatten – Mom zuerst, dann ich –, schloss er die Tür.

Er machte Farnspitzen mit Schweinebauch auf dem Gaskocher, und während das Fett zischte, das Wasser blubberte, ein scharfer Wind durch das Fenstergitter draußen vor dem Tisch pfiff, an dem Mom und ich saßen, und unter der Hütte ein Rohr rappelte, verbarg sich unser Schweigen tief unter den Koch- und Atemgeräuschen.

«Corinne war dreizehn», sagte Frick. Er stand mit dem Rücken zu uns am Herd. «Sie war wie David. Hasste die Jagd. Wollte nicht mit mir reden, wenn ich Hirsch, Elch, Wapiti, Gänse oder Schwan mitbrachte. Vor allem Schwan. Den hab ich nur einmal gejagt.» Frick lachte. «Sie hat mir und ihrer Mutter gesagt, sie würde kein Fleisch mehr essen, sie hätte von anderen Sachen gehört, für die nichts sterben müsse. Wo sollte eine Sechsjährige so was aufgeschnappt haben?» Frick lachte wieder los und rührte die Farnspitzen um.

Er räusperte sich. «Ein paar Wochen nachdem ihre Mutter verschwunden war, waren wir auf dem Rosebud.»

Frick wendete das gepökelte Schweinefleisch, dass es sengte und rauchte.

«Ich führte Nichtangehörige auf die Jagd, und Corinne lebte Vollzeit bei mir. Eines Nachmittags sollte ich diesen Typen, Charlie hieß er – den werde ich nie vergessen –, begleiten, aber Charlie tauchte nicht auf, was nicht ungewöhnlich war. Diese Bleichgesichter haben uns doch schon immer nach ihrer Pfeife tanzen lassen. Erst besorgen sie sich die Erlaubnis, auf Stammesland zu jagen, und dann erscheinen sie einfach nicht.

Corinne war also bei mir, wartete und fror. Fror sich den Arsch ab. Es goss, also waren die Feldwege in den Wäldern rutschig und voller Matsch. Wir warteten in meinem Truck darauf, dass Charlie auftauchte, und eine Stunde verging. Ich wollte jagen, aber Corinne zitterte, obwohl das Heizgebläse an war. Als könnte ihr gar nicht mehr warm werden. Vielleicht lag es auch daran, dass ihre Mutter verschwunden war.»

Frick goss das Kochwasser von den Farnspitzen ab und gab sie in eine große Metallschüssel. Er salzte sie, stellte das Salz zurück in das schiefe Regal, nahm Essig und träufelte ihn über die dampfenden Spitzen. Das gepökelte Schweinefleisch brutzelte und wurde langsam hart.

Moms Zigarettenrauch wanderte zu mir rüber.

«Ich war sauer», sagte Frick. «Stocksauer. Ich wollte jagen, aber da saß die bibbernde Corinne. Kinder wissen nicht immer alles, wissen nicht, wie schwer es ist, genug Geld zu verdienen, dass man Essen einkaufen kann, statt dafür jagen gehen zu müssen. Und wir hatten von beidem wenig: Geld und Essen.»

Das Schweinefleisch begann anzubrennen, zu rauchen und die Hütte einzunebeln, und Frick wendete es weiter Bissen für Bissen.

«Ich hätte einfach losgehen und jagen sollen. Die Zeit sinnvoll totschlagen. Aber ich hatte nur die 9 mm dabei, die ich trug, wenn ich als Führer unterwegs war, und ich stieg aus dem Truck, jagte meine gesamte Munition in den Regen und den Himmel und lud zweimal nach, schoss in einer halben Minute zwei Magazine leer.»

Frick warf den Bauchspeck in die Schüssel mit den

Farnspitzen. Dann vermischte er das Ganze mit den Händen, wie einen Salat.

Wenn meine Mutter nicht geraucht hätte, wäre mir glatt entfallen, dass sie auch noch da war. Sie stand vom Tisch auf und ging zu Frick rüber. Er grub in den Farnspitzen und dem Schweinebauch rum, und sie hielt ihm die Zigarette hin, bis er daran zog. Dann noch mal. Mom kam zurück an den Tisch.

«Schon komisch», sagte Frick und blies Rauch aus, «was einem so einfällt, an was man sich im Verlauf eines Tages so erinnert. Kleinigkeiten. Winzige Details wie den Schlamm und die Patronenhülsen und den Regen und den Namen des Typen, den du auf die Jagd führen solltest und am liebsten umgebracht hättest. Deshalb musste ich auch weg vom Rosebud, weil ich ihn nämlich umgebracht hätte, obwohl er das nicht wert gewesen wäre.

Aber dann tauchte er doch noch auf, wisst ihr, nur spät – viel zu spät –, und da waren wir schon losgefahren. Wenn jemand eine Stunde zu spät dran ist, warum sollst du dann glauben, dass er schon noch auftauchen wird? Selbst Indianer wissen das besser, trotz diesem ganzen Blödsinn über ‹indianische Zeit›. Corinne war eingeschlafen – war unter ihren Sitz gekrabbelt und hatte sich direkt vor dem Gebläsemotor zusammengerollt. Ich fuhr langsam, denn der Weg war nass und rutschig. Auf halber Strecke kam eine scharfe Kurve. Die nahm ich sonst immer schnell, hatte extra einen dieser Powergriffe aufs Lenkrad montiert, mit dem ich ansatzlos durch die Kurven steuern konnte – und egal, wie sauer Corinne gerade war, das brachte sie immer zum Lachen, und sie ließ mich zwei, drei Mal wenden, damit ich es wiederholte.»

Frick stellte die Schüssel mit den Farnspitzen und dem

Schweinebauch mit beiden Händen auf den Tisch. Sein Gesicht glänzte und leuchtete. Er ging zum Regal und nahm drei Schalen und drei Tassen raus.

«Bloß war dieser Feldweg schmal», sagte er. «Und ich fuhr langsam, aber Charlie nicht.»

Er setzte sich. Er sah mich an, dann Mom, dann schüttelte er den Kopf. Und dann hörte er mit dem Kopfschütteln auf und begann zu nicken, als wäre er zu irgendeinem Schluss gekommen, zu irgendeiner Vereinbarung mit sich, die nur zwischen ihm selbst und den Details getroffen werden konnte.

«Sie hat geschlafen», sagte er. Und dann noch mal: «Sie hat geschlafen.»

Frick nahm meine Schale und füllte sie bis obenhin; dann stellte er sie vor mich. Er füllte Moms Schale und schließlich seine eigene. Ich hielt meine fest, um mir die Hände daran zu wärmen. Frick suchte den Tisch ab, hielt Ausschau nach irgendwas, also begann auch ich, mich umzusehen, mir schien, dass das, wonach wir suchten, sehr, sehr wichtig war, und wir suchten beide zusammen danach, sahen bisweilen einander an und dann wieder auf den Tisch und versuchten zu erkennen, ob noch irgendwas wirklich fehlte oder doch längst da war.

Schließlich fand Mom es raus.

«Ich besorg uns welche», sagte sie, ging zur Schublade bei der Spüle und holte drei Gabeln.

*

Am Abend, nachdem Frick die Geister versorgt hatte – dort am seichten Bach unter dem graublauen Himmel, ein Gebet murmelnd, das er mich nicht mithören ließ –, sprang sein Truck nicht an, deshalb ließen wir ihn vor dem abgeschlossenen Camp stehen und fuhren in Moms Wagen zurück, sie am Steuer, Frick auf dem Beifahrersitz. Ich legte meinen Kopf ans kalte Fenster.

«Ich muss es gar nicht wissen», sagte Frick zu Mom. Er sah den Bäumen beim Vorbeiziehen zu, während wir über den Feldweg fuhren.

«Musst du wohl», sagte Mom. «Ich zeig's dir morgen.»

«Was willst du mir zeigen?», fragte Frick.

Aber Mom sagte bloß: «Morgen.» Sie fuhr mit beiden Händen am Steuer, und sie fuhr langsam und tat recht daran. Als wir zur Route 1 kamen, ging mir auf, dass keiner mehr was sagen, sondern dass wir einfach bloß dasitzen und fahren würden, und ich fragte mich, was Mom uns da zeigen wollte. Fragte mich, was morgen sein würde.

Kurz vor zu Hause, als wir die Brücke zur Insel überquerten, dämmerte mir, dass sich Moms und Fricks Probleme, obwohl es ihre eigenen waren, zwangsläufig auf uns alle auswirkten, so zwangsläufig wie jedes Frühjahr das Eis im Fluss schmilzt, worauf er langsam über die grasbewachsenen Ufer in die Vorgärten steigt und sich den Häusern nähert, bis das Wasser schließlich auf Stein trifft, sanft das Fundament berührt, einsickert, Keller volllaufen und den Dämmstoff anschwellen lässt, der erst wieder trocknet, wenn es sich zurückgezogen hat. Was dann bleibt, ist der Geruch, als Erinnerung daran, dass das Wasser gekommen und angestiegen ist und zu gegebener Zeit wieder ansteigen wird. Diese Autofahrt oder diesen Abend zu Hause sollte ich nie vergessen, denn wir alle nahmen diesen Geruch wahr, und es war kein flüchtiger.

«Was ist das?», sagte Mom. Wir rochen es schon, bevor wir drinnen waren, und als wir dann ins Haus kamen, stank es dermaßen, dass wir lachen mussten. «O Gott, was ist das?»

Frick lief noch in den Stiefeln durchs Haus und suchte nach der Ursache. «Heiliger Himmel», sagte er.

«Riecht nach *chagook*», sagte Mom, und sie schaute im Müll nach, sog einmal tief Luft ein und schüttelte den Kopf. «David», sagte sie. «Hat es im Haus heute Morgen schon so gestunken?»

«Eigentlich nicht», sagte ich mit zugehaltener Nase. «Da roch es wie immer.»

«Verflucht.» Frick warf einen Blick auf uns in der Küche. Dann ging er in die Hocke, beugte die Nase in Richtung Fußboden und schnupperte.

Ich lachte, und Mom auch.

«Was gibt's da zu lachen?» Frick beschnupperte den Fußboden an einer anderen Stelle.

«Du riechst am Fußboden.» Mom hatte die Hand auf der Nase liegen.

«Und?», sagte Frick.

«Und siehst lächerlich aus», sagte Mom.

Frick lachte nicht. Er roch am Fußboden, und Mom und ich sahen zu, wie er auf allen vieren den Flur entlangkroch und schnüffelte wie ein Hund. Am Flurende beschnüffelte er den Wandschrank. Dann machte er die Tür auf, schnüffelte weiter und verschwand mit dem Kopf zwischen aufgehängten Kleidungsstücken.

Mom schüttete sich aus vor Lachen, und zwischen den Lachanfällen begann sie plötzlich zu würgen, und als sie würgte, musste ich auch würgen, dann sagte Frick: «Nicht!», und fing ebenfalls an zu würgen. Er stand auf und würgte trocken im Bad weiter.

«Was ist los mit euch beiden?», sagte er. Wir lachten immer noch, und sekundenlang schien auch er zu lächeln, aber dann würgte er weiter.

Er holte tief Luft. «Bin gleich wieder da.» Er schnappte sich eine Taschenlampe von unter der Spüle, ging zur Tür raus und hinters Haus.

Wir hörten ihn fluchend unterm Haus rumkriechen und stellten das Lachen ein. Als er an einer Stelle verharrte, lauschten wir, bis aus der Stille ein gigantisches Würgen hervorbrach und wir zwei von Neuem loslegten und mit den flachen Händen auf den Tisch schlugen.

«Hör ihn dir an!», sagte Mom.

Ich prustete, aber nicht wegen Frick: Mom war kurz davor zu platzen, Tränen strömten ihr übers Gesicht, sie japste und rang nach Atem, und ihr Gelächter beförderte meins.

«Und wenn man bedenkt –» Mom lachte so heftig, dass sie keinen Laut mehr hervorbrachte; es schüttelte sie auf ihrem Stuhl. Das Telefon läutete, und sie legte sofort auf. «Und wenn man bedenkt, dass ich hier jeden Tag putze! Wozu eigentlich! Die Scheiße kriecht trotzdem einfach rein! Halte ein reinliches Haus, sagt meine Mutter immer. Was weiß denn die schon! O Gott, wie das stinkt.» Sie stand auf. «So furchtbar.»

Wieder läutete das Telefon, und Mom ließ den Anrufbeantworter anspringen.

«Psst, psst», machte sie, hielt einen Finger vor den Mund und verbiss sich das Lachen. Wir hörten zu, wie der AB die Nachricht des Anrufers übermittelte.

«Tja, wäre wirklich nett, wenn JEMAND MAL ZURÜCKRUFEN WÜRDE!» Klick.

«Dein armer Vater!» Mom brach erneut in Gelächter aus. «Wenn er das bloß riechen könnte!»

Mom stand auf und ging nach draußen, und ich wischte mir die Tränen aus dem Gesicht und folgte ihr, und in der stillen Kälte standen wir in der Einfahrt und warteten auf Frick.

Mom fing wieder an. Ein träges Gelächter zunächst, dann anschwellend und höher und höher – sie konnte einfach nicht aufhören. Ich fand das nicht mehr lustig; sie sah aus, als würde sie gleich die Fassung verlieren.

Frick kam von hinten und trat ins Verandalicht. Mit ausgestreckten Armen hielt er irgendwas, so groß und oval wie einen Rodelteller. Es tropfte, und gleich wieder überfiel uns der Gestank, stärker als im Haus.

«Hab's gefunden», sagte er.

«Was ist das?», fragte ich.

«Eine Schnappschildkröte», sagte Frick. Sie war am Verwesen, verrottete in ihrem Panzer. «Muss da raufgeklettert und gestorben sein. Keine Ahnung, wie sie reingekommen ist.»

«Sie ist in unserem Haus gestorben!», sagte Mom. Jetzt verlor sie wirklich die Fassung – ihr Gelächter verriet es. «Das Haus hat sie umgebracht!»

«Alles gut bei dir?», sagte Frick und trug die Schildkröte neben den Schuppen, wo er sie in den verharschten Schnee fallen ließ.

Ich schaute auf Mom: Sie lehnte zitternd am Wagen und beschirmte mit der Hand die Augen, als würde von irgendwoher ein Licht sie blenden. Und dann verwandelte sich das Gelächter in Tränen, und sie begann, richtig zu flennen, stimmte so eine Art Geheul an, über das man hinterher lachte.

«Was ist los?», fragte Frick. Er trat näher heran.

«Sie ist tot», sagte Mom.

«Mausetot.» Frick deutete mit einem Nicken an, ich solle reingehen. Er zog Mom von der Motorhaube und folgte mir ins Haus, wo er sie durch den Flur in ihr Zimmer brachte und ins Bett verfrachtete.

Im Haus roch es immer noch. Nicht nur ein bisschen, sondern richtig. Es stank, aber es roch besser als draußen, wo Frick uns die verrottende Schildkröte vor die Nase gehalten hatte.

Frick duschte, und als er rauskam, roch ich das süße Shampoo.

«Gute Nacht, David», sagte er aus dem Flur, und ich hörte Moms Tür zuklicken. In der Stille sah ich auf die Wanduhr, konnte aber die Uhrzeit nicht erkennen. Ich streckte mich auf der Couch aus und fragte mich, wie tief wir alle wohl heute Nacht ruhen würden, fragte mich erneut nach morgen.

*

Am Morgen bereitete Frick für uns alle ein warmes Frühstück zu. Spiegeleier, Karibufleisch. Mom machte Biscuits und Sauce dazu. Die Sonne brannte hell, der Himmel war kristallklar und blau. Das Haus roch zwar noch ein bisschen nach Schildkröte, aber es war schwer von den Kochdünsten und dem Geruch des Holzfeuers zu unterscheiden.

Mom und Frick scherzten über die Schildkröte, während sie zusammen Frühstück machten. Ich saß am Küchentisch. Meine Brust fühlte sich beengt an, da baute sich irgendein Druck auf – der Anfang einer Erkältung.

«Ich dachte, du gibst gleich den Löffel ab», sagte Frick. «So, wie du gelacht hast.»

«Ich kann mich nicht mal dran erinnern, wie die Schildkröte ausgesehen hat», sagte Mom. «War sie groß?»

Frick drehte sich um, und die Eier spritzten. «Willst du mal einen Blick drauf werfen?»

«Auf gar keinen Fall», sagte Mom. Dann drehte sie sich zu mir um. «David», sagte sie. «Nimm das Messer da und hol ein bisschen Schildkrötenfleisch rein. Das passt gut in die Sauce.»

Ich lächelte kaum merklich. Die Brust tat mir weh, ich musste husten, tat's, und Mom hörte die Erkältung raus.

«Bist du krank, *gwus*?», fragte sie.

«Schon okay», sagte ich. «Bloß eine Erkältung.»

«Das klingt aber gar nicht gut», sagte Frick. Er wandte sich an Mom. «Übernimmst du mal hier? Ich mach ihm einen Tee.»

Er übergoss Honig und Zitronensaft in einem Becher mit heißem Wasser. «Wenn du ausgetrunken hast», sagte er, «verkneif dir mal das Husten. Halt es zurück, lass den Tee wirken.»

Ich nippte daran, während Frick den Tisch deckte.

Irgendwann während des Frühstücks sagte Mom: «Heute. Wenn wir gegessen haben.»

Als wir fertig waren, räumten Mom und Frick den Tisch ab, und Mom trug mir auf, mich anzuziehen. Ich schlüpfte in Jeans und ein T-Shirt. Mir war heiß.

«Zieh eine Jacke drüber», sagte Mom zu mir, bevor wir das Haus verließen.

Ich folgte ihr und Frick zur Hintertür raus in den Tag und auf den laugigen Asphalt. Ich ging zum Wagen, aber Mom sagte, nein, wir würden zu Fuß gehen.

Zusammen liefen wir bis zum Ende der Straße und bogen dann auf den holprigen braunen Pfad ein.

«Ich gehe nicht oft da rauf», sagte Mom.

«Wo rauf?», sagte Frick.

«Zum Friedhof.»

Frick blieb stehen. «Willst du mir da irgendwas zeigen?» Er spuckte aus. «Oder hat das was damit zu tun, dass ich gesagt habe, man sollte diesen Grabstein rausreißen? Weißt du», er deutete mit dem Finger auf sie, «immer wieder wärmst du diesen Scheiß auf. Kannst ihn einfach nicht ruhen lassen. Willst du, dass ich mich entschuldige? Ist es so? Jetzt komm.»

«Nein», sagte Mom. «Na ja, vielleicht schon. Aber ich versuch, dir zu zeigen, dass ich weiß, wie Verlust sich anfühlt.»

Mir war heiß, brennend heiß auf dem Weg zum Friedhof – ich bekam kein Wort mehr raus.

Mom setzte sich auf eine umgestürzte Eiche; hinter ihr taute der Fluss. Sie sah Frick an und erzählte ihm dann eine Geschichte, von der ich keine Ahnung gehabt hatte. Ich hörte so gut zu, wie ich konnte, aber mein Körper fieberte in solchen Wellen, dass ich abgelenkt war. Als wäre mein Sichtfeld zu einem Nadelloch geschrumpft, aus dem ich draußen die Ereignisse vorbeiziehen sah.

Ich hörte sie sagen, dass es zwei waren, dass sie die ganze Zeit über gesund gewesen seien, aber nachdem er, also ich, nachdem er rausgekommen sei, habe der andere sich als Fehlbildung entpuppt, als ein Geschwür, aus dem Haare und Zähne sprossen.

Frick hatte seine Jacke ausgezogen und sie mir um die Schultern gelegt, was mich daran erinnerte, dass ich hier bei ihnen war.

«Der Tumor hat in mir gestreut», sagte Mom. «Das sagten sie damals, die Ärzte – dass er in mir streuen würde.»

Sie lachte. «Und meine Mutter, meine Mutter wollte nicht, dass sie den Fötus behielten. Sie spielte die indigene Karte und sagte, es sei ungehörig, ihn so zu entsorgen, wie sie es vorhatten. Ein paar Wochen nach der Totaloperation sind meine Mutter und ich dann hier raufgegangen. Die Kirche wollte das Kind nicht beerdigen, also haben wir's getan. Der Grabstein stand ja schon da. Vielleicht gehe ich deshalb ab und zu da rauf, um nachzuschauen, ob er noch steht und ob kein anderer darunter beerdigt liegt. Und vielleicht hat mich das, was du gesagt hast, deshalb so wütend gemacht.»

Eis schrammte am Ufer entlang, und draußen in der Flussmitte zerbrach eine Scholle und hallte zu uns runter.

«Deshalb kann ich dir nicht geben, was du willst. Es ist unmöglich.»

Ich hustete Schleim und spuckte ihn aus.

«Bringen wir dich mal nach Hause», sagte Mom zu mir. Sie legte mir die Hand auf die Stirn.

Mom führte mich den Weg runter, und Frick folgte uns. Diesmal gingen wir also nicht zum Friedhof rauf – wir waren alle schon da gewesen und würden noch häufiger da sein: Frick, wenn er nach der Schneeschmelze wieder arbeiten musste; ich, wenn mir die Stahlkugeln für die Schleuder ausgingen und ich wusste, wo welche im Matsch verstreut zu finden waren; und Mom, wenn sie mal Hallo sagen wollte oder Wiedersehen.

Wir traten unter den dichten dunklen Kiefern hervor, die den Pfad verbargen, über den wir gerade gekommen waren, den Pfad, der an einen Ort führte, wo wir zusammen nie wieder hinkommen würden, aber genau darum war es ja gegangen. Vor uns stieg unser Kaminrauch in leisen Wölkchen in den dunkelblauen Himmel, die dann zu einer flachen grauen Dunstschicht auseinandergetrieben. In der Einfahrt hielt Mom sich die Nase zu, denn die Schildkröte faulte weiter neben dem Schuppen. Ich roch gar nichts. Meine Nase war zu. Wir werden alle glücklich sein, dachte ich, wenn auch nur für einen Augenblick.

Frick blieb draußen. Er band sich ein Halstuch vors Gesicht, um die Nase zu bedecken, und begann, die Schildkröte auszuweiden, denn er wollte den Panzer behalten. Ich sah ihm durchs Küchenfenster zu, als er die Messerklinge in die offene Unterseite der Schildkröte grub und die Eingeweide rausschabte.

Mom kochte mir noch einen Tee und stellte ihn auf den Küchentisch. Das Telefon läutete, und sie ging ran und meldete sich, sagte Hallo, dann gab sie mir den Apparat.

«Wie geht's meinem Kumpel denn heute?», sagte Dad. Ich nippte am Tee – der Dampf kringelte sich, wärmte mir das Gesicht, und über den Rand des Bechers hinweg sah ich Frick durchs Fenster kratzend und würgend das Tier ausweiden –, und zu Dad sagte ich, seinem Kumpel gehe es gut. Gerade ein bisschen krank, aber eigentlich gehe es seinem Kumpel gut.

# Auf einem Feld voll verirrter Raupen

Die ganze Belegschaft – Psychotechniker, Schwestern, Ärzte – erkundigte sich, ob ich nach dem Ausgang suchte. Tat ich aber nicht. Ich musste bloß pinkeln. Im EKT-Vorraum, wo ich auf Fellis gewartet und mich zu erinnern versucht hatte, was an diesem Nachmittag als Drittes erledigt werden musste, gab es keine Toilette. Um die Ecke war zwar eine, aber die wurde gerade gereinigt, und der Hausmeister tauchte in aller Seelenruhe den Mopp in den gelben Eimer, und nachdem ich zehn Minuten darauf gewartet hatte, dass er endlich fertig wurde, drückte ich mich von der Wand ab, an der ich gelehnt hatte, lief durch die kurzen, schmalen und nicht besonders hell erleuchteten Flure und suchte nach einer anderen. Wie immer fand ich mich nicht zurecht. Die Flure erstreckten sich vom Hauptgebäude aus in alle Richtungen wie Spinnenbeine, bloß kreuzten, gabelten und schnitten sie sich im Gegensatz zu Spinnenbeinen an Stellen, wo zahlreiche Wege zu Fachambulanzen wie der für Gemütsstörungen oder der Gedächtnissprechstunde abführten. Von jedem Angestellten, dem ich begegnete, kam ein «Suchen Sie nach dem Ausgang?». Was eine dumme Frage war, denn jeder einzelne Flur endete mit einem roten Exit-Schild über Doppeltüren, die nach draußen ins Helle führten, als wüsste der Laden genau, wie verwirrend er war. Wenn man sich gar nicht zurechtfand, konnte man durch diese Ausgänge raus und um das ganze ausladende Gebäude zum Haupteingang rumgehen und noch mal von vorn anfangen zu suchen, was man finden wollte.

Genau so behandelte man psychische Gesundheitsprobleme, da war ich mir ziemlich sicher.

Auf einem Flur nach dem anderen fand ich kein Klo. Jedenfalls kein freies. Also lenkte ich meine Schritte zurück zum EKT-Warteraum, und als ich hinkam, putzte der Hausmeister immer noch. Ein Knie auf der Erde, wischte er mit einem schmutzigen weißen Lappen den silberfarbenen Haltegriff der Behindertentoilette ab.

«Sind Sie bald fertig?», sagte ich.

«Eine Minute», sagte er, ohne mich anzuschauen.

Ich klopfte mit dem Fuß auf. Das Warten war ich gewohnt. Die letzten vier Monate war ich mit diesem Mädchen zusammen gewesen – Tabitha, die ich in der Klinik kennengelernt hatte – und hatte in ihrem Apartment in Overtown gewohnt. Ein Schlafzimmer (immer ein ungemachtes Bett), ein Bad (überall Make-up), ein winziges Wohnzimmer mit blau gestrichenen Wänden (Weihnachtsbeleuchtung über der Couch, obwohl Weihnachten längst vorbei war) und eine schmale Küche (in der die Türen der braunen Schränke immer offen standen). Sie war Verkäuferin bei T.J. Maxx, deshalb hing ich in ihrer Wohnung ab und sah fern oder suchte auf ihrem kleinen Laptop nach Arbeit (UPS hatte sich nie bei mir zurückgemeldet). Eines Abends kochte ich ihr Dinner – Eintopf mit Nudeln, Brokkoli und Möhren –, und obwohl sie alles aufaß, wusste ich, dass es ihr nicht geschmeckt hatte. «Das war ziemlich gut», sagte sie, aber im gleichen Ton und mit der gleichen Miene wie für «Das war ziemlich mies».

Der Hausmeister wechselte das Knie. «Fast fertig», sagte er.

«Kein Stress», erwiderte ich, und er begann, hinter der Toilette sauber zu machen.

Obwohl ich viel Zeit mit Warten auf Tabitha verbrachte, lohnte sich das bis zu dem Tag, als ich sie auf das Stammesfest im Res mitnahm. Vorher waren wir immer lang aufgeblieben, hatten Netflix geguckt, Junkfood gegessen, uns Zigaretten geteilt und Ask-Reddit-Threads auf ihrem Laptop gelesen. Aber nach dem Fest lebten wir uns auseinander. Sie selbst hatte damit wenig zu tun – es lag an mir, an meinem Benehmen, und das wusste ich auch. Das Fest war ungefähr drei Monate zuvor gewesen. An dem Tag hatte es geregnet, deshalb fand es im Gemeinschaftshaus statt. Trommelgruppen verteilten sich auf dem Basketballfeld (so viele von den indigenen Typen trugen Basecaps und hatten sich die Zöpfe hinten durch das Loch gesteckt), und um die Grundlinie stand ein Ring von kleinen Verkaufszelten. Tabitha liebte das alles und fragte mich immer wieder, wie man zu diesem und jenem Lied tanzte. Einmal zeigte ich es ihr. Aber im Tanzen war ich nie gut gewesen. Als ein Ehrenlied angestimmt wurde – einer der Ältesten war kürzlich gestorben –, sangen alle um eine einzige Trommel versammelt mit, und obwohl Tabitha hier und da ein Wort mitsprechen konnte, aber eigentlich nichts verstand, weinte sie am Ende. Danach liefen wir ein bisschen rum – rauchten draußen eine –, und ich begegnete zufällig einer der Freundinnen meiner Mutter, Cheryl, die Tabitha ignorierte, mich mehrmals fragte, wie es mir ging, wie es Mom ging, und mich schließlich im Weggehen in den Arm kniff und meinte: «Du solltest dir mal ein nettes indigenes Mädchen suchen.» Ich wette, dazu hatte meine Mutter sie angestiftet.

Seit Cheryl das gesagt hatte, entfernten Tabitha und ich uns irgendwie voneinander. Nicht körperlich, aber geistig. Wir machten unser eigenes Ding. Wenn sie abends von T.J. Maxx nach Hause kam, duschte sie, aß im Bett und sah sich *Gilmore Girls* an. Ich setzte mich nach draußen und rauchte oder ging spazieren, bis ich müde war. Diese Routine begann schon zäh zu werden, aber ein paar Wochen später fing ich an, Fellis zu seinen Terminen zu begleiten, und das rettete mich, brachte mich aus Tabithas Wohnung raus und gab mir ein Ziel. Seine Mom konnte ihn nicht hinbringen. Den Sommer über arbeitete Beth bei Family Dollar, um sich was zu ihrem Lehrerinnengehalt dazuzuverdienen. Der einzige andere Mensch, der ihn hätte fahren können, war seine Tante Alice, und die tat es auch eine Weile, bis ihre Tochter Lily in den stammeseigenen Kindergarten kam (Lilys Vater war ein Rumtreiber und lebte in einem anderen Reservat irgendwo im Norden) und Alice selbst einen Job als «Assistentin der Sekretärin des Chiefs» annahm (und da fragten sich manche Stammesangehörige, wohin unser ganz Geld verschwand), wo sie Briefumschläge anleckte und zuklebte. Als Beth mich bei Tabitha anrief und mich bat, Fellis jeden zweiten Tag hinzubringen, warf ich einen einzigen Blick auf Tabitha, die mit einem Teller Lean-Cuisine-Thainudeln in den Händen im Bett saß, und sagte zu Beth, kein Problem, ich würde am Morgen da sein.

Während ich an der Wand lehnte, kam ein Krankenpfleger vorbei. Er hatte mich schon mal aufgehalten. «Haben Sie den Ausgang immer noch nicht gefunden?»

Ich deutete auf die Toilette.

Er ging weiter.

Als ich an diesem ersten Tag rübergegangen war, um Fellis abzuholen, hatte er im Bett gesessen und ferngesehen, und das erinnerte mich so sehr an Tabitha, dass ich meine Entscheidung gleich zu bereuen begann. Aber er sah völlig fertig aus. Auf dem Schoß hatte er einen Aschenbecher, aus dem die Stummel quollen. Die Augen waren halb geschlossen, und aus seinem Gesicht war schlicht und einfach jedes Lebenszeichen verschwunden, so als würde man zwei schwarze Punkte und einen Strich auf eine Orange malen und das ein Gesicht nennen. Aber nach der ersten Elektrokonvulsionstherapie, bei der ich dabei war, schien er wacher, lebendiger zu werden.

Der Hausmeister drückte die Spülung und erhob sich ächzend. Den schmutzigen weißen Lappen steckte er sich hinten in die Tasche. Als er aus der Tür kam, sah er mich noch mal scharf an.

«Sind Sie aus dem Res?», sagte er.

Ich sah nicht besonders indigen aus, deshalb sagte ich: «Tja, schon, woher wussten Sie das?»

«Auf Ihrem Shirt steht doch *Native Pride*.»

Ich sah auf mein Hemd runter, und der Hausmeister redete weiter.

«Stimmt das, was man in der Zeitung lesen kann?»

«Kommt drauf an», erwiderte ich. «Wovon reden Sie?»

«Von den Raupen.» Er drückte schmutzig braunes Wasser aus dem Mopp in den gelben Eimer.

«Tja», sagte ich. «Sieht cool aus, wie sie überall auf der Straße rumkriechen. Riecht bloß nicht so gut.»

Er sagte irgendwas wie, das müsse er sich angucken – als würde das Res auf Besucher warten –, aber ich hörte schon nicht mehr hin und schlug die Toilettentür hinter mir zu. Hob die Klobrille mit dem Fuß an und beschmierte sie versehentlich mit Dreck.

Als ich gepinkelt, gespült, den Matsch mit einem Papierhandtuch abgewischt, mir die Hände gewaschen und die Tür zum Flur wieder aufgemacht hatte, war der Hausmeister verschwunden. Ich ging in den EKT-Warteraum zurück. Abgesehen von der Frau, die hinter dem Schiebeglasfenster Sachen eintippte, war er leer. Ich setzte mich auf die Couch und rubbelte mir mit den Händen über die Arme. Alle fünf Minuten pustete volle Pulle die Klimaanlage los. An manchen Tagen wurde mir in dem Raum so kalt, dass ich bis zu irgendeinem Flurende gehen, den Ausgang nehmen und mich draußen in die Sonne stellen oder zur Bushaltestelle vorlaufen und mir eine Kippe von den dort Wartenden schnorren musste, und jedes Mal war es peinlich, wenn dann der rote Bus auftauchte und ich nicht einstieg, während mir der Fahrer diesen *Willst du nicht mit?*-Blick zuwarf.

Fünf, zehn, fünfzehn – die Minuten verstrichen. Ich griff zu einem Weltraum-Special des *National Geographic*. Las gar nicht darin, sondern sah mir bloß die Fotos vom violetten Kosmos, von den funkelnden Sternen und den wallenden gelben Gaswolken an. Dann schlug ich das Hochglanzmagazin wieder zu und warf es auf das Tischchen vor mir. Ich schloss die Augen und ließ den Kopf zurücksinken. Nach dem Termin sollten Fellis und ich *Transcendence*, das wir uns noch nicht mal angeschaut hatten, beim Redbox-Automaten abgeben. Dann sollten wir zum Indian Health Service gehen und Beths Alderall und Alices Blutdruckpillen besorgen. Aber irgendwas war da außerdem noch gewesen. Da war ich mir sicher. Was zum Teufel war noch gleich das Dritte, was wir erledigen sollten?

Die Frau hinter dem Schiebefenster fuhr mit ihrem Stuhl zurück, und das Geräusch schreckte mich auf. Ich schaute hoch, sah sie aufstehen. Sie verschwand durch eine Tür, und jemand sagte: «Gehen Sie langsamer.»

Die Tür zum Warteraum ging auf, und raus kam Fellis. Eine weiß bekittelte Frau führte ihn am Arm ins Zimmer und rieb ihm dabei über den Rücken. In der Ecke stand der Rollstuhl. Ich erhob mich und klappte ihn auf.

Fellis machte kleine Schritte. Ich achtete auf sein Gesicht, das ich jetzt jedes Mal nach der Behandlung gesehen hatte. Eingefallen, aber nicht so, als wäre er irgendwie high – das Anästhetikum war Etomitad, also barbituratfrei, weil er Methadon bekam –, aber eben eingefallen und schlaff und sein Blick doch scharf fokussiert, als hätten die elektrischen Ströme, die ihm durchs Hirn brannten, irgendwas gekitzelt, das viel zu lange dort geruht hatte und nun hellwach und hingebungsvoll aus Fellis' Augen spähte, um dem Hirn alles als reines Goldgefunkel darzustellen, auch wenn das, was es da sah, nur ein kalter Warteraum mit öden weißen Wänden, alten Zeitschriften und mir war, der ich da stand und mir den Arm kratzte, während ich wartete, dass Fellis sich in den Rollstuhl setzte.

Die Frau sagte ihm, er solle langsam machen.

«Sie müsste man mal als Weckerstimme verwenden», sagte Fellis. «Zu der würde ich gern jeden Tag aufwachen.»

Die Frau bückte sich, ohne zu lächeln, zog die Fußstützen des Rollstuhls raus und hob nacheinander Fellis' Füße darauf. Sie sagte, Joan werde uns den nächsten Termin geben, in ein paar Wochen, er müsse nicht mehr jeden zweiten Tag kommen.

Joan kam, drückte mir ein Terminkärtchen in die Hand und wie üblich das Klemmbrett mit der Vereinbarung, dass ich bis zum Abend bei Fellis bleiben würde. Ich unterschrieb, setzte das Datum darauf und gab es ihr zurück.

Ich schob Fellis im Rollstuhl durch die Tür, und er sagte: «Mach's gut, Joan.» Der Hausmeister war zurück auf der Toilette, als hätte er dort was zu putzen vergessen, und wir gingen an ihm vorbei und um die Ecke. Von hier an fiel der Flur ab, und Fellis sagte: «Jetzt hab ich's für eine Weile hinter mir, lass mich fliegen», also ließ ich den Rollstuhl los, lief aber nebenher. Bevor er gegen die Wand krachen konnte, griff ich ihn mir und stoppte ihn, aber Fellis hatte so viel Schwung, dass er aus dem Sitz flog und auf Händen und Füßen landete.

Eine klein gewachsene Schwester und ein stämmiger Typ in Flanell kamen herbeigeeilt. «Alles okay?», fragten sie, und weder Fellis noch ich antworteten, weil wir so lachen mussten. Fellis kletterte in den Rollstuhl zurück und sagte, es gehe ihm gut, und bevor die Schwester irgendeinen Kommentar zum Geschehen abgeben konnte, hörte ich auf zu lachen – gab mir jedenfalls Mühe – und sagte: «Wir suchen die Startbahn. Wo geht's denn hier zum Ausgang?»

*

Draußen auf dem Parkplatz schob ich Fellis' Rollstuhl zügig zum Truck. Einhell hatten wir ihn genannt. Das Chassis war grün, aber der Untersatz stellenweise rot. Um durch die Inspektion zu kommen, hatte Fellis Bleche von einem kaputten Rasenmäher über den Rost geschweißt, und der Markenname Einhell stand in verblassenden schwarzen Lettern direkt unter der Fahrertür.

Ich half Fellis in den Wagen, musste ihn ein Stück hochhieven.

«Soll ich dich auch noch anschnallen?», sagte ich, und er lachte.

Ans Fahren hatte ich mich gewöhnt. Ich hatte zwar noch keinen Führerschein – und war am Steuer immer nervös –, aber mir blieb ja keine Wahl. Ich setzte den Truck zurück, ließ ihn in Drive gleiten und fuhr los in Richtung Hauptstraße. Über fünf Minuten mussten wir auf eine Lücke im Verkehr warten. Als sich endlich zwischen zwei Autos eine kleine auftat, gab ich Vollgas und ließ die Reifen quietschen. Der Mensch, den ich geschnitten hatte, hupte.

Fellis hielt die Hand aus dem Fenster und winkte dem Huper entweder oder zeigte ihm den Mittelfinger.

Ich steuerte in Richtung I-95 Nord und überfuhr keine einzige rote Ampel. Dann runter von der Interstate, links und rechts über aufgeplatzte graue Sträßchen, und schließlich kamen wir zum Halten. Direkt vor uns wölbte sich, mit dem Fluss darunter, die stählerne Brücke zum Reservat. Ein gelbes Leuchtschild an der Rampe verkündete: «Achtung! Vorsichtig fahren». Danach – nicht nach dem Leuchtschild, sondern nach dem, was dahinter kam – hatte sich der Hausmeister erkundigt. Auf der gesamten Strecke über die Brücke wimmelte es von Raupen. Viele waren tot, überfahren von Pkws und Lastern – wenn wir drüberfuhren, klang es wie platzendes Popcorn –, andere lebten und krochen durch den Matsch der toten, um noch Bäume mit Blättern zu finden, die sie nicht längst abgefressen hatten, oder Stämme, die das Amt für Natur und Umwelt mit Klebeband umwickelt und dann mit Vaseline eingeschmiert hatte, um zu retten, was an Laub noch übrig war.

Ich fuhr langsam über die Straße, die ganz schleimig war von Raupeninnereien.

«Scheiße, stinkt das», sagte Fellis.

Der Ort roch nach Fischköder, nach irgendwas Hochgewürgtem und Ausgespucktem, ja Ausgeschissenem, und wenn der Wind aus der richtigen Richtung blies, zog der Gestank genau übers Res. Fellis und ich hielten uns die Nase zu.

Ich parkte Einhell am Straßenrand neben Beths Haus. Als wir reinkamen, läutete das Telefon. Keiner von uns ging dran. Wir liefen durchs Wohnzimmer in die Küche und gossen uns Eistee ein. Mit den beschlagenen Gläsern gingen wir hinters Haus und setzten uns auf rostigen Klappstühlen in den kühlen Schatten einer Eiche.

Auf dem Klappstuhl nickte ich ein paar Minuten ein, aber das Telefon weckte mich wieder.

Fellis beugte sich zu seinem Eistee runter und trank einen Schluck. Sein Klappstuhl knarzte, als er das beschlagene Glas wieder ins spärliche Gras zu seinen Füßen stellte.

Der Wind blies und brachte Fischködergeruch mit.

«Himmel», sagte Fellis. «Lieber würde ich mich von dir festhalten und mir eine Stunde lang ins Gesicht furzen lassen, als diesen Gestank ertragen zu müssen.»

Fellis lehnte sich auf dem Stuhl zurück und ließ einen fahren. Er schloss die Augen und legte sich die Hand auf den Kopf. «Wann müssen wir wieder los?», fragte er.

Ich angelte nach seinen Zigaretten und nahm mir eine. «Wohin denn los?»

«Weiß ich nicht», sagte er. «Mussten wir nicht noch irgendwohin?»

Ich wollte ihm gerade erzählen, dass sein Hirn immer noch im Arsch sei, wollte ihm erzählen, wohin wir noch mussten, da läutete das Telefon schon wieder. Fellis stand auf und ging zur Schiebetür hinten. Ich hob das nasse Teeglas an die Lippen, und ein verbrannter Grashalm schwebte darin. Ich stellte es wieder ab.

Am blauen Himmel zogen Wolken durch und grauten die Sonne aus. Wieder blies ein Wind, und mit ihm kam der Fischködergestank.

Die Glastür glitt auf und dann quietschend wieder zu. Fellis kam zurückgelaufen.

«Mir ist eingefallen, was wir noch machen müssen», sagte er.

Wieder läutete das Telefon.

«Verdammte Scheiße.» Fellis ging zurück ins Haus, blieb aber nicht lang.

«Dein Mädchen ist dran», sagte er. Er ließ die Tür offen.

«Sollte die nicht bei der Arbeit sein?», sagte ich, dann fiel mir wieder ein, dass heute ihr freier Tag war. Aber da war noch was anderes.

«Woher soll ich das wissen, verdammt?», sagte Fellis.

«Sag ihr, ich ruf zurück. Sag ihr, ich bin auf dem Klo.»

«Ich hab ihr schon gesagt, dass du draußen sitzt.»

«Na, dann sag ihr, dass du dich getäuscht hast, dass ich nicht draußen, sondern auf dem Klo bin.»

Fellis ging rein und erzählte ihr das, und als er zurückkam, stand ich auf und ging in Richtung Haus.

«Rufst du sie jetzt gleich zurück?», fragte Fellis.

«Ich brauch einen Schluck Wasser.»

Ich ging rein. Am Küchentisch hatte Fellis sich ein paar

fragmentarische Notizen auf einem Zettel gemacht. *Addies* hatte er geschrieben und *Blutruck* und *DVD*, drunter dann neues Zeug: *Mül raus* und *abwaschen*. Ganz unten stand jetzt: *Tabitta anr.*

Ich goss mir ein Glas Wasser ein und lehnte mich gegen den Tresen. Neben der Küchenzeile war der Mülleimer voller Kaffeesatz, silberner Dosen und Essensreste wie Reis und Erbsen und Brokkolistielen und einem fetten Haufen Grits, die Fellis in der Mikrowelle atomisiert hatte, und obendrauf lag eine rote Flüssigkeit. Ich konnte den Müll riechen, er roch süß wie der Zucker, den Beth in ihre Tomatensaucen tat. Ich trank das Wasser aus und stellte mein Glas in die Spüle.

Ich brachte den Müll raus zur Tonne. Wusch das bisschen Geschirr ab, das da rumstand – zwei Teller, vier Tassen, ein paar Löffel und Gabeln und Buttermesser, deren Schneide mit Erdnussbutter verschmiert war –, und legte alles zum Trocknen auf ein feuchtes weißes Küchenhandtuch. Ein bisschen abwaschen war nur recht und billig, wenn ich schon so viel Zeit dort verbrachte.

Ich ging durch den Flur aufs Klo, und als ich wieder in die Küche rauskam, schien Fellis nach irgendwas zu suchen.

«Hast du meine Kippen gesehen?», sagte er, und ich sagte Nein.

Fellis beugte sich über den Tisch und zog den Notizzettel zu sich her, ging dann zur Spüle und zum Müll.

«Hab ich schon gemacht», sagte ich. «Auch den *Mül* rausgebracht.»

«Fick dich, ich kann eben keine Rechtschreibung.»

«Schaff mal diesen Redbox-Film ran, damit wir ihn zurückgeben können.»

Fellis lief durch den Flur in sein Zimmer, und ich rief ihm hinterher: «Und dann holen wir dieses Arzneizeug ab!» Es war weit nach Mittag, also musste es fertig sein.

Als wir das Haus verließen, läutete wieder das Telefon, und diesmal brachte das Fellis ernsthaft in Wallung. «Ruf sie bloß nachher zurück», sagte er zu mir. «Ich will nicht, dass sie den ganzen verdammten Tag lang das Telefon blockiert.» Er ging zum Apparat, nahm ab und hängte wieder ein. Dann nahm er den Hörer vom Haken, sodass keiner mehr anrufen konnte.

Wir sprangen in Einhell – Fellis setzte sich ans Steuer, obwohl ich ihm gesagt hatte, das sollte er lassen –, und wir fuhren zum Indian Health Service im Res, um die Medikamente abzuholen. Fellis redete nicht viel – er meinte, ihm tue der Schädel weh, und lehnte beim Fahren den Kopf ans Seitenfenster.

Vor dem IHS parkte er und stieg aus. Er lief zu dem weinrot gestrichenen Gebäude rüber und verschwand durch die Türen, die mal automatisch aufgegangen waren, es aber nicht mehr taten. Keine dreißig Sekunden später kam er schon wieder raus und sagte, die Apotheke habe die beiden Rezepte direkt zu Save 'n Shop gefaxt.

«Da müssen wir sowieso hin», sagte ich.

Der Tag wurde knalleheiß, und je näher wir der Inselspitze kamen, umso kräftiger der Gestank. Die Raupen schmurgelten in der Sonne. Um diese Tageszeit war der Gestank richtig schlimm. Normalerweise liefen dort Leute rum, aber jetzt war keiner da außer uns.

Fellis fuhr an dem ersten Schild vorbei, auf dem «Achtung» blinkte, und er lenkte mit einer Hand, während er sich mit der anderen die Nase zuhielt. Der Gestank war fieser denn je. Ich vergrub das Gesicht in meinem Hemd.

Die Straße schien sich unter uns zu bewegen, und ich fragte mich, wenn Fellis jetzt auf Parken schaltete, ob uns dann die Raupen zu Tausenden aufbuckeln und Einhell auf dem Rücken ans Ziel tragen würden.

Auf halbem Weg die Straße runter sah der Ort fast jahreszeitenfrei aus. Ein paar Bäume waren kahl, und die Äste schwankten blattlos wie im Herbst, bloß war es nicht Herbst, und die Straße war so glatt wie dick vereist, bloß war es nicht Winter. Das ganze Gebiet wirkte halb tot wie im Frühling, bloß war es nicht Frühling. Es war Sommer und heiß.

Die Reifen drehten durch, und Fellis ging vom Gas. Die Reifen griffen wieder, und er lenkte den Truck weiter zur Brücke direkt vor uns.

Dann fing er an zu würgen, was auch mich zum Würgen brachte.

«Würgst du wegen dem Gestank?», sagte ich. «Oder wird dir schlecht?»

Fellis wedelte mir mit der Hand zu und atmete tief durch. Wir waren schon fast beim Stammesmuseum, kurz vor der Brücke, die von diesem verrotteten Ort fortführte, da fuhr Fellis an den Rand.

«Kannst du's nicht noch aushalten?», sagte ich. Fellis stieg aus dem Truck und fiel zu Boden, die Hände und Knie mitten in den Hundertschaften toter Raupen; dann erbrach er sich.

Der Gestank erfüllte den ganzen Truck. Ich würgte und wollte die Tür aufmachen, aber sie ging nicht auf. Wieder und wieder zog ich am Griff, aber die Tür blieb geschlossen. «Fellis!», rief ich. «Fellis! Mach mir mal die Tür auf, ich muss kotzen –» Aber es war zu spät. Ich erbrach mich auf den Boden seines Trucks, und als ich zu einer zweiten

Fuhre ansetzte, kam Fellis rum, machte mir die Tür auf und sagte würgend: «O Mann», und ich schubste ihn beiseite und erbrach mich noch mal auf die Straße, die sich zu winden schien.

Mit tränenden Augen setzte ich mich wieder in den Truck.

«Wir müssen hier sauber machen», sagte Fellis.

«Fahr erst mal. Das putzen wir beim Laden weg.»

«Ich fahre nicht mit Kotze im Auto.»

«Dann hättest du mich nicht einschließen sollen.»

«Ich hab dich nicht eingeschlossen, du Sack, du musst den Hebel hoch- und runterziehen, damit er den Riegel in der Tür erwischt.» Fellis spuckte auf die Raupen draußen. «Das weißt du doch.»

«Lass uns fahren», sagte ich. Steckte die Nase ins Hemd.

«Zuerst wischst du auf.»

«Womit denn?»

Fellis warf einen Blick zurück auf die Ladefläche, fand aber nichts.

«Dann schmeiß die verdammte Fußmatte raus», sagte er.

Ich griff nach der Fußmatte und warf sie an den Straßenrand.

Wir fuhren mit dreißig Sachen über der Geschwindigkeitsbegrenzung und runtergekurbelten Scheiben zu Save 'n Shop, und jede Minute oder so fand ich eine Raupe, die mir am Bein hochkroch, und schnippte sie aus dem Fenster.

Der Parkplatz des Save 'n Shop war voll, und Fellis parkte weit draußen mit vom Laden abgewandter Schnauze und Blick auf ein Getreidefeld. Ich stieg aus, ging zur Ladefläche, klappte die Seitenwand runter und setzte mich.

Ich sah gar nicht, wie Fellis den Laden wieder verließ – beobachtete eine ältere Frau dabei, wie sie ihre Tüten vom Einkaufswagen in den Kofferraum ihres blauen Autos lud –, aber auf halbem Weg zurück zum Truck bemerkte ich ihn, weil er fluchte und mit einer Hand in der Luft rumfuchtelte. In der hielt er zwei weiße Tüten, in der anderen die Redbox-Hülle.

Er stieg in den Truck – ich auch –, und er warf die weißen Tüten aufs Armaturenbrett. Er knallte die Tür zu.

«Ich hab vergessen, die Scheiß-DVD in die Hülle zu stecken.»

Ich meinte, wir könnten sie doch holen fahren, aber Fellis sagte, nein, das würden wir ein andermal erledigen.

«Was machen Beth schon die Gebühren aus?», sagte er.

An der Kreuzung bog Fellis links ab, und ich fragte ihn, ob er sich erinnerte, in welche Richtung es nach Hause ging.

«Ich nehme den Highway und mach den großen Bogen außenrum», sagte er. «Lass dieses Kackding hier mal auslüften.»

Der große Bogen machte auch keinen Unterschied. Wir mussten trotzdem wieder über diese verrottete Straße, aber vor der Brücke hielten wir bei Kim's, und Fellis kaufte eine Schachtel Kippen, zwei billige dicke Zigarren und zwei Magnumdosen Arizona-Eistee. Bevor er Einhell auf die Brücke lenkte, hielt er auf dem Seitenstreifen, und wir beide zündeten uns eine Zigarre an und räucherten das Führerhaus ein. Wir fuhren durch einen selbst erzeugten Nebel weiter, der nur in diesem Fahrzeug wallte, und er hielt genug von dem Fischködergestank ab, dass wir nicht würgen mussten, aber als wir zu Fellis' Tante Alice kamen, würgten wir von dem dichten Qualm, der in Wolken aus dem Truck stieg, während Fellis raussprang und die Medikamente in ihren Briefkasten steckte. Er stellte das rote Fähnchen auf.

*

Ich rief Tabitha an, als wir zu Fellis zurückkamen. Lehnte mich bei der Hintertür an die Wand. Fellis suchte im Haus nach dem Redbox-Film, *Transcendence.*

«Du warst aber lange auf dem Klo», sagte Tabitha.

«Fellis wusste nicht, was er da redet. Nach der Behandlung kommt er oft so drauf.»

Fellis rief mir irgendwas aus dem Wohnzimmer zu, aber ich ignorierte ihn.

«Also, wo warst du?»

Ich berichtete ihr, was wir getan hatten, aber dazu fiel ihr nichts ein.

«Wann kommst du zurück?», sagte sie.

«Morgen.»

«Komm heute Abend», sagte sie. «Ich will reden.»

Ich nahm das Telefon ans andere Ohr. «Ich muss auf Fellis aufpassen. Warum kommst du nicht her?»

«Ich will da nicht hin.»

«Hier sind sie nicht so drauf», sagte ich. «In diesem Haus ist das anders.»

«Bitte komm heute Abend her. Ich will nur reden. Wir müssen reden.»

«Hör mal, ich muss auflegen, ich ruf später noch mal an.»

«Dee», sagte sie. «Heute ist unser –»

Ich hängte ein und nahm das Telefon vom Haken.

*

Beth kam vier Stunden zu früh nach Hause. Fellis und ich saßen auf der Couch, schauten uns *The People's Court* an und nippten an warmem Arizona-Eistee. Noch schien die Sonne, und als ich draußen die Wagentür zuschlagen hörte, dachte ich, es wäre Tabitha, und wurde nervös, aber dann sah ich, dass es bloß Beth war.

Sie kam ins Haus und warf ihre Schlüssel geräuschvoll auf das Tischchen bei der Hintertür.

Fellis stellte den Fernseher leiser, nahm aber nicht den Blick vom Bildschirm. «Hast du gekündigt?», sagte er lässig.

Ich fand diesen Scheiß richtig lustig und prustete los. Gekündigt!

«Ich hab nicht gekündigt, Dummkopf», sagte Beth. «Der ganze Laden musste für den Rest des Tages schließen. Irgendwas stimmt mit dem Abwassersystem nicht, und überall in den Gängen stank es nach *chagook*. Schlimmer als diese Raupen.»

«Auf gar keinen Fall», sagte Fellis und stellte den Fernseher wieder laut. Gerade fing eine neue Folge an. «Dam nam nam», sagte Fellis. «Tktktktktktktktk, da dam dam DAM.»

Ich lachte.

«Diese Sendung ist so bescheuert», sagte Beth; sie ließ uns allein und verschwand in der Küche.

Während wir uns *The People's Court* anschauten, machte Beth Hühnchen und Grüne-Bohnen-Auflauf, und als beide im Ofen waren, kam sie wieder ins Wohnzimmer und sah mit uns fern. Bei jedem einzelnen neuen Fall sagte Fellis «Schuldig!» und schlug mit der Hand auf das

Couchtischchen zwischen uns und dem Fernseher. «Das Arschloch ist schuldig!» Egal, ob die Leute unschuldig waren oder nicht.

Bei jedem einzelnen neuen Fall – während Beth zwischen Wohnzimmer und Küche pendelte – sagten Fellis und ich: Scheiß auf Richterin Milian. Wir würden die Urteile selbst verkünden. Eine junge Mutter in einer rosafarbenen Bluse und Jeans hatte ihren Nachbarn angezeigt, einen großen blassen Mann, weil er über das Fahrrad ihrer Tochter gefahren war. Als die Richterin die Tochter in den Zeugenstand rief und befragte, stellte sie fest, dass das kleine Mädchen das Rad auf der Straße vergessen hatte.

«Sperr sie weg!», schrie Fellis.

«Lebenslänglich!»

«Die junge Dame hat nur Flausen im Kopf!»

«Warum ist das Telefon ausgehängt?», sagte Beth.

«Warte, Beth», sagte Fellis. «Ich will erst alles über diesen Fall erfahren.»

In dem Moment, als das Telefon am Haken hing, läutete es.

Ich schlug Fellis auf den Arm. «Mach das leiser, ich will hören, wer dran ist.»

«Scheißverdammt», sagte Fellis und stellte den Ton leiser.

Wir lauschten, und Beth sagte irgendwas, aber ich konnte nichts verstehen.

«Jetzt zufrieden?», sagte Fellis, und dann: «Was soll denn deine Freundin schon wollen? Kommt sie noch vorbei?»

«Mach wieder lauter», sagte ich. Mit wem auch immer Beth da sprach, Tabitha war es nicht.

Fellis stellte den Ton lauter, und Richterin Milian

schlug mit ihrem Hammer auf den Tisch. «Gegen die Angeklagte ergeht –»

«Fellis!», sagte Beth.

«Scheiße, Beth, was ist los?»

Beth stand mit dem Telefon am Ohr im Wohnzimmer, das braune Kabel straff gespannt.

«Du hast deine Tante ganz aus der Fassung gebracht.»

«Was soll das heißen?» Fellis schaltete den Fernseher stumm.

Beth sprach ins Telefon. «Ich hol dich und Lily gleich ab», sagte sie. «Ich geb dir eine Lorazepam, damit du dich beruhigen kannst. Ja, bin schon unterwegs.»

Fellis erhob sich. «Was hab ich gemacht? Warum braucht sie Lorazepam?»

Beth schlüpfte in ihre Schuhe und griff nach den Schlüsseln. Sie öffnete die Haustür, und ich roch tote Raupen. «Du hast ihr meine Adderalls dagelassen.»

*

Fellis war ganz aus dem Häuschen, als Beth losfuhr und Tante Alice abholte, aber mir fiel nicht viel ein, um ihn zu beruhigen. Ihre Gesundheit machte ihm keine Sorgen – er wollte bloß nicht, dass sie ihn anschrie, denn im Gegensatz zu ihrer Schwester konnte Tante Alice ihn ganz schön fertigmachen.

Während Beth weg war, läutete das Telefon, und ich nahm ab, aber am anderen Ende war Schweigen. «Ich weiß, dass du das bist», sagte ich und hängte ein.

Im Wohnzimmer hatte Fellis den Fernseher ausgemacht; er saß kerzengerade da und rieb sich das Gesicht. Ich setzte mich neben ihn.

«Es war ein Versehen», sagte ich. «Mach dir keine Sorgen.»

«Was ist das?», sagte Fellis.

«Was denn?»

«Riechst du das auch?»

Das Hühnchen und der Bohnenauflauf brannten im Ofen, und Fellis ging zum Schränkchen unter der Spüle und schnappte sich den Feuerlöscher; er drückte den Hebel, aber es kam nichts raus.

«Zieh den Stift ab», sagte ich.

Er tat's und sprühte weißen Schaum in den Backofen.

Die Haustür ging auf und knallte wieder zu.

«Ist das das Hühnchen?», sagte Beth. Alice folgte ihr hustend, und zwischen ihnen streckte die kleine Lily den Kopf zu uns durch.

«Schon gelöscht», sagte Fellis.

«Gib mir diese Pille», sagte Alice. Sie fächelte sich Luft zu. «Ich habe Atemnot.»

«Ach, jetzt reg dich mal ab», sagte Beth. «Du übertreibst es. Es war nur eine Adderall.»

«Ich übertreibe nicht, Beth.» Sie nahm Lily hoch und setzte sie auf die Couch. Dann stellte sie den Fernseher an, schaltete aber nicht weg von *The People's Court*.

«Besorg deinem Tantchen mal eine Clonazepam», sagte Beth, während sie durch die Schiebetür hinten Rauch rauswedelte.

Alice setzte sich in die Küche, und auch sie fächelte sich Rauch vor dem Gesicht weg, während Fellis ihr die Tablette und ein Glas Wasser holte. Sie warf sie ein, und Wasser tropfte ihr vom Kinn.

«Tut mir leid», sagte Fellis. «Ich hätte das Etikett lesen sollen.»

Alice stellte das Glas ab. «Hättest du, hast du aber nicht. Wenigstens hab ich meine Rechnungen bezahlt.»

*

An diesem bewölkten Sommerabend aßen wir McDonald's-Futter. Beth kam mit drei Riesentüten Double-Cheeseburger, Pommes, drei Viererpacks Chicken Nuggets und einem Fischfilet ohne Käse für Alice zurück. Sie brachte auch Cola mit, und Alice behauptete, die könne sie nicht trinken, tat es aber trotzdem, und nachdem wir am Küchentisch inmitten der fettigen Verpackungen gegessen hatten – und Fellis pausenlos über seine Behandlung gelästert hatte, die Schwestern hätten gemeint, er brauche einen Brust-Port, weil man bei ihm nur schwer eine Vene finden könne –, räumte Beth den Müll weg, und Alice legte Lily schlafen, und Fellis durchwühlte das ganze Haus nach *Transcendence*, und als er die DVD gefunden hatte, schob er sie in den Player im Wohnzimmer, und als er sich mit Beth und Alice auf die Couch setzte – «Gott, ich hasse Johnny Depp», sagte Tante Alice, darauf Beth: «Warum? Der ist doch ein heißer Navajo», und dann stritten sich die beiden, ob er nun indigen war oder nicht –, blieb dort für mich kein Platz, deshalb sagte ich zu ihnen, ich käme gleich zurück, und ging raus, um mir einen Stuhl zu besorgen, aber da draußen trat ich auf irgendwas Festes. Fellis' Zigaretten, die er verloren hatte. Ich nahm mir eine aus der Schachtel, hatte aber kein Feuerzeug, deshalb steckte ich mir die Kippe hinters Ohr, sah auf die Klappstühle im Dunkel, und unter der schwankenden Eiche sagte ich laut: «Du solltest dich schämen.» Ich tat's und tat's nicht. Ich hatte meine Wahl getroffen, wusste, was ich tun würde, und wollte es doch nicht tun. Es war auch nicht die richtige Wahl. Bei ihr bleiben oder nicht – beides war falsch.

«Film fängt an!», rief Fellis zu mir raus, aber da war ich schon halb ums Haus, unterwegs nach Overtown, und ich fragte mich, ob es irgendeinen Weg gab, der um diese toten Raupen und den Geruch nach Scheiße und Fischköder rumführte. Aber ich wusste, es gab keinen.

## Der Weihetabak

Grammy ließ die Schachtel Misty 100 über den Küchentisch gleiten. Unter der Deckenlampe sahen die Altersflecke auf ihrem Handrücken wie Dreckspritzer aus, und wie Dreckspritzer waren sie nicht schon immer da gewesen.

«Nimm dir eine, Robbie», sagte sie. «Ich koche uns Kaffee.»

Grammy war krank. Nicht huste-huste-krank, wie manche Alte werden, bevor sie auf die andere Seite rübergleiten wie eine Schachtel Kippen. Na ja, vielleicht doch huste-huste-krank, aber nicht in der Lunge. Dieser Husten kam aus ihrem Gehirn, unter der weichen grauen Masse raus, vergrub sich dort tief im Gewebe, juckte sie unbeschreiblich. Und wie so ein trockenes, zähes Bellen aus der Brust war er bösartig.

«Mach schon, Robbie», sagte Grammy. Sie goss Wasser in die Kaffeemaschine und warf den alten Filter mit einem Klatscher in den Mülleimer. «Das Feuerzeug ist in meiner Handtasche.»

Ich angelte mir die Schachtel – kein bisschen Dreck auf meinem Handrücken. Mit zwei Fingernägeln zog ich eine Zigarette raus. Sie roch nach Minze und war länger als meine Finger. Als ich sie mir zwischen die Lippen steckte, baumelte sie dort, die Spitze weit entfernt.

«Robbie», sagte Grammy, «ich weiß doch, dass du es

tust. Mom weiß es auch. Das Feuerzeug ist in meiner Handtasche. Aber bitte, nicht dass ich deshalb Ärger kriege.» Grammy öffnete den Kühlschrank.

Robbie war Grammys kleiner Bruder, und er war schon seit weit vor den Zeiten tot, als wir *skeejins* Rechte bekamen. Ich hatte ihn nie kennengelernt. Für mich war er bloß ein Verwandter, der in jungen Jahren abgetreten und immer jung geblieben war. Der kleine Robbie. Der kleine Großonkel Robbie. Er war so alt wie ich gewesen – zwölf –, als der Fluss ihn fortgetragen und für immer jung bleiben lassen hatte.

«Bist du hungrig?», sagte Grammy.

«Nein», sagte ich. «Ich brauche nichts, Frances.» Mom hatte mich hergeschickt, um nachzusehen, ob bei Grammy Feuerholz reingetragen werden musste – deshalb war ich hier –, und bevor ich losgegangen war, hatte sie gesagt, ich solle mitspielen, falls Grammys Hirn hustete. Von «Husten» hatte Mom allerdings nicht gesprochen. Sie hatte gesagt: *David, falls Grammy wieder mal rumspinnt, geh einfach darauf ein.*

Grammys Handtasche hing an der Lehne eines Küchenstuhls. Mit von den Lippen baumelnder Misty machte ich den Reißverschluss auf und kramte zwischen Papieren, Rechnungen, geflochtenem Mariengras und Verlierer-Rubbellosen herum. Schmutz vom Boden der Tasche grub sich mir unter die Nägel. Loses Kleingeld klebte mir an der Hand. Zweimal zog ich was aus der Tasche, das ich für ein Feuerzeug hielt, aber in Wahrheit Lippenstift und Wimperntusche war. Ich nahm die Tasche vom Stuhl, stellte sie unters Licht auf den Tisch und steckte die Nase rein, bis ich endlich das Feuerzeug fand. Ein weinrotes Bic.

Ich setzte mich wieder; der Zigarettenfilter in meinem Mund war ganz nass und pappig und voller Spucke. Die Kaffeemaschine blubberte los, dampfte und zischte dann, und schließlich grub sich das Wasser durch die frisch gemahlenen Körner und spritzte raus in die fleckige Kanne.

Je länger ich das Feuerzeug in der Hand hielt, umso wärmer wurde es, und ich überlegte mir, wie ich jetzt rauchen oder wen ich dabei nachmachen sollte. Vielleicht konnte ich rauchen wie meine Schwester Paige, die die Zigarette zwischen den Zügen immer dicht vors Gesicht hielt. Oder wie Frick: ganz winzig kleine Züge nehmen, aber die allergrößte Rauchwolke auspusten. Dann gab es noch Mom selbst, die ihre Zigarette bloß anzündete, einmal daran zog und dann auch schon vergaß, dass sie sie überhaupt in der Hand hielt, bis die Asche sich bog und sie sie abschnippte und dabei kaum noch bis zum Aschenbecher kam.

Aber dann fiel mir ein, dass ich gar nicht wie sie alle rauchen konnte, weil ich ja Grammys kleiner Bruder sein sollte. *Geh darauf ein*, sagte Mom in meinem Kopf.

Ich nahm die Zigarette aus dem Mund, trocknete, so gut es ging, den feuchten Filter ab und schob sie wieder zwischen die Lippen. Wie bei unserem Holzofen zu Hause schnippte ich jetzt das Feuerzeug an, bloß hielt ich die Flamme nicht an Birkenrinde oder Zeitungspapier, sondern an Tabak. Sie griff über, es zischte, und Rauch stieg auf, biss mich in die Augen. Rauch tauchte runter, brannte mir in der Kehle.

Nicht husten, schärfte ich mir ein. Nicht husten.

Die Kaffeemaschine hörte auf zu tropfen.

Und dann hustete ich doch. Grammy lachte.

«Ich dachte, du wärst dran gewöhnt», sagte sie. «Mom

hat mir erzählt, du würdest den Weihetabak der Familie plündern. Sie meinte, sie hätte dich noch nicht erwischen können, aber sie wüsste, dass du das tust.»

Sie sprach mit Robbie, weshalb ich nichts sagte.

Ich zog noch mal an der Zigarette. Diesmal brannte es nicht so in der Kehle, aber rau war es schon, als würde man Sand verschlucken.

«Mistys mag ich am liebsten», sagte Grammy. «Kräftig, aber nicht zu kräftig.»

«Ganz deiner Meinung», sagte ich.

Grammy lachte. Sie griff ins Regal und holte zwei weiße Becher runter, beide mit schwachen Lippenstifträndern am Rand.

«Zucker? Sahne?», sagte sie.

«Beides.»

Sie bereitete den Kaffee zu, stellte meinen vor mich und setzte sich. Meine Asche wurde lang, also schnippte ich sie in Richtung Aschenbecher. Sie flog darüber hinaus und landete auf der anderen Seite des Tisches, von wo Grammy sie auf den Boden wischte.

Grammy zündete sich selbst eine an, zog einmal daran und legte sie dann so auf den Tischrand, dass das brennende Ende drüberhing. Sie griff nach ihrem Kaffee, blies einmal scharf darauf und trank einen Schluck.

Ich hätte meine Zigarette weiter aufrauchen können, aber ich drückte sie aus. Ich hatte noch nicht zweimal an meinem Kaffee genippt, als Grammy mir schon eine neue Misty anbot.

«Na los», sagte sie. «Greif noch mal zu.»

«Nein, danke.» Mir tat die Kehle weh.

«Nein-nein», sagte sie. «Bitte. Greif zu.»

«Danke, Frances. Wirklich nicht.»

Grammy trank einen Schluck Kaffee und stellte dann den Becher ab. «Nimm noch eine», sagte sie.

Bei der siebten Zigarette ging mir auf, dass Grammy mich in eine Falle lockte. Oder Robbie. Ich saß auf diesem Stuhl und sah sie wütender und wütender werden, während sie mir eine nach der anderen aufzwang.

«Rauch noch eine», sagte sie, nachdem ich sie alle ausgedrückt hatte.

Ich war standhaft. Ich hätte ja auch nach Hause laufen können. Aber ich blieb sitzen, bis mein Körper es nicht mehr aushielt, bis es mir im Schädel klopfte und pochte, bis die Säure des Kaffees in meinem Magen hoch- und rauswollte.

Ich wusste nicht, wie viele ich geraucht hatte, aber schließlich sprang ich vom Stuhl – der umfiel – und rannte zur Haustür.

«Das wird dich lehren, den Weihetabak zu stehlen!», sagte Grammy.

Ein Stück die Straße runter würgte ich trocken ins Unterholz.

Meine Knie zitterten, und das Wasser lief mir aus den Augen. Alles war verschwommen. Ich torkelte in den Wald, brach durch spitzes Kieferngezweig, hielt immer mal wieder an, um mich an einer Eiche abzustützen und mich endlich richtig zu erbrechen, bevor ich mich weiter und weiter von Grammys Haus entfernte, während mir die Zweige die Haut zerkratzten.

Am Flussufer, mit den Knien im Schlamm, versuchte ich erneut zu reihern, aber es ging nicht. Alles war in mir drin – so viel, so tief –, aber es wollte nicht raus. Ich rülpste, würgte und rülpste, aber mir tropfte nur Spucke aus dem Mund, die beim Aufprall kleine Riffel erzeugte, was es schwerer machte, in dem braunen Wasser zu erkennen, wie ich aussah.

Ich hatte Durst, aber der Fluss war voll brauner Ablagerungen, voll mit Gift von der Papiermühle oben im Norden, die rosa Schaum und scheißefarbene Blasen hier runterschickte, die am Ende in die Penobscot Bay rausgeschwemmt wurden. Ich brauchte dringend was zu trinken, deshalb formte ich mit den Händen eine Schale, tauchte sie ein und schlürfte das Wasser. Es schmeckte gut, aber schlecht wurde mir trotzdem. Wieder versuchte ich, mich zu erbrechen, aber es ging nicht, und fast wäre ich dabei in den Fluss gefallen, musste mich mit den Händen im Schlamm abfangen.

Vor dem Aufstehen spritzte ich mir Wasser ins Gesicht. Die Kopfschmerzen ließen langsam nach, aber die Übelkeit saß in meinen Eingeweiden gefangen.

Ich eilte durch den Wald zurück und hoffte, ich sähe nicht krank aus, hoffte, ich machte einen munteren Eindruck. Ausreden fallen leichter, wenn du einen munteren Eindruck machst.

Zu Hause beugte Frick sich unter die Motorhaube seines grauen Trucks, und ich rannte an ihm vorbei, die Betonstufen rauf und durch die Hintertür. Mom stand noch dort, wo ich sie zuletzt gesehen hatte, an der Küchenspüle mit einer Flasche Conoisseurs-Silberputzmittel; sie polierte auf, was sie im Leihhaus in Overtown loszuwerden hoffte, wo Paige zu jobben angefangen hatte, als sie überraschend wieder zu Hause aufgetaucht war, und der Geruch dieses Mittels – nach alten Pennies – ließ mich überlegen, ob jetzt in Zukunft wohl alles schlimmer riechen würde als normal.

«Hatte sie genug Holz da?», sagte Mom.

«Ja», erwiderte ich.

Ich schleuderte die Schuhe von mir und sah durch das Loch in meiner Socke meinen großen Zeh rausschauen. Ich schob ihn wieder rein und flitzte durch den Flur in mein Zimmer. Paige kam aus ihrem, und wir prallten zusammen.

«Herrgott», sagte sie und wedelte sich mit der Hand vor der Nase herum. «Hat Grammy dich eingeräuchert?»

«Ein bisschen.»

In voller Montur kroch ich ins Bett; meine dreckigen Knie machten Flecke auf das weiße Laken.

*

Als ich aufwachte, stand Paige im Zimmer und beobachtete mich in meinem Bett. Mir war, als hätte ich ewig geschlafen.

«*Chagooksis*», sagte sie. «Geht's dir gut?»

Vielleicht las sie mir die Sorgen im Gesicht ab, vielleicht sah ich auch nicht ganz so frisch aus, eher wie eine ausgedrückte Kippe oder alter Schmuck, denn sie setzte sich aufs Bett und massierte mir die Kopfhaut.

«Fühlst du dich nicht wohl?»

Ich schüttelte den Kopf. Kopfschmerzen hatte ich jetzt zwar keine mehr, aber in meinem Magen gurgelte es, und es fühlte sich an, als kröche in meinen Eingeweiden irgendwas herum.

«Du hast im Schlaf ganz schön viele Geräusche gemacht.»

«Hat Mom mich gehört?»

«Nein, sie ist weg. Sie ist zu Grammy gefahren.»

«Erzähl ihr nichts.»

«Was soll ich ihr denn nicht erzählen?»

«Erzähl ihr einfach nichts.»

Und dann schob ich Paige beiseite und rülpste und würgte über den Bettrand hinweg. Paige holte den Papierkorb, aber ich sagte Nein.

«Es kommt nichts raus.»

«David», sagte Paige. «Du machst mir Sorgen. Warum geht's dir so schlecht?»

«Hör zu», sagte ich, und dann erzählte ich ihr, was passiert war. Paige hörte auf, mir den Kopf zu streicheln, und starrte mich an, wobei sie die Augen zusammenkniff, als wollte sie irgendwas weit weg erkennen. Ich schloss mit der Frage: «Muss ich jetzt sterben?»

Paige schüttelte lachend den Kopf. «Wie viele Zigaretten hast du geraucht?»

«Bei vierzehn hab ich zu zählen aufgehört.»

«Vierzehn!»

«Muss ich?»

«Nein», sagte sie. «Dir ist nur von dem Nikotin ziemlich übel geworden.»

Paige ging in die Küche und brachte mir ein Ginger Ale.

«Trink das langsam und rülpse», sagte sie und machte sich wieder zur Tür auf.

«Wohin gehst du?», fragte ich.

«Eine rauchen und mich für die Arbeit fertig machen.»

Während sie im Bad rauchte und sich das Haar machte – die kleinen Knötchen rauskämmte –, nippte ich im Bett an dem Ginger Ale. Von der Dose tropfte Kondenswasser auf mein Hemd und drang kalt durch die Baumwolle auf meine Brust.

Alle paar Minuten kam Paige rein und sah nach mir. Ich musste dringend pinkeln, und obwohl es mir allmählich besser ging, wusste ich, dass sich mir der Magen umdrehen würde, sobald ich aufstand.

Mom kam nach Hause, und Paige begegnete ihr im Flur. Ich konnte riechen, dass beide geraucht hatten.

«Bist du nicht schon zu spät?», fragte Mom und ließ Paige gar nicht antworten. «Schau mal, was meine Mutter mir mitgegeben hat. Vier Silberhalsketten, dieses goldene Medaillon, diese silberne Uhr und ...» Sie schwieg und kramte in einer Papiertüte. «Schau dir diese Ringe an. Was, glaubst du, kriege ich dafür?»

«Ich kann dir nicht mehr bezahlen, bloß weil du meine Mutter bist», sagte Paige.

«Aber die Uhr ist prima in Schuss.»

«Sie ist aus Edelstahl.»

Mom knüllte die Tüte zusammen. Ich glaube nicht, dass ihr Paiges Job gefiel. In Wahrheit, dachte ich, nervte es sie, dass Paige einen Job hatte und sie nicht.

Paige kam sich verabschieden. In schwarzen Hosen und roter Bluse stand sie in meiner Tür.

«Bis später», sagte sie, und dann lachte sie und deutete mit den Lippen an: Gute Besserung.

Als Paige weg war, kam Mom durch den Flur in mein Zimmer.

«Warum bist du im Bett?», sagte sie.

«Ich war müde.»

«Zu müde, um die Holzkiste deiner Großmutter aufzufüllen?»

«Sie hat gesagt, ich soll mich nicht darum kümmern.»

«Warum schwindelst du? Grammy sagt, du bist überhaupt nicht da gewesen. Also, wo warst du?»

Ich setzte mich im Bett auf, und mir wurde übel. «Klar bin ich da gewesen. Sie war nicht ganz bei sich.»

Mom sah mich starr an. «Hat sie wieder rumgesponnen? Na, du hättest auf mich hören und ihre Holzkiste trotzdem auffüllen sollen. Der Fluss mag aufgetaut sein und wieder fließen, aber nachts wird es schon noch kalt.»

«Ging es ihr denn gut, als du bei ihr warst?»

«Als ich hinkam, hat sie geschlafen, aber als ich sah, dass ihre Holzkiste leer war, habe ich sie geweckt.»

Ich nippte an dem Ginger Ale. «Hast du sie aufgefüllt?»

«Das ist deine Aufgabe. Steh jetzt auf.»

«Wirklich?»

«Ja, wirklich. Es dauert doch nur zehn Minuten.»

Mom verschwand aus dem Türrahmen und entfernte sich durch den Flur. Ich stand auf, und allmählich löste und entschlang sich der Knoten in meinem Magen. Mir zitterten die Beine. Irgendwas Schlimmes schien meine Schuld gewesen zu sein. Vermutlich das Rauchen. Ich wollte nicht, dass Mom davon erfuhr, damit sie mich nicht anschnauzte. Oder noch blöder, Grammy. Grammy konnte ich das nicht antun.

Mein Laken war voller Dreck, und ich verbarg die Sauerei, indem ich zuerst mein Bett machte.

Im Bad schrubbte ich mir den Rauchgeruch weg, bis ich ganz rote Hände hatte.

An der Haustür gab Mom mir einen schweren Müllsack. «Bring den auch gleich mit weg.» Sie küsste mich auf den Scheitel, machte mir die Tür auf und schickte mich los. Frick schraubte noch an dem Truck rum. Als ich an ihm vorbeilief, lag er ungelenk auf dem Beifahrersitz und versuchte, irgendeine Verbindung unter dem Handschuhfach zu trennen. «Scheiße, scheiße!», sagte er. «Verdammtes *Scheiß*ding.»

Auf dem Weg zu Grammy bemühte ich mich nach

Kräften, die Frau aus meinem Kopf zu verdrängen, die ich morgens dort angetroffen hatte, aber es gelang mir nicht. Ich wappnete mich gegen weitere Bosheiten.

In Grammys Haus war es dunkel. Das Licht auf der Veranda war aus, und die Tür stand weit offen. Als ich reinging, achtete ich darauf, dass sie hinter mir ins Schloss fiel. Das einzige Licht, das irgendwo leuchtete – blau und weiß –, kam vom Fernseher im Wohnzimmer. Grammy saß in ihrem Fernsehsessel, die Arme auf den Lehnen, eine brennende Zigarette zwischen den Fingern, und der Rauch wand sich zur Decke.

«Grammy?», sagte ich.

«Ach, *chagook*!», lachte sie. «Du hast mich erschreckt.»

Ich trat ins Wohnzimmer.

«Mom hat mir aufgetragen, deine Holzkiste aufzufüllen.»

«Sie hört einfach nicht auf von dieser verdammten Holzkiste. Dann leg mal los.»

Ich ging wieder raus und ums Haus nach hinten, wo eine dunkelgrüne Plane einen Ster Holz bedeckte. Aus den Falten der Plane ergossen sich Ströme von Wasser, als ich sie anhob. Ich stapelte sieben Scheite Esche in meine Arme und trug die Ladung nach drinnen. Die Rinde kniff mich in den Unterarm, und ich spürte, dass ein Scheit am Rausrutschen war, deshalb eilte ich durch den Flur, damit ich zur Holzkiste kam, und kurz davor begannen alle Teile runterzufallen, aber ich beugte mich so schnell vor, dass sie aus meinen Armen direkt in die Holzkiste krachten.

«So geht's dann eben», sagte Grammy. Sie zog an ihrer Zigarette. «Beim nächsten Mal nimmst du einfach weniger.»

Mit zweimal Laufen füllte ich die Holzkiste.

«Tja, ich muss jetzt mal wieder –»

«Hast du gegessen?», fragte Grammy.

«Nein», sagte ich. «Deshalb sollte ich jetzt nach Hause gehen.»

«Ich mach dir was. Komm, setz dich.»

Ich wollte nicht bleiben, wollte nicht zu lang mit ihr allein sein, aber dann blieb ich doch und war froh darum. Sie machte mehr Licht im Haus, ich setzte mich an den Küchentisch, und sie zündete ein Feuer im Herd an, briet mir zwei buttrige Spiegeleier mit saftigen Fettstreifen, röstete mir zwei Scheiben Toast mit Himbeermarmelade darauf und erzählte mir einen Witz über einen Braunbären, der sich den Hintern mit einem weißen Kaninchen abwischt. Und nachdem ich aufgegessen und sie den Witz noch mal erzählen lassen hatte – mein Gelächter steckte sie an –, nachdem sie meinen Teller genommen und einmal abgespült und das restliche schmutzige Geschirr mit einem Tuch abgedeckt hatte, wie es bei uns Brauch war, damit die Geister fortblieben und wussten, dass ihnen kein Essen geopfert wurde, gab sie mir ein noch mit einer Kristallschicht aus der Gefriertruhe überzogenes Orangeneis am Stiel. Und als sie alle Lampen abschaltete und mich vor den Fernseher im Wohnzimmer bugsierte, sah ich zwar Rauch, aber ich sah auch Grammy und mich darunter sitzen, während er über uns hing.

Sie stellte *World News Tonight* mit Peter Jennings an, aber ich passte gar nicht auf. Ich versuchte im Dämmerlicht bloß rauszufinden, ob über die Plastikverpackung meines Eises was aufs Sofa tropfte, deshalb aß ich es auf, so schnell ich konnte, damit ich nichts schmutzig machte. Mein Mund war kalt und taub.

Grammy hatte die Augen nur halb geöffnet; sie döste, während in ihren Fingern eine Zigarette nutzlos abbrannte, wie bei Mom. Jetzt achtete ich doch auf die Nachrichten, wobei ich den hölzernen Eisstiel und die Verpackung in der Hand behielt. Peter Jennings setzte gerade zu einem Vortrag über die NASA und die *Pioneer 10* an, dass die *Pioneer 10* ihr letztes Signal gesendet und die NASA keine Pläne hätte, sie zu kontaktieren. Keine Pläne! Keinen einzigen. Die metallene Sonde würde weiter dort rausfliegen, in einem sanften, sanften Bogen durch die Schwärze, und da sie ein Objekt war, eine Maschine, konnte sie nicht sehen wie wir, und wir hier unten würden nie erfahren, ob es ihr gut ging oder nicht. Ich wünschte mir, dass das nahezu Unmögliche passierte: dass ein vorbeifliegender Meteoroid mit ihr zusammenstieß, sie zertrümmerte und die Trümmer zu den Sternen schickte.

Die Nachrichten waren zu Ende, und während der Bildschirm schwarz wurde, fragte ich mich, wann Grammy ihre letzte Nachricht senden würde. Sie schnarchte in ihrem Sessel, der kaum schaukelte, die Zigarettenasche bog sich lang runter und rutschte ihr von den Fingern, und als sie auf dem Teppich landete, verrieb ich sie mit dem Fuß. Grandmas Kippe legte ich nicht in den Aschenbecher, hielt sie stattdessen in der Hand, besah mir den Filter und die schwach glimmende Glut, und ich dachte mir, wenn ich wollte, könnte ich jetzt daran ziehen, es mir zur Gewohnheit machen. Ich hielt sie an die Lippen.

Grammy sah mich an.

«Sie wäre fast runtergefallen», sagte ich. Ich drückte die Zigarette im Aschenbecher aus.

«*Woliwoni*», sagte sie. Danke.

Grammy setzte sich auf dem Sessel zurecht. Dann erblickte sie die Plastikverpackung und den Holzstiel. «Komm», sagte sie zu mir. «Greif noch mal zu.»

*

Ich ging zur Haustür raus, sie schloss sie hinter mir, und ich hörte das Klicken des Sicherheitsriegels. Der Nachthimmel war so bepackt mit Sternen, dass ich blinzeln musste. In meinem Magen grummelten die vier Eis am Stiel, die ich gegessen hatte, und auch die Zigaretten. Ein Tag bei Grammy, dachte ich. Kippen und Süßigkeiten.

Zu Hause lag Moms ganzer Schmuck verstreut auf dem Küchentisch. Mom und Frick sahen im Wohnzimmer fern; auf dem Couchtisch standen drei leere Barefoot-Weinflaschen. Als ich dann dort im Wohnzimmer darauf wartete, dass Mom irgendwas sagte, meldete sich stattdessen Frick.

«Du warst bei deiner Großmutter?», sagte er.

«Ja», erwiderte ich.

Das Haus war sauber gewienert und roch nach Bleichmittel, wie so oft, wenn Mom in Rage war und dann die Böden schrubbte, als wollte sie sie wegkratzen.

Ich putzte mir die Zähne; meine Zunge war leuchtend orange, und kein Schrubben mit der Zahnbürste kriegte das weg.

«Gute Nacht», sagte ich aus dem Flur.

«Gute Nacht», sagte Frick.

«Gute Nacht, Mumma», sagte ich.

In meinem Zimmer zog ich mich aus, schlüpfte in ein Paar kurze Turnhosen, schlug die Decken zurück und legte mich hin.

Um Mitternacht, als Paige von der Arbeit zurückkam, wachte ich von ihrem Gezanke auf.

«Es geht darum, wie du es gesagt hast», sagte Mom. «Und vor all den Leuten.»

«Du hast richtig drum gebettelt», sagte Paige. «Ich hab dir viel mehr geboten, als die Sachen wert waren, aber du wolltest das Geld ja nicht haben.»

«Du hast mich beschissen, so wie immer.»

«Ich? Ich geb dir fast alles, was ich verdiene, und dann bringst du es fertig, zu mir auf die Arbeit zu kommen und mehr rauszuholen, als der Schrott wert ist. Das ist es nämlich – Schrott! Schäbige alte Halsketten, eine Scheißuhr, die nicht läuft, und angelaufene Silberringe.»

«Das sind Antiquitäten!»

«Du hast mich blamiert», sagte Paige. «Du warst unhöflich und hast mich in die Klemme gebracht, und ich hab dir mehr für die Klunker geboten, aber du wolltest das Geld nicht haben.»

«Es war eben nicht genug», sagte Mom. «Sag's doch einfach. Du wolltest mir nicht mehr geben.»

«Ich hätte dir den ganzen Laden geschenkt, wenn es so laufen würde. Aber so läuft es nicht.»

Das Telefon läutete. Es war komisch, es im Haus so ruhig werden zu hören, nur noch das Telefon und nichts als das Telefon, und da ging mir auf, dass es schon nicht mehr der Tag war, an dem Grammy Robbie gezwungen hatte, all diese Zigaretten zu rauchen, sondern der Tag danach. Ich hatte mir nie groß Gedanken darüber gemacht, dass die Stunden zwischen Mitternacht und dem Aufwachen am Morgen schon Teil des nächsten Tages waren. Sie hatten sich immer angefühlt wie eine Zwischenzeit, aber es gab kein Dazwischen. Es gab immer nur das Jetzt.

Mom ging ans Telefon. «Wer ist da?», sagte sie. Dann noch mal: «Wer?»

Ein Feuerzeug wurde angeschnippt.

«Sie ist gefunden worden?», sagte Mom. «Wo?»

Ich setzte mich auf und lauschte. Ich hatte die gleiche Frage wie Mom. War sie im Wald gefunden worden? Auf irgendeiner Straße? Ich stellte sie mir in jemandes Haus vor, wo sie auf dem Sofa fernsah oder in der Küche kochte.

«O Gott», sagte Mom. «Bringen Sie sie her.»

Sie legte auf. Eine Weile sagte niemand was, aber das Schweigen hallte lauter wider als das läutende Telefon. Der Hahn über der Spüle wurde angestellt, und Wasser spritzte in die Metallschüssel. Der Kühlschrank ging einmal auf. Jemand trat auf die Diele im Küchenfußboden, die immer knarzte.

Dann sprach Mom mit Paige: «Ist dein Bett gemacht?»

«Ja», sagte sie.

«Ich hol dir Decken für die Couch», sagte Mom.

Direkt vor meiner Zimmertür kramten Mom und Paige im Schrank, besorgten Laken und Kissen für die Couch. Sie suchten in den stillen Winkeln der Regalfächer. Und weil sie dort draußen standen, so dicht vor meiner Tür, beschloss ich aufzustehen und zu fragen, was los war.

«Geh zurück ins Bett», sagte Mom. Ich wusste, sie würde sauer werden, wenn ich nicht hörte, wenn ich nicht tat, was sie wollte. «Schlaf weiter.»

Bald hörte ich aus meinem Zimmer, wie Paige sagte, da führe jemand vor. Ich drückte das Ohr an die Tür. Die Hintertür wurde aufgezogen, und ich hörte Grammy reden. «Es war keine Absicht», weinte sie. «Wenn ich das gewusst hätte.»

«Schon gut», sagte Mom. «Komm ins Wohnzimmer.»

«Wer sind Sie?», fragte Grammy. «Die haben gesagt, er ist tot. Ertrunken!»

Sie hörte auf zu weinen, und dann schrie sie, stieß ein kurzes, schrilles Geheul aus, von dem mir übler wurde als von all den Zigaretten.

Es folgten Männerstimmen. Stammespolizei. Rettungssanitäter. Sie übertönten Grammys Fragen. Schwer zu verstehen, was da gesagt wurde. Irgendwas, dass sie ihr Auto geschrottet habe, dass sie zitternd und schreiend unten am Fluss gefunden worden sei. Dann sprach ein Polizist lauter, und den verstand ich viel besser. Er sagte, als sie versucht hätten, sie anzufassen und sie sanft vom Ufer wegzuziehen, habe sie auf sie gezeigt, sie gebeten, ihn im Wasser suchen zu helfen, ihn zu rufen, und dann habe sie Daumen und Finger unter die Zunge geschoben und zu den Sternen raufgepfiffen.

Genauso pfiff Grammy jetzt im Haus, und alle verstummten.

«Wo ist er?», fragte sie.

«Grammy», sagte Paige. «Wo ist wer?»

«Grammy? Ich bin nicht Ihre verdammte Grammy.»

Als die Polizisten und die Sanis wieder gingen, versuchte Mom, Grammy aus der Küche in Paiges Bett zu schaffen, aber Grammy redete und weinte einfach weiter.

«Ich hätte das nicht tun sollen», sagte sie.

«Schon gut», sagte Mom. «Komm jetzt. Lass uns dich umziehen.»

Ich erstarrte an meiner Tür. Schritte kamen durch den Flur, gingen in Richtung von Paiges Zimmer.

«Ich kann nicht», sagte Grammy. «Außer mir hat ihn heute noch niemand gesehen.»

Ich zog mich am Knauf vom Boden hoch und machte die Tür auf. Mom und Paige standen links und rechts von Grammy, deren Hosen nass und schlammverschmiert waren. Mom stapfte auf mich zu, bedeutete mir, wieder in mein Zimmer zu verschwinden, aber Grammy stoppte sie.

«Robbie», sagte sie.

Wie sie mich anstarrte, was für eine Erleichterung in ihren aufgequollenen Augen. Ich fragte mich, wie sich das wohl anfühlte. Man konnte es sehen, richtig sehen. Aber es zu fühlen? Als ob man aus einem Traum aufwacht, in dem einen irgendwas verfolgt hat – nicht so zum Spaß, sondern mit aller Macht –, sich dann im Bett aufsetzt und einmal tief und zitternd Atem holt, der so frisch ist wie ein Glas Eiswasser.

«Alles ist gut, Frances», sagte ich.

Grammy löste sich von Paige, trat vor Mom, kam zu mir und nahm mein Gesicht zwischen ihre Hände, die jetzt gar nicht mehr altersfleckig aussahen, weil das Flurlicht aus war. «Warum haben sie gelogen?», fragte sie.

«Komm mit, Frances», sagte ich. Mom, Paige und ich führten sie gemeinsam an Paiges Bett.

«Nicht weggehen. Komm her, *gwusis. Abin.*» Setz dich, bedeutete sie mir.

Sie legte mir den Arm um und zog mich an sich. Sie kratzte mir über den Schädel, massierte mir die Kopfhaut. Schniefte. Paige stand da und sah zu, und Mom kam mit den Decken von der Couch zurück. Sie warf sie auf den Boden und machte daraus ein Bett, so groß, dass sie und Paige darauf schlafen konnten.

«Tut mir leid», sagte Grammy. «Ich hätte das nicht tun sollen. Hätte es einfach nicht tun sollen.»

Ich schmiegte mich fester an sie. Moms Blick ruhte auf mir, fragend. «Frances», sagte ich. «Alles ist gut.»

Grammy ließ mich los und beugte sich zur Seite. «Aber du hättest mich auch nicht so austricksen sollen», sagte sie. Je lauter sie sprach, umso mehr zitterte ihre Stimme. «Das war nicht in Ordnung.»

«Tut mir leid», sagte ich, und ich fragte mich, ob Robbie das Sterben auch leidgetan hatte.

Grammy schüttelte den Kopf. «Sie beide müssen jetzt gehen», sagte sie zu Mom und Paige.

Sie standen im Flur, und ich hörte, wie Paige Mom von den Zigaretten erzählte, und ich versuchte, genau hinzuhören, wie sie die Geschichte erzählte – denn auf das Wie kam es an –, aber dann packte Grammy mich an den Schultern und zeigte mit ihrem langen Finger auf mein Gesicht. «Glaubst du, was du getan hast, war in Ordnung?»

Ich klammerte mich an die Matratze; jetzt konnte ich nicht mehr mitspielen. Ich zog mein Gesicht von ihrem Finger weg. «Du bist krank, Grammy.»

«*Jistowks!*»

Mom und Paige schauten rein.

«Raus!», sagte Grammy zu ihnen. «Raus, hab ich gesagt!»

«David», sagte Mom. «Komm.»

Ich wollte mich aufrappeln, aber Grammy zog mich wieder runter, und dann entwand ich mich ihrem Griff. Als ich losrannte, packte sie mich am Bein, und ich schlug lang aufs Gesicht.

«Jetzt reicht's aber!», sagte Mom. Sie war grob zu mir, als sie mich hochzerrte, mich aus dem Zimmer schob und die Tür zuschlug.

Im Wohnzimmer döste Frick auf dem Schaukelstuhl,

zu seinen Füßen eine Flasche Wein. Als ich reinkam, schlug er ein Auge auf und sah mich an.

«Willst du eine Zigarette?» war alles, was er sagte, und dann lachte er sich wieder in den Schlaf.

Erst gegen vier Uhr morgens beruhigte Grammy sich allmählich. Ich saß auf der Couch, während Frick auf seinem Schaukelstuhl vor sich hin schnarchte, und hörte zu, wie Mom mit Grammy schimpfte. Grammy sagte bloß immer wieder, das, was Robbie gemacht habe, sei doch viel schlimmer gewesen, stehlen und tricksen, und sie würde es jederzeit wieder tun. Es lag alles an dieser Krankheit, die ganze Sache war nicht mehr hinzukriegen, aber trotzdem – vielleicht bloß, weil ich so müde war – fühlte ich mich, als wäre ich der mächtige Verfolger gewesen, und ich wollte aufspringen und alles wiedergutmachen, aber ich wusste nicht, wie. Vielleicht hatte Großonkel Robbie sich auch so gefühlt, als hätte er keine Wahl, als gäbe es keinen richtigen Weg mehr, um noch irgendwas in Ordnung zu bringen. Bevor mir die Augen zufielen, während ich Frick schnarchen und die Uhr auf vier zuticken hörte, fühlte ich mich, als würde ich Robbie kennen, als hätte ich Erinnerungen an ihn, in denen er mich zum Angeln oder Jagen mitnahm, und wenn ich den Fisch nicht vom Haken bekam oder das weiße Kaninchen nicht töten konnte, sagte er, schon in Ordnung, und dann zog er selbst den Fisch vom Haken – die Lippen aufgestülpt, die Kiemen zuckend – und ließ ihn wieder ins Wasser fallen, oder er nahm mir das Gewehr aus den Händen, und nach alledem liefen wir durch Schlamm oder Schnee davon, bis ich stehen blieb und er weiter und weiter ging, mit gemessenen, leisen Schritten durch einen Wald voll dunkler Kiefern, so lange, bis er verschwunden war.

## Sicherer Hafen

Ich sitze an dem verwitterten Picknicktisch in der Gartenlaube hinter dem Krisenstabilisierungszentrum, und es riecht nach Regen. Meine Mutter ist zwei Becher Kaffee holen gegangen. Ich achte gar nicht auf sie. Ich bin viel zu beschäftigt damit, dem dünnen kleinen Schädlingsbekämpfer zuzusehen, der ums Fundament des Gebäudes rum durchs Gras läuft. Er trägt einen weißen Overall und kontrolliert die schwarzen Giftbehälter. Nagerfallen. Ich glaube nicht, dass er mich seinerseits beobachtet, aber er weiß, dass ich da bin. Er muss mich sehen. Ich frage mich, ob er denkt, ich gehöre hierher.

Das Krisenstabilisierungszentrum liegt ungefähr dreißig Minuten vom Reservat entfernt. Um da hinzukommen, fahre ich am McDonald's und an einem Gebrauchtladen vorbei, bevor ich auf den Highway einbiege, wo ich für den Großteil der Strecke bleibe. Dann die Ausfahrt. Die rote Ampel. Immer ist sie rot. Ich will links ab, deshalb muss ich jedes Mal warten. Dann abbiegen. Geradeaus. Schulzone, also langsam fahren. Ich quere eine mit einem schwarz-blauen Symbol markierte Brücke, bevor ich durch eine geziegelte Siedlung fahre. Einbahnstraßen. Dann ein paar Bäume. Noch mehr Bäume. Das Zentrum kommt in Sicht. Rechts ab. Es liegt an einem holprigen, rissigen Seitensträßchen, in Distanz zum geschäftigen

Teil der Stadt. Am Waldrand stehen gedrängt und aneinandergebeugt die Kiefern, und Kardinale und Finken flattern und düsen von Baum zu Baum.

Groß ist das Zentrum nicht. Drinnen steht ein Empfangstresen. Zur Rechten davon ein langer Flur mit Zimmern. So schlicht eingerichtet, dass sie *Entspann dich* sagen. Ein mit sauberen Laken bezogenes Bett. Nachttisch, Lampe, Kommode. Transparente weiße Vorhänge. Links vom Empfang sind Wohnzimmer, Küche und Fernsehzimmer mit braunroten Sesseln sowie ein Ruheraum, in dem man malen und zeichnen oder sich zum Lesen hinsetzen kann. Im Wohnzimmer ist ein Whiteboard an die Wand geschraubt, auf dem mit blauem Marker steht: «Ein Schiff im Hafen ist sicher. Aber dafür werden Schiffe nicht gebaut.» Als ob Menschen Schiffe wären, als könnte man sie zusammenbauen. Zusammenbauen wie diese Dinger, die schwankend durch einen unberechenbaren, tiefen Ozean aus Salz und Schaum stampfen oder ihn glatt durchschneiden. Da draußen auf dem Meer werden Schädlinge durch natürliche Auslese bekämpft.

Die Hintertür geht knarrend auf, schlägt wieder zu. Die Schuhe meiner Mutter schleifen durchs Gras. Der Schädlingsbekämpfer ist um die Hausecke verschwunden.

«Hier.» Mom gibt mir den Kaffee. Er ist noch zu heiß zum Trinken, deshalb puste und puste ich darauf, aber er kühlt einfach nicht ab.

«Danke für die Zigaretten», sagt Mom.

Deshalb bin ich hier: um ihr Zigaretten zu bringen. Deshalb komme ich immer her, wenn sie hier ist. Um ihr Zigaretten zu bringen. Nie bringe ich ihr keine mit.

Wieder puste ich auf meinen Kaffee. Zu heiß zum Trinken.

Mom fragt mich, ob ich von «meiner Schwester» gehört habe, und als ich Nein sage, räuspert sie sich irgendwie und erkundigt sich dann, was es sonst Neues gibt.

Nichts, sage ich zu ihr.

Darauf fängt sie damit an, warum sie schon wieder hier ist. Zum zwölften Mal in den letzten drei Monaten.

«Ich wollte nicht mehr allein sein. Meine Schlafzimmerwände haben schon ganz schwarz und schmutzig ausgesehen.»

Ich frage sie, ob ihr die Medikamente ausgegangen sind. Clonazepam. Bennies. Sie sagt, morgen wird nachgeliefert. Sie nimmt sie nur ab und zu. Dann hat sie keine mehr, weil ihr das Geld fehlt. Zigaretten braucht sie immer.

«Aber ich habe Valium», sagt sie. «Trotzdem hilft mir das nicht beim Einschlafen. Ich finde einfach keinen Schlaf.»

Sie erzählt mir, dass sie seit drei Tagen wach ist. So sieht sie allerdings nicht aus. Ihr kurzes graues Haar steht igelmäßig zu Berge. Sie trägt kleine Goldohrringe. Ist hübsch angezogen. Sportlich. Weißes T-Shirt, schwarze Yogahosen und weiße Sneaker. Sie macht gar kein Yoga. In den weißen Klamotten sieht sie indigener aus, indianischer (das Wort *indianisch* hasst sie). Aber nichts lässt sie noch jung wirken. Sie ist indigen, und sie hat ein Trauma. Ich vielleicht auch – ich bin nämlich derjenige, der alles hautnah mitbekommen hat –, aber sie denkt, sie sei schlimmer betroffen. Das sagt sie zwar nicht so, aber sie denkt es. Kann sein, dass sie recht hat. Vielleicht sind ältere Indigene einfach stärker traumatisiert als jüngere.

Ich brauche ein bisschen, um wieder mit ihr warm zu werden. Mom wollte Zigaretten, und morgens am Telefon hatte sie mich gebeten, dieser Frau hier, die ich nicht kenne, auch eine Schachtel zu kaufen. Ich weiß ja nicht. Mom meinte, die Frau habe Bargeld, sie würde mich dann bezahlen. Aber schon während des Telefonats verhaspelte sie sich, sagte, die Frau habe das Geld doch noch nicht, sie warte darauf, dass ihre Freundin auftauche, die ihr was schulde. Bei solchen Spielchen würde ich nicht mitmachen, sagte ich zu meiner Mutter.

«Ich bin so müde», sagt sie jetzt. «Ich will schlafen, aber ich kann es einfach nicht.»

«Ich bin ja noch nicht mal richtig angekommen», sage ich, während ich doch allmählich warmlaufe.

Mom wirft mir einen Blick zu, lächelt. «Ach, halt die Klappe.»

«Du bist so müde, dass du mich bloß halluzinierst», sage ich. Dabei lächle ich ein bisschen.

Jetzt lacht sie richtig. Vor Jahren schon sind ihr alle Zähne ausgefallen, aber sie trägt ein Gebiss. Nur oben. Den unteren Teil hat sie letztes Jahr in einem Dysart's verloren, mich dann gebeten, dort anzurufen, was ich auch tat und fragte, ob sie an einem der hinteren Tische was gefunden hätten. Da habe sie gesessen, hatte sie mir erzählt, unter einem Ölbild von grünen Oliven in einer braunen Schale. Aber sie hatten keine Zähne gefunden.

Ich deute auf die zwei Schachteln, die ich ihr mitgebracht habe. «Später wirst du nach diesen Zigaretten greifen wollen», sage ich zu ihr, «und glauben, dass sie da liegen. Tun sie aber nicht. Ich hab nämlich gar keine mitgebracht.»

Jetzt lache ich los.

«Hör auf.» Auch sie lacht.

«Dann rufe ich dich heute Abend an», sage ich, «und frage dich, ob du diese Zigaretten noch brauchst.»

Das schlägt ein; jetzt wollen wir uns beide ausschütten. Es fühlt sich gut an, mit ihr zusammen zu lachen, so als würden die schwarzen, schmutzigen Wände in mir sauber geschrubbt.

Als wir mit Lachen durch sind, sagt sie, ich sei ein kleiner Mistkerl. «Warst du schon immer», sagt sie.

Ich wische mir die Tränen aus den Augen und hebe meinen Kaffeebecher an die Lippen. Immer noch heiß, deshalb puste ich darauf und stelle ihn wieder ab. Inzwischen steht Mom auf.

«Es wird ein bisschen kühl», sagt sie. Sie hat noch nicht mal geraucht.

Drinnen setzen wir uns einander gegenüber an den langen Küchentisch. Auch ein alter Mann in einem braunen Pulli sitzt dort, aber am anderen Ende. Er isst mit zitternden Händen ein Sandwich, und jedes Mal, wenn er abbeißt, rutscht sein Ärmel hoch und enthüllt eine goldene Uhr. Er spricht nicht mit uns, schaut uns nicht an, und einen Moment lang – einen einzigen Moment, so lang wie ein Ticken seiner Uhr – kommt er mir vertraut vor. Kenne ich Sie, möchte ich fragen. Vielleicht war er bei meinem letzten Besuch schon hier.

Die Frau, die Zigaretten wollte, sitzt im Wohnzimmer und schaut sich die *Maury Show* an, während sie an ihrem weinroten Feuerzeug rumspielt. Ich frage mich, ob sie sauer auf mich ist, weil ich ihr keine Zigaretten mitgebracht habe.

Von meinem Platz am Tisch aus sehe ich das Whiteboard und den blauen Spruch darauf. Wenn wir wirklich zusammengebaut sind, frage ich mich, wer baut uns dann?

Mom und ich schweigen. Dann fragt sie, ob ich diesen Film mit Adam Sandler gesehen habe.

«Ich glaube, er heißt *Adults*», sagt sie. «Ja, so heißt er. *Adults.* Den haben wir uns gestern Abend alle angeschaut.» Mit alle meint sie die anderen, die auch dort sind, die anderen Krisenkandidaten.

Ich puste auf meinen Kaffee und trinke einen Schluck. Er ist warm, aber ich wünschte, er wäre noch wärmer. Ich habe ihn zu lange abkühlen lassen. Ich erzähle meiner Mutter nicht, dass ich den Film kenne, dass sie falschliegt, dass er nicht *Adults* heißt, sondern irgendwie anders. Ich erzähle ihr so einiges nicht, etwa dass ich nicht die halbe Miete aufbringen konnte und mich deshalb meine Freundin verlassen und ihre durchgeknallte Katze mitgenommen hat. Mom hat meine weiße Freundin gehasst, und dass sie weg ist, würde ihr zu gut gefallen. Ich erzähle ihr auch nicht, dass ich endlich den Job als Fahrer für UPS bekommen habe. Bei UPS hat schon mein Vater gearbeitet, bevor er und Mom geheiratet haben. Sie sind seit Jahren geschieden. Und mein Vater ist tot. Vielleicht erzähle ich Mom deshalb nichts von dem Job, weil ich nicht will, dass sie mir sagt, ich soll nicht so werden wie mein Vater. So dramatisch ist sie gern mal.

«Der ist wirklich zum Brüllen», sagt Mom über den Film. «Den musst du dir anschauen.»

Ich sage, das werde ich, bestimmt ist er lustig, aber ich weiß, dass ich ihn mir nicht anschauen werde.

Wenn Mom in letzter Zeit redet, sucht sie immer nach Worten. Irgendwas stimmt mit ihrem Hirn nicht. Das Trauma. So ist es schon seit Jahren, aber inzwischen braucht sie noch länger.

«Ma?», sage ich.

Sie schaut mich an und schweigt. Sie rückt die beiden ungeöffneten Schachteln Zigaretten vor sich auf dem Tisch gerade und nippt an ihrem Kaffee.

«Ich bin so müde», sagt sie. «Ich hab vier Nächte nicht geschlafen.»

Alles klar? Erst drei Nächte, jetzt vier. Sie ist einfach dramatisch, muss bei allem übertreiben. Ich frage mich, ob sie vielleicht doch geschlafen hat und bloß lügt.

Es klingelt am Eingang und eine von den Mitarbeiterinnen – eine Frau mit breiten Hüften und schmalem Schädel – fragt durch die Gegensprechanlage, zu wem die Person will. Die Frau, die wollte, dass ich ihr Zigaretten mitbringe, steht auf und beobachtet die Tür. Ich kann sie mir ausführlich ansehen. Sie heißt Meryl, glaube ich. Mom hat gesagt, sie sähe schwanger aus, sei es aber nicht. Sie sieht wirklich schwanger aus. Ich frage mich, ob eine von beiden lügt.

«Das ist meine Freundin», sagt Meryl zu der Angestellten. An der Tür summt es, und sie geht auf. Ein kalter Luftzug dringt herein und umspielt meine Fußknöchel wie Wasser. Ich frage mich, warum die Freundin Meryl keine Zigaretten mitgebracht hat.

Mom erkundigt sich, ob sie meinen Kaffee aufwärmen soll. Ich sage Ja. In der Mikrowelle macht sie auch ihren eigenen wieder heiß.

Als sie mit dem aufgewärmten Kaffee zurückkommt, puste und puste ich von Neuem darauf, sehe der sich drehenden Dampfwolke zu, spüre, wie sie mir Oberlippen und Nase befeuchtet. Er ist wieder zu heiß zum Trinken. Ich will diesen Kaffee gar nicht. Ich will weg. Aber ich warte, bevor ich das ankündige – schließlich hat sie mir gerade erst den Kaffee aufgewärmt.

Mom redet weiter, und ich höre zu. Sie sagt, sie hoffe, heute Nacht könne sie schlafen. «Himmel», sagt sie. «Ich kann wirklich Schlaf brauchen.»

Mein Kaffee ist zu heiß zum Trinken, aber ich will weg. Will nach Hause. Warum eigentlich? In zwei Tagen werde ich die Wohnung los sein, und zu Hause ist sowieso keiner. Da ist es leerer als im Mülleimer. Trotzdem will ich bloß weg, also trinke ich den Kaffee mit vier Schlucken aus und verbrühe mir furchtbar den Mund.

«Ich will keine Hektik verbreiten», sage ich zu Mom. Beim Abstellen macht der Kaffeebecher ein sattes Plopp. «Aber ich muss los.»

«Weiß ich doch. Schön, dass du mir ein paar Kippen mitgebracht hast.» Mom klopft auf die beiden Schachteln auf dem Tisch.

Meryls Freundin ist wieder weg, und Meryl baut sich nahe bei dem langen Küchentisch auf. «Ich hab jetzt Geld», sagt sie zu mir. «Vielleicht könnten Sie so nett sein, mir eine Schachtel zu besorgen.»

Ich weiß nicht, ob ich so nett bin, aber die Zigaretten werde ich ihr besorgen.

Meryl schaut Mom an. «Ist das okay?» Meryl weiß nicht, dass ich loswill, weiß nicht, dass ich gesagt habe, ich müsse jetzt gehen. Vielleicht glaubt sie, sie würde uns unterbrechen.

Mom sagt nichts, starrt Meryl bloß an.

«Gleich am Ende der Straße ist eine Tankstelle», sagt Meryl zu mir.

Ich erwidere nicht, dass ich das weiß. «Ich kann Ihnen welche besorgen», sage ich zu ihr. «Ich fahre gleich mal hin.»

Meryl schaut aber weiter Mom an, wartet, dass sie ihr

Antwort gibt, als könnte ich nur los, wenn meine Mutter mich lässt. Dann spricht sie weiter. «Ist es okay, wenn er schnell für mich zur Tanke fährt?»

Mom sagt nichts. Sie ist müde. Ich glaube, sie sucht nach einem Wort.

«Ma?», sage ich.

Nichts.

Mom sieht keinen von uns an. Und dann beginnt langsam ihr Kopf sich zu drehen und zu verrenken, bis sie zur Decke raufschaut, und aus ihrem Mund dringen diese Laute wie von einem schreienden Kind, und das Nächste, was ich sage, ist: «Mumma?», weil ich mich frage, was zum Teufel mit ihr los ist. Aber dann richtet sie sich gerader und gerader auf dem Stuhl auf, als wäre sie aus Holz, ein Kantholz, das dagegen lehnt, und ich eile um den Tisch rum und nehme sie in den Arm. Ich sage: «Mumma? Mumma? Was ist los?» Sie antwortet nicht und spannt die Arme an, führt sie an den Hals. Sie hat Krämpfe. Ich rufe nach den Angestellten, rufe um Hilfe. Meryl steht mit verschränkten Armen da und sieht zu. Sie rollt die Augen – rollt die Augen! Verdammtes Miststück.

Die Angestellten eilen herbei. Eine schickt Meryl ins Fernsehzimmer. Sie gehorcht. Dann geht die Frau raus, sagt den Leuten in der Laube, sie sollen draußen bleiben, weil es ein Problem gibt. Alle gehorchen. Die Frau mit den breiten Hüften und dem kleinen Kopf ist auf der anderen Seite meiner Mutter, hilft mir, sie festzuhalten. Sie an Ort und Stelle zu fixieren.

Die andere Frau hängt am Telefon und spricht mit 911.

«Sie hat einen Anfall», sagt die Frau mit dem kleinen Kopf zu der am Telefon.

Meine Mutter schüttelt es, sie spuckt Schaum aus dem

Mund. Ich sehe zu, wie die Spucke der Frau ins Gesicht fliegt. Ich glaube, meine Mutter erstickt.

«Seit wann?», fragt die Frau am Telefon.

«Ungefähr seit einer Minute», sagt die Frau mit dem kleinen Kopf. «Jetzt lässt es allmählich nach.»

Der Atem meiner Mutter wird langsamer, regelmäßiger.

Ich halte sie weiter fest. Sie entspannt sich, versucht, sich aufzusetzen, als würde sie das zum ersten Mal tun, zum ersten Mal ihre Muskeln benutzen. Ich massiere ihr den Rücken, und ich denke an die Zigaretten und die Sprachnachrichten. Die Sprachnachrichten, in denen sie immer um Zigaretten bittet. Ich denke, dass ich ihr künftig immer Zigaretten mitbringen werde; ich denke, dass ich mir diesen Film mit Adam Sandler anschauen werde.

«Sag ihnen, dass sie keine Clonazepam mehr hat», sagt die Frau mit dem kleinen Kopf. «Daran könnte es liegen. Oder an den Bennies. Und sie hat drei Tage nicht geschlafen.»

Ich massiere meiner Mutter weiter den Rücken. Aber Valium hat sie doch, denke ich. Ist zwar was anderes, aber auch so was wie Bennies. Warum erzählt sie 911 nichts von dem Valium?

Meine Mutter sitzt da, und ich halte sie fest und massiere ihr den Rücken. Sie schaut mich an, versucht zu sprechen. Aber sie kriegt es nicht hin. Es klappt nicht mit der Kohärenz. Ihre Sätze sind Genuschel.

Unter dem Stuhl ist eine Pfütze.

«Wer-wer-wer», sagt meine Mutter. Allmählich kommt raus, was sie sagen will. Nach und nach angelt sie die Stücke herbei.

Sie schaut mich an. «Wer-wer du?»

«Ich bin dein Sohn», sage ich.

Sie hat Angst, ist sich nicht sicher, was ich ihr da erzähle.

Ich wiederhole nicht, dass ich ihr Sohn bin. Sage stattdessen meinen Namen, und ihr Mund und ihre Zunge bewegen sich, als hätte ich ihr ein unaussprechliches Wort beizubringen versucht, wie *Isthmus* oder *Worcestershire*. Wieder und wieder bemüht sie sich, es auszusprechen, und scheitert jedes Mal. Dann gibt sie auf und flüstert mit sich selbst. «Ich muss besser ... Ich muss besser werden.» Das ist ihr erster zusammenhängender Satz.

Der Rettungswagen kommt. Sieben Sanitäter. Sie stellen meiner Mutter Fragen. Die kann sie nicht beantworten, da ist sie ganz aufrichtig.

Sie legen meine Mutter auf die Trage und schieben sie zur Eingangstür. Nicht einer von ihnen erzählt mir, wohin sie gebracht wird. Sie wissen nicht, dass ich ihr Sohn bin; das weiß ja nicht mal meine Mutter selbst. Als ich ihnen nach draußen zu folgen versuche, hält ein schmallippiger Sani die Hand hoch, heißt mich, stehen zu bleiben, sagt, ich müsse drinbleiben. Er glaubt, ich gehöre hierher. Neben einem schmutzigweißen Van – die Doppeltür im Heck geöffnet – reinigt der Schädlingsbekämpfer die schwarzen Behälter. Ich kann nicht sagen, ob er zuschaut.

Ich tue so, als hätte der Sani recht, und warte, bis sie losfahren. Durch die geschlossene Eingangstür sehe ich, wie die Sanis die Trage mit Mom in den Rettungswagen laden, und die Hecktüren knallen zu.

Die Frau mit dem kleinen Kopf zittert, als sie mich fragt, ob es mir gut geht. Ich sage Ja. Dann sagt sie, sie brächten meine Mutter zum St. Vincent's.

Die Pfütze ist noch immer da auf dem Boden. Sie fließt vom Tisch weg. Ein Bach. Oder ein Ozean. Beide Schachteln Zigaretten, die ich meiner Mutter gekauft habe, sind verschwunden, und ich schaue durchs Fenster nach hinten raus zur Laube und sehe Meryl dort bei den anderen sitzen und rauchen.

Auf dem Parkplatz des Krisenstabilierungszentrums lehne ich mich eine Weile an den grünen Truck, den ich mir von einem Freund geliehen habe. Schließlich ruft Mom mich aus der Notaufnahme an. Sie sagt, sie habe einen epileptischen Anfall gehabt.

«Ich weiß», sage ich zu ihr. Ich kicke mit dem Fuß Dreck weg und schiebe schwarze Erde rum. «Ich war dabei.»

«Was?», sagt sie. «Ich dachte ... ich dachte, du wärst schon weg gewesen.»

Ich erzähle ihr, dass ich gerade hatte gehen wollen, dass Meryl mich Zigaretten kaufen geschickt habe. Ich erzähle ihr fast alles. Wie es abgelaufen ist. Aber ich erzähle ihr nicht, dass ich geglaubt habe, sie würde sterben. Ich erzähle ihr nicht, wie sehr meine Beine und meine Stimme gezittert haben, als ich «Mumma, Mumma, Mumma» sagte. Ich erzähle ihr nicht, wie klein und allein ich mich gefühlt habe. Ich erzähle ihr nicht, dass ich ihr jetzt immer Zigaretten mitbringen und mir bestimmt diesen Film anschauen werde.

Andererseits erzähle ich ihr, dass sie rein gar nichts mehr wusste, als sie wieder zu sich kam. Dass sie nicht sprechen konnte, dass sie den Sanis nicht sagen konnte, welchen Wochentag wir hatten, wann sie geboren war und wer unser Präsident ist. Vielleicht ist es ja gut, sage ich zu ihr, dass sie nicht wusste, wer unser Präsident ist, worauf sie lacht. Ich erzähle ihr, dass sie nicht wusste, wer sie war. Ich erzähle ihr, dass sie mich nicht erkannt hat. Von allen Details, die ich ihr erzähle, hängt sie sich an dem auf.

«Wie soll ich mein Baby nicht erkannt haben?», fragt sie mit einem scharfen Atemzug.

«Ist ja gut», sage ich zu ihr, obwohl es das nicht ist.

Sie sagt, dass gerade der Arzt erscheint und noch ein paar Tests machen will.

«Ich komme bald vorbei», sage ich.

«Was?»

«Im Krankenhaus. Ich komme bald zu dir.» Wir verabschieden uns, legen auf.

Ich klopfe an die Eingangstür des Krisenzentrums. Sie betätigen den Summer. Eine der Angestellten wischt die Pfütze auf, die andere sitzt hinter dem Pult.

«Ich habe was vergessen», sage ich und gehe hinten raus zur Gartenlaube. Meryl ist samt den Zigaretten meiner Mutter verschwunden. Der Alte, der zitternd sein Sandwich gegessen hatte, sitzt draußen und raucht eine lange Camel 100. Ich schnorre ihm eine ab und zünde sie an der Glut von seiner an.

«Sie sehen aber nicht gut aus», sagt er zu mir. «Sie zittern ja wie ich.» Er hebt beide Hände.

Ich sage nichts. Der Alte greift zu seinem Kaffee und nippt daran.

«Verdammt kalt», sagt er.

«Den wärm ich Ihnen gern auf.» Ich lege meine Zigarette so auf den Rand des Picknicktisches, dass das Ende drüberhängt. Nehme mir seine Tasse. Frage mich, ob er mir nachschauen wird. Mir beim Reingehen zuschauen. Frage mich, ob ihm das nicht am Arsch vorbeigeht. Ich stelle den Kaffee in die Mikrowelle und den Timer auf vierundvierzig Sekunden. Dann gehe ich zur Eingangstür, trete nach draußen und stehe auf dem Parkplatz. Der Schädlingsbekämpfer ist noch dort, acht schwarze Behälter zu den Füßen. Sie werden von einem Band zusammengehalten, als wäre Frischfleisch drin.

«Dürfen Sie überhaupt hier draußen sein?», fragt er mich.

Ich sage gar nichts, steige in den Wagen, lasse ihn an, setze zurück – und dann schalte ich in Drive und schlage so rasant ein, dass das rechte Hinterrad über ein oder zwei der schwarzen Behälter knallt und sie in Trümmer gehen lässt. Im Rückspiegel wirft der Schädlingsbekämpfer die Arme in die Luft und läuft zur Eingangstür, um die Angestellten in Kenntnis zu setzen – vergiss ihn. Nach vorne hin, gen Norden, ziehen mich die dunkelblauen Wolken an, die wie Moder aussehen und diesen Teil unseres ansteigenden Landes bald mit Schauern, Wind und gelben Blitzen überziehen werden.

Es nieselt, und auf halber Strecke zum Krankenhaus fallen mir meine über den Tischrand hängende Zigarette und der Kaffee des alten Mannes wieder ein, dass ich ihm den zurückbringen wollte, und bei hundert Sachen auf dieser glatt geteerten Wohnstraße denke und denke und denke ich nach, bis ein leerer Spielplatz, auf dem die Schaukeln im mittlerweile heftigen Regen schwingen, mich aufschrecken und die Luft anhalten lässt, und als ich auf dem Sitz vorschieße und wieder ausatme, streift mein Wagen einen braunen Telefonmast und schleudert auf eine rissige Betonfläche. Glas splittert, der Schwung wirft mich und die Welt so auf den Kopf und weiter rum, dass die rechte Seite oben ist, und der Wagen und ich rutschen, blaue Funken schlagend und Rostgeschmack im Mund, und dann kommt er über den Boden schrammend zum Stillstand. Jetzt liegt der grüne Wagen auf der Seite, und ein einziger Lufthauch könnte ihn auf mich fallen lassen, also kein Wunder, dass ich mein Bein da unten rauskriegen will, wo es eingeklemmt ist, und als es mir gelingt, ist da kein Schmerz, so ähnlich wie damals in der Kindheit mit der roten Schaukel und den ganzen gläsernen Pfandflaschen, dem Gelächter und all den guten Gefühlen dort im Dunkeln, und als ich jetzt mein Bein anschaue, ist die ganze Haut weggerissen, ich habe mein zuckendes Fleisch vor der Nase, und ich greife mir den Hautlappen und werfe ihn über den freiliegenden Knochen, und haben Sie jemals versucht, in Zeiten solch großer Zerstörung zu laufen?

Der Regen ist dicht, nass und kalt. Der Wagen zischt und dampft. Die Bäume schütteln ihre Äste so, wie meine Finger zittern. Ich stehe auf und mache nur einen Schritt, dann krieche ich auf dem Boden zur Straße vor, und schon liegt eine Hand auf meiner Schulter und dreht mich um, und ich sehe die Wagenschlange und die Leute auf mich zumarschieren, wieder mal ein Dutzend Schiffe mit Ideen, die diese Küste ansteuern.

So, wie sie es mit Mom gemacht haben, stützen mich die Sanis, heben mich hoch, legen mich ab, piksen und beruhigen mich, und ich erkenne den Mann, der mich nicht gehen lassen wollte, und ich sage irgendwas zu ihm, und er macht mit seinen dünnen Lippen *Pssst,* pikst mich noch mal, und ich setze mich auf und sehe, wie meine Haut mit einem roten Tuch bedeckt wird, und dann jagt die Zeit mit solchem Tempo zur Notaufnahme, dass ich gleich in einem geschäftigen Raum liege, ein weißer Vorhang um mich her geschlossen wird und weiche blaue Masken über mir schweben, und es geht, wie es muss, der Schmerz schlägt zu, und eine Frau schreit nach ihrem Baby, und es tut mir leid, dass sie ihr Baby verloren hat, ich hoffe, sie findet es wieder, und bevor ich hinter dem Vorhang zu ihrem Geschrei ohnmächtig werde, nehme ich den Doc am Ärmel und frage ihn: «Weiß meine Mutter, dass ich hier bin?»

# Mit den Kippen auskommen

Am Küchentisch frickelte Frick an einer Tüte Schweineschwarten herum. Mom wusch Teller ab, während die gefettete Pfanne auf dem Herd heiß genug wurde, dass sie Teig reinlöffeln konnte. Die Arbeitsfläche war weiß gepudert. Das Haus roch nach der leeren Dose Zuckermais, die neben der Spüle stand.

«Damals im Westen, wenn der Minnechaduza Creek zugefroren war», sagte der quer zum Tisch sitzende Frick, «sind wir hin und haben gewartet, bis die weißen Jungs versucht haben drüberzugehen. Sobald sie es halb geschafft hatten» – er hob die Arme und visierte an einer Fantasieschleuder entlang –, «*popp!*, haben wir geschossen. Da haben wir wohl vergangene Schlachten geschlagen.» Er griff in die Tüte und zog ein Stück Schwarte raus.

Ich stand vom Tisch auf.

«Komm mir nicht blind nach Hause.» Mom besah sich eine gläserne Tasse und stellte sie zum Trocknen hin. «Und hol noch die Post rein, bevor du gehst, *gwus*. Dein Vater hat gesagt, er hätte endlich Geld geschickt.»

Klar doch. Das letzte Geld, das wir von ihm gesehen hatten, war an meinem Geburtstag gekommen, als ich vierzehn geworden war.

Frick kaute auf der Schweineschwarte rum und hielt dann inne. «So hab ich den Großteil meiner Sehfähigkeit im rechten Auge verloren. Die Steinkriege nannten wir das.» Wieder kramte er in der Tüte mit den Schwarten rum, tastete nach irgendwas anderem als Bröseln und Krümeln.

«Tja», sagte ich. «Wenn ich nichts mehr sehen kann, komm ich wohl nicht nach Hause.»

Frick wischte sich die Hände an den Jeans ab, und Mom patschte einen Teller in die Spüle. «Lass das!»

Frick und ich sahen sie an.

«Wenn du noch einmal deine Hände daran abwischst», sagte sie und deutete mit einem seifigen Finger auf ihn. «Ich hab dir eine Serviette gegeben. Nimm die.»

Seit Paige vor sechs Wochen in die Reha gekommen war, hatte Mom keinen mehr, den sie anschnauzen konnte, außer Frick und mir. Ich ging in Richtung Tür.

«Vergiss die Post nicht, David.»

Ich drehte den kalten Türknauf, und die Novemberluft biss mich in die Finger. Überall angelten kahle Äste nach einem grauen Himmel. Wenn die Erde unter einer Laubschicht lag, war es schwieriger, gute Stöcke für den Kampf zu finden. Ich lief die Straße runter, vorbei an all den gleich langen Rechtecken der Häuser, die sich nur im Anstrich unterschieden. Es roch nach Esche und Kalk – irgendwo brannte ein Feuer. In der Ferne krächzten Krähen, und die Straße endete. Durch das hohe Gras und den Wald ging ich am Ufer entlang. Der Fluss strömte schnell dahin, aber die Kälte war noch schneller. Bald würde wieder alles zugefroren sein.

Ich trottete am Ufer entlang, bis ich zu dem umgestürzten Baum kam, von dem JP und Tyson gesagt hatten, dass wir uns dort treffen würden. Mit schnellen Schlägen hämmerte ein Specht auf einen Stamm ein, und der Fluss trug das Geräusch von weit her. Ich öffnete den Reißverschluss meiner Jacke, griff in die Geheimtasche und zog eine Winston 100 und ein rotes Bic raus. Die Zigarette knisterte in der Flamme.

Der Rauch klebte in der kalten Luft, wie er in meiner Lunge klebte. *Atme aus.* Der über den Fluss wehende Wind war eisig. Hinter mir knackte es im steifen abgefallenen Laub. Ich drehte mich nach dem Geräusch um. Tyson trug seine leuchtend orangefarbene Jacke.

«Hast du vor, jagen zu gehen?», fragte ich.

Er lachte. «Ich hab bloß diese Jacke.»

«Mal ziehen?»

Er griff sich die Zigarette und inhalierte. «Wo ist JP?»

«Ich dachte, ihr würdet zusammen kommen.»

Tyson sah aufs Wasser raus.

«Was, willst du etwa schwimmen gehen?», fragte ich.

Er sah mich an, als hätte ich sie nicht alle; dann deutete er mit der Zigarette auf seine Füße. «Ich will meine neuen Schuhe nicht nass machen.»

«Du weißt doch, dass du dir diese Schuhe ruinieren wirst, bevor der Tag vorbei ist.»

«Nee.» Er blies Rauch aus. «Meine Mom bringt mich um.»

«Wie du meinst.» Ich nahm ihm die Zigarette ab und wandte mich wieder dem Fluss zu. «Also, wann kommt JP?»

Tyson sah mich überrascht an, begann dann zu lachen. «Ach ja, er hat gesagt, wir sollen schon mal zum Platz gehen, wir treffen uns dann dort.»

«Wenn ich jetzt nicht nachgefragt hätte, würden wir

also ewig hier warten, und keiner käme?» Ich boxte ihn gegen die Brust. «Ich werde JP erzählen, dass du vergessen hast, was er gesagt hat. Dann stürzt er sich beim Kampf auf dich.»

«Er stürzt sich doch immer auf mich.»

Tyson folgte mir in den dichten Wald, und wir drängten uns gebückt zwischen den Zweigen hindurch. «Tja, aber dann diesmal umso wilder.»

Wir hatten Plätze auf der ganzen Insel. Trockene Plätze. Nasse Plätze. Einsame, unbesuchte Plätze. Der, wohin wir jetzt gingen, hatte vor Jahren mal jemand anderem gehört: Von einem hohen Ast an einem Baum mit einem verrottenden Baumhaus hing eine Schaukel an einem Seil. Im Umkreis von fünfzehn Metern wuchs rein gar nichts.

Als wir ankamen, saß JP auf der Schaukel, den einen Fuß in einem Astloch, den anderen ließ er baumeln. Der Ast über ihm bog sich durch und knackte unter seinem Gewicht.

«Jetzt hab ich aber auch lang genug gewartet», sagte er.

Ich zog noch eine Zigarette aus meiner Tasche und zündete sie an. «Tyson hat gesagt, du wärst zu dick, um da zu sitzen.»

«Was?» JP wand mühsam den Fuß aus dem Astloch.

«Hab ich nicht», sagte Tyson.

Ich sagte es noch mal. «Tyson hat gesagt, du wärst zu dick dafür.»

«Dick? Wart's ab, Tyson. Ich hab da einen verflucht dicken Knüppel für dich.»

Tysons Stimme zitterte. «Das hab ich wirklich nicht gesagt!»

«Egal, ob du es gesagt hast oder nicht.» JP bekam seinen Fuß frei. «Jedenfalls ist es gesagt worden. Und jetzt bist du fällig.» Wir näherten uns, und JP kam uns entgegen. Dann stieß er Tyson zwei Finger gegen die Brust und lachte. «Ich verarsch dich bloß. Lass mich mal ziehen, David.»

Ich gab ihm die Zigarette. Zwischen den Zügen beobachtete JP Tyson. Immer wieder schüttelte er den Kopf.

«Was ist?», sagte Tyson.

JP ignorierte ihn und atmete aus. «Hier.» Er gab mir die Zigarette zurück. Dann entfernte er sich von uns, blickte über die Schulter zurück. «Lauf lieber schon mal los, Tyson. Du hast noch zwanzig Sekunden.» Er bückte sich und ergriff den ersten Stock.

Ich zog ein letztes Mal an meiner Winston, gab den Rest Tyson und rannte los, wobei ich den Boden nach Munition absuchte.

Manchmal spielten ein Dutzend Leute mit, Stöcke flogen aus allen Richtungen, und es wurde schnell langweilig; ansonsten aber – eigentlich die meiste Zeit – spielten nur wir drei, und diese Spiele zogen sich stundenlang hin. Einmal hatte Tyson sich so gut im Wald versteckt, dass JP und ich aufgaben und einfach abhauten. Noch Stunden nachdem wir Schluss gemacht hatten, dachte Tyson, das Spiel ginge weiter.

Beim Kampf galt nur eine Regel: Für den, der sich ergab, war das Spiel vorbei. Das war eine großherzige Regel, bloß hielt JP sich nie daran, vor allem wenn Tyson sagte, dass er aufgab.

Ich besorgte mir ein paar kleine Stöcke und sah, dass Tyson mir folgte. «Bleib ja weg von mir», sagte ich zu ihm und rannte los, so schnell ich konnte. Als ich zurückschaute, sah ich nur noch den sanft wogenden Wald hinter mir.

Ich war in Richtung Flussufer gelaufen und saß jetzt

dort in der Falle. Während ich zum Luftholen anhielt, suchte ich die Erde nach geeigneteren Stöcken ab und fand ein paar lange und kurze. Ich trat vorsichtig auf, vermied Zweige, die brechen, und vertrocknete Blätter, die rascheln mochten. Dabei kam ich nur sehr langsam voran; Stunden schienen zu vergehen, bevor ich auch nur zwanzig Meter geschafft hatte. Krähen krächzten vernehmlich, und vom Fluss her roch es feucht. Ein Stück entfernt kam Bewegung in einen Baumwipfel, und ein paar Vögel breiteten die Flügel aus und flogen auf. Da lief jemand.

Eine Reihe Kiefern versperrte mir die Sicht, aber ich näherte mich ihnen vorsichtig und duckte mich dahinter. Der Geruch nach Baum und Kiefernharz stieg mir in die Nase. Ein Zweig knackte.

Da war er, leuchtendes Orange kam zwischen den Bäumen raus und immer näher. Ich zog den Kopf ein und sah mit den Ohren. Wenn Tyson hier ist, dachte ich, ist JP nicht weit.

Ich stand auf, schwang einen dicken Knüppel, blinzelte einmal und stürmte durch die Kiefernzweige los, wobei mich die Nadeln ins Gesicht piksten.

PATSCH. Ich stieß gegen einen Körper und schlug hin.

«Himmelherrgott», sagte JP.

Ich lag auf der Erde und sah zu ihm hoch. Er starrte zurück, ganz verwirrt und verwundert darüber, dass er mich nicht gehört hatte. Er stieß einen langen Stock gegen meine Brust. «Jetzt bist du fällig», sagte er. Er holte mit dem Stock zum Schlag aus, und ich war kurz davor, mich zu ergeben, als irgendwas von hinten gegen ihn prallte.

Er sprang hoch und fuhr herum. «Du kleiner Schisser», sagte er. «Du bist tot!»

Tysons Gelächter schallte durch die Luft, als JP ihn

verfolgte. Ich drehte mich zur Seite und stand auf, dann schnappte ich mir meine Stöcke und rannte ihnen hinterher. Tyson lenkte JP zu dem Platz mit der Schaukel zurück.

JP wurde kurz langsamer, um einen Stock auf Tyson zu schleudern, der aussah, als würde eine Orangenschale durch den Wald laufen. Als sie durchs Unterholz brachen und auf eine Lichtung kamen, drehte Tyson sich um und warf in einer letzten Bemühung, sich vor JPs Zorn zu retten, seinerseits einen Stock nach ihm.

JP duckte sich.

Ich fiel auf die Knie und hielt mir das Auge.

«Ich ergebe mich!», schrie Tyson.

Ein letzter lauter Krach kam mir zu Ohren, und Tyson jaulte auf.

«Da hab ich dann wohl gewonnen», sagte JP lachend.

«Ich hatte mich doch ergeben!», schrie Tyson.

Ich machte das Auge wieder auf und konnte auch sehen, aber Blut lief mir über Gesicht und Hände. Tyson lag auf der Erde und rieb sich den Rücken. JP eilte zu mir.

«Alles okay?», sagte er.

«Wo ist die Wunde?»

JP beugte sich vor und sah nach. «Zwischen Auge und Nase. Mann, das ist aber ein ziemlicher Riss. Hübsche Kampfwunde.»

«Muss sie genäht werden?»

«Nein. Lass uns zu Tyson gehen, sie sauber machen und dann mittagessen.»

«Scheiße, du kannst doch jetzt nicht mittagessen.» Tyson stand auf und rieb sich weiter den Rücken.

«Ich kann tun, was ich will. Ich hab gewonnen.» JP hob die Faust.

«Gequirlte Scheiße noch mal», sagte Tyson. «Schaut euch meine Schuhe an.»

Seine neuen Sneakers waren schlammbedeckt.

*

Tyson stand vor dem Badezimmerspiegel, zog das Hemd hoch und besah sich sein Kreuz. In der Hand hielt er einen verschlammten Schuh.

«Gehst du mal zur Seite?», sagte ich. «Mit deinem Rücken ist alles in Ordnung.»

«Er tut weh. Und ich muss meinen Schuh sauber machen.»

«Du blutest nicht, und deinen Schuh kannst du nachher noch sauber machen. Geh zur Seite, damit ich mir die Wunde reinigen kann.»

«Wo steht bei euch die Mayonnaise?», rief JP aus der Küche.

Tyson legte seinen Schuh in die Wanne und ging in die Küche.

Ich sah mir mein Gesicht an. Blasse Haut. Dunkle Ringe unter den Augen. Dünne, tränenartige Fäden überzogen meine Wange. Das Blut aus dem Riss zwischen Auge und Nase war geronnen wie eingetrocknete rote Farbe. Ich stellte den Hahn an. Blut lief mir über die Hände und schien dort auch hinzugehören. Zuerst schrubbte ich mir die Hände mit Seife, dann wischte ich die Blutfäden ab. Das Fleisch um den Riss herum begann, dunkelrot anzulaufen.

Mit einem Lappen tupfte ich den Riss sauber, wischte vorsichtig verkrustete Blutreste ab. Er fing wieder an zu bluten und zu nässen. Ich drückte ein in Peroxid getauchtes Wattestäbchen gegen die Wunde und zuckte zusammen. Dann trug ich Neosporin auf. Hinter dem Spiegel fand ich eine Multibox Pflaster und klebte mir ein mittelkleines senkrecht zwischen Auge und Nase.

Tysons Eltern waren bei der Arbeit, also zündete ich mir eine an und ging ins Wohnzimmer. Ließ mich auf die Couch fallen.

«Hübsches Pflästerchen», sagte JP. «Sieht aus wie deine Muschi.»

Ich lachte. «Halt's Maul.»

JP aß sein Sandwich auf. «Willst du auch eins?»

«Ich hab keinen Hunger.» Ich schnippte Asche ab.

«Ich erhebe Anspruch auf Davids Sandwich.» JP ging zurück in die Küche.

Tyson stand auf. «Nicht, du hast schon fast die ganze Fleischwurst aufgegessen.»

«Reg dich ab, unten im Kühlschrank liegt noch eine ganze Packung.»

Tyson konnte nur zusehen, wie JP sich massig Belag auflud.

«Tut mir leid wegen deinem Gesicht, David», sagte er.

«Keine Sorge.» Ich gab ihm die Zigarette.

JP setzte sich auf den Schaukelstuhl im Wohnzimmer. «Schaut euch das an, *skeejins*.» Er deutete auf sein Sandwich. «Das hier ist ein echtes indianisches Sandwich. Da hätten wir gutes dickes Weißbrot, eine dünne Schicht Mayo, einen Klecks Ketchup, ein bisschen geriebenen Cheddar und drei Scheiben Fleischwurst.» Er biss ab.

«Und warum wird es dadurch indianisch?», sagte ich.

JP sah von mir zu seinem Sandwich. «Weil ich es esse, darum. Stell keine Idiotenfragen, David.»

Tyson und ich lachten.

Ich teilte mir noch eine Zigarette mit Tyson und JP, bevor ich beschloss, nach Hause zu laufen. Als die Kippe aufgeraucht und ausgedrückt war, ging ich in Tysons Bad und pulte mir das Pflaster vom Gesicht. Vor dem Spiegel sah der Riss zwar schlimmer aus als zuvor, aber immer noch besser als mit Pflaster. Die Chancen, dass er meiner Mutter auffiel, waren ohne Pflaster kleiner, aber wenn er ihr schon auffiel, sollte sie ihn auch als das wahrnehmen, was er war: eine Wunde.

Als ich nach Hause kam, war Fricks Truck verschwunden. Der Wind blies, und gelbe und orangefarbene Blätter wirbelten über die Straße. Ich klappte den Briefkasten vorn an der Einfahrt auf. Nichts als eine tote Hornisse, die dort schon seit Monaten lag.

Mom saß mit der Fernbedienung in der Hand auf ihrem Schaukelstuhl. «Wo ist die Post?»

Ich öffnete den Reißverschluss meiner Jacke. «War keine da.»

Mom stand auf. Sie hinkte. Arthritis. Sie war genauso erhitzt wie der Holzofen. «Wo ist das Telefon», sagte sie, aber es war keine Frage.

Ich schaffte es durch den Flur bis in mein Zimmer, bevor sie sagte: «Komm zurück und ruf deinen Vater an.»

Ich warf die Jacke auf mein Bett.

«Hier.» Sie gab mir das Telefon, und ich wählte seine Nummer.

Es läutete. Mom rückte mir nicht allzu nah auf die Pelle, aber nah genug. Ich drehte mein geschwollenes, aufgeplatztes Gesicht in die andere Richtung. Es läutete weiter. Mom schaute ins Schränkchen unter der Spüle, wo sie all die giftigen Flüssigkeiten aufbewahrte. Ich fragte mich, wie oft sie darin heute schon rumgekramt hatte. Im Hörer tutete es. Ich hoffte, er würde drangehen und den Tag zu einem Ende kommen lassen. Diese verpassten Anrufe sammelten sich an wie unerledigte Aufgaben.

Es tutete. Der Küchentisch war sauber: keine Schweineschwarte weit und breit. Ich grub den Finger in die kleine Delle auf der Platte, die entstanden war, als Mom und Dad und Paige und ich noch alle zusammengelebt hatten. Das war eines der wenigen Dinge, an die ich mich aus dieser Zeit erinnerte, und die Erinnerung war so scharf wie Glas. Auf dem Kühlschrank hatte Mom einen schweren Krug stehen gehabt, in dem nichts war, und der war auf den Tisch gefallen und hatte diese perfekte glatte Vertiefung hinterlassen. Dabei war er nicht mal zerbrochen.

Im Hörer tutete und tutete es. Mom knallte die Schranktür zu, und die Stimme auf Dads AB sagte, sein Speicher sei voll. Um sie aufzumuntern, tat ich so, als würde ich eine Nachricht hinterlassen, dann legte ich auf.

«Dein Vater», sagte Mom, nahm mir das Telefon ab, wählte immer wieder seine Nummer und legte jedes Mal auf, bevor die Maschinenstimme sagte, der Speicher sei voll. Ich wandte das Gesicht ab, und zum ersten Mal fiel mir der Geruch der Maiskuchen auf, die sie gemacht hatte. Von den Kochvorbereitungen und vom Kochen selbst war keine Spur mehr zu sehen – sie hatte gründlich aufgeräumt. Das einzige unsaubere Geschirrstück war der Teller, auf dem die Kuchen abkühlten. Sogar der Mülleimer war leer, die Tüte so weiß wie Neuschnee.

Fricks Truck quälte sich den Weg hoch, und Mom legte das Telefon weg und beobachtete ihn beim Einparken. Er stieg aus und trat die Fahrertür mit dem Fuß zu. In einer Hand hielt er eine große braune Papiertüte – die ganz feucht war, weil sich die gekühlte Flasche im heißen Wageninneren aufgewärmt und geschwitzt hatte –, in der anderen eine Tüte Schweineschwarten.

*

Dad rief erst abends zurück, aber da saßen Mom und Frick draußen hinter dem Haus am Feuer.

«Hey, Kumpel», sagte er. Er wirkte taufrisch. «Was machst du?»

«Bin gerade mit Essen fertig.»

«Was gab's?»

Dad liebte alles Essbare. Selbst wenn es nur eine Dose Tomatensuppe war, verbrachte er den ganzen Tag damit, sie auf dem Herd köcheln zu lassen, und wuchtete seinen schweren Körper alle halbe Stunde aus dem Sessel, um sie umzurühren und mit Salz und Pfeffer nachzuwürzen.

«Maiskuchen.»

«Die, die deine Mutter macht? Die sind gut. Was gab's dazu?»

Frieden und Ruhe, war ich zu sagen versucht. Als Frick zurückgekommen war, waren er und Mom sofort nach draußen gegangen, und ich hatte sechs Maiskuchen in mein Zimmer mitgenommen, das Fenster zugemacht, damit ich ihnen nicht zuhören musste, und gegessen.

«Mom hat Suppe gekocht.»

«Was für eine?»

Scheiße noch mal. «Hühnchen-Nudel aus der Dose.»

«Da hat sie aber geknausert.»

«Mom hat gesagt, du hättest einen Scheck senden sollen.»

«Was?» Er stöhnte, und daran merkte ich, dass er versuchte, sich aufzusetzen. «Ich hab ihr vor zwei Tagen erst Geld geschickt. Hast du das nicht gekriegt?»

Ob ich das gekriegt hatte? «Nein.»

Er fing an zu husten. «Warte mal kurz, David.»

Ich hielt das Telefon vom Ohr weg, bis er mit dem Hustenanfall durch war.

«Scheiße», sagte er. «Bist du noch da?»

Ich sagte Ja.

«Ich hab ihr den Unterhalt und noch was extra geschickt.»

«Mom meint, du hast seit meinem Geburtstag nichts mehr geschickt.»

«Die verdammte Lügnerin. Hab ich wohl. Ich habe vierhundert geschickt.»

«Anfang des Monats?», fragte ich.

«Ja!»

Ich wusste nicht, was ich sagen sollte, aber Dad fiel immer was ein, wenn ich schwieg.

«Ich kann noch heute Abend hundert Dollar mit Western Union schicken», sagte er. «Aber das sende ich dann auf deinen Namen.»

«Schick es einfach auf ihren.»

«Willst du denn nichts davon?»

Frick lief mit einem Armvoll Holz an meinem Zimmerfenster vorbei. «Gut», sagte ich. «Dann schick es auf meinen Namen. Und das machst du noch heute, ja?»

«Ja, ja. Ich gehe gleich los.»

Ich hängte das Telefon ein und sah auf die Wanduhr. Neunzehn Uhr dreißig.

Mom kam ohne Frick zur Haustür rein, und ich wandte mich ab, um den Riss zu verbergen.

«*Kwey, gwus*», sagte sie. «Draußen ist es zwar kühl, aber

am Feuer ist es schön. Setz dich doch mit uns raus.» Mit den beiden da draußen rumzusitzen war das Letzte, was ich wollte. Es war jedes Mal peinlich, wenn sie anfingen, sich zu zanken. Dann konnte ich nichts anderes tun, als zuhören. Sobald ich einen Mucks machte, sagte meine Mutter zu Frick: *Jetzt hast du mir den Jungen durcheinandergebracht.*

«Mir geht's gut hier», sagte ich. Sie sah gekränkt aus. «Also, würde ich ja gern, aber Dad hat angerufen. Er schickt Geld mit Western Union.»

«Ach? Und was ist mit dem Geld passiert, das er per Post geschickt hat?» Sie ging zur Küchenzeile, griff sich einen kalten Maiskuchen und biss rein.

«Ich hab nicht nachgefragt», sagte ich. «Aber er hat gemeint, Anfang des Monats hätte er vierhundert geschickt.»

Das fand Mom lustig.

«Hat er gesagt», sagte ich zu ihr.

«Wann schickt er das Geld?», fragte sie.

«Jetzt gleich.»

Mom biss noch einmal vom Maiskuchen ab. «Ich denke, ich kann noch fahren», sagte sie.

«Musst du gar nicht. Er schickt es auf meinen Namen.»

Sie hörte auf zu kauen. «Auf deinen?»

Ich hätte gar nichts sagen sollen. «Ich hab ihm angeboten, es abzuholen.»

«Wie viel schickt er denn?»

«Achtzig.»

Sie wandte sich angewidert ab und warf den Rest des Kuchens weg.

«Besser als nichts», sagte ich.

«Klingt, als hätten wir nicht mehr verdient.»

Ich ging in mein Zimmer und griff mir meine Jacke. Die Hintertür schlug hinter Mom zu, und ich zog die Zigaretten raus. Nur eine übrig. In der Küche schaute ich aus dem Fenster über der Spüle neben dem Herd. Mom und Frick saßen dort und kippten, was auch immer in der Papiertüte gewesen war. Ich eilte in Paiges verstaubtes Zimmer und schaltete das Licht an. Machte Schublade um Schublade auf, um nach losen Zigaretten zu suchen. Eine fand ich ganz hinten unter ihrem Bett, neben einer blauen Pille und ein paar Haarklammern.

Bevor ich losging, wickelte ich zwei Maiskuchen in ein Küchentuch und steckte sie in die Tasche. Draußen war es klar, und mein Atem nahm ein Bad in den Sternen. Ich wollte nicht allein nach Overtown gehen, deshalb lief ich die Straße runter zu Tyson und klopfte bei ihm an. Er war sofort Feuer und Flamme. Zog sich nicht mal drinnen die Schuhe an – schnappte sie sich nur und ging los und schlüpfte erst auf der Einfahrt richtig rein.

Auf der Insel war es still und dunkel. Die Häuser wirkten wach, wenn die Außenbeleuchtung an war; sie schliefen, wenn man sie im Dunkeln gar nicht wahrnahm, wenn sie nur wie massives, dichtes Schwarz aussahen, das zwischen den umstehenden Bäumen pulsierte.

Wir kamen an der Kirche vorbei, und ein Schild unter einer weißen Lampe sagte «Sonntagsmett». Ich deutete hin, und wir lachten. Als wir die Brücke überquert hatten und in Overtown ankamen, zog ich Tyson auf einen Pfad, der zum Ufer runterführte, und wir standen unter dem kalten Bauch der Brücke. Ich schnippte mein Feuerzeug an, die Flamme warf Schatten über Stahl, und dann knisterte sie am Tabak. Ich ließ die Taste los und fragte mich, woher all die Schatten kamen.

Ich nahm einen Zug. «Die hab ich unter dem Bett meiner Schwester gefunden.» Ich gab sie Tyson. «Es ist eine Newport. Also Vorsicht.»

Als wir aufgeraucht hatten und wieder unterwegs waren, zog ich die Maiskuchen aus der Tasche.

«Willst du einen?»

Tyson nahm ihn in die Hand und inspizierte ihn unter einer Straßenlaterne. Dann biss er rein. «Was ist das?»

«Ein Maiskuchen.»

«Ist ziemlich gut.» Er schluckte schwer. «Bisschen trocken.»

Die Main Street kam in Sicht, und draußen vor der Bar drifteten Leute wie Staub. Wir überquerten die Straße, um ihnen aus dem Weg zu gehen, und folgten ihr bis zum Rite Aid. Der Parkplatz war leer; bloß das trüb orangefarbene Licht der Straßenlampen fiel auf den Asphalt.

Tyson blieb draußen. Im hellen Licht des Ladens beugte ich mich blinzelnd über die Theke, während ich das Western-Union-Formular ausfüllte. Der einzige Identitätsnachweis, den ich hatte, war vom Stamm ausgestellt, den akzeptierten die Kassierer nie, aber es gab die Option, ein Sicherheits-Frage-und-Antwort-System einzurichten, um sich auszuweisen. Wenn der Versender des Geldes dieselbe Frage stellte und dieselbe Antwort gab wie der Empfänger, galt das als hinreichend beweiskräftig.

*Was ist deine Lieblingsfarbe?*, schrieb ich. Dad schrieb immer blau, aber ob das wirklich seine Lieblingsfarbe war, wusste ich nicht. *Blau*, kritzelte ich. Tja, vielleicht fragte er ja, was meine Lieblingsfarbe war.

Die Kasse machte *dingeling*, und die Angestellte gab mir fünf Zwanziger. Drei steife neue Banknoten und zwei schlaffe weiche. Egal, wie sie aussahen, ich wusste, dass schon tausend schmutzige Hände sie berührt hatten. Ich dankte ihr, und bevor ich rausging, schob ich mir einen Zwanziger in die Tasche zu der Schachtel, in der noch eine Zigarette war.

Auf dem Rückweg ins Res kamen wir wieder an den Rauchern vor der Bar vorbei. Wir passierten sie auf der anderen Straßenseite, und Tyson und ich spürten, wie sie rüberstarrten.

«Hey», sagte so ein Fettwanst. «Habt ihr 'ne Zigarette?»

Tyson rief zurück: «Schau mal auf deine Hand!»

«Die bewahr ich nur für jemanden auf! Jetzt kommt, habt ihr eine?» Er trat unter dem Lampenlicht heraus auf die dunkle Straße. «Kommt zurück.»

Tyson und ich gingen weiter in Richtung Brücke.

«Verdammte Geizhals-Rothäute!», schrie der Mann. Röhrendes Gelächter von den anderen Männern. «Können sich nicht mal von ein bisschen Tabak trennen!»

Wir hielten an.

«Lass uns mal die Schuhe binden», sagte ich.

Wir knieten uns hin. Ich prüfte meine Schnürsenkel: fest angezogen. Ich suchte den Boden nach Steinen ab. Als ich aufstand, hatte ich eine Handvoll.

«Fertig?»

Wir wandten uns um.

«Brave Mädels», sagte Jabba the Hut. «Bringt mir ein Zigarettchen.»

Wir gingen so dicht ran wie nötig.

«Was trödelt ihr so?» Seine Stimme war ruhig, und er streckte die Hand aus. «Kommt her. Ich beiß schon nicht.»

Ich beugte mich zu Tyson. «Wirf den Stein so fest, wie du mir heute den Stock ins Gesicht geworfen hast.»

«Ich werf noch fester», sagte er.

Ich zählte bis drei, dann ließen wir sie fliegen. Der Fettwanst ging als Erster zu Boden, und die näher an der Bar versuchten, durch die Tür reinzukommen.

«Ihr verfickten Drecksindianer!»

Glas zersprang und flog über den ganzen Gehweg. Danach eilten auch Männer aus der Bar heraus, und der Fettwanst stand auf. «Jetzt seid ihr am Arsch, Mädels!»

Tyson drehte sich zuerst um, und ich folgte ihm, überholte ihn im Sprint. Ich schaute nicht zurück, aber es klang schwer nach vielen Schritten.

«Zum Sumpf, bei der Pferdebrücke!»

Ich rannte so schnell über die Brücke zur Insel, dass alles verschwamm. An der Kirche kam ich vorbei, so viel kriegte ich noch mit, und bald befand ich mich in der Nähe des Sumpfes. Ich bog scharf von der Straße in den Wald ab; unter meinen Füßen brachen Äste und knackten Blätter. Ich streckte die Hände vor, um mein Gesicht vor Zweigen zu schützen. Mondlicht beschien den Sumpf, und ich mied die mit dunklem Wasser gefüllten Tümpel, indem ich von einem bemoosten Stück Erde zum anderen hüpfte, bis sie seltener und seltener wurden, je näher ich dem Fluss kam, der hier landeinwärts kroch und den Sumpf entstehen ließ.

Ein umgestürzter Baum schloss die Lücke zwischen dem Sumpf und dem Uferpfad, der zur Pferdebrücke führte. Ich schnappte nach Luft, als ich vorsichtig raufkletterte und schwankend auf die andere Seite balancierte. Dann ebene Erde. Ich atmete einmal tief durch und jagte wieder los in Richtung Pferdebrücke.

Die Hände auf den Knien, versuchte ich zu lauschen. Hörte nur das Rauschen in meinen Ohren und meinen schweren Atem.

Ich wartete. Langsam beruhigte sich mein Atem, und das Rauschen in den Ohren hörte auf. Fünf Minuten vergingen, dann noch mal fünf. Tyson tauchte nicht auf.

Ich fragte mich, wie spät es wohl war. Langsam ergriff die Panik Besitz von mir. Aber bald hörte ich aus der Gegenrichtung des Pfades Schritte. Es klang, als würden Füße über den Boden schleifen.

Ich verbarg mich unter der Brücke, und die Füße schlurften auf dem Holz über meinem Kopf.

«David?», flüsterte eine Stimme.

«Hier unten.»

Er atmete schwer, und der vom Fluss gespiegelte Mond teilte sein Gesicht. Wir starrten einander an und brachen in Gelächter aus.

«O Mann.» Ich wischte mir das Wasser aus den Augen. Ich hatte so gelacht, dass ich Tränen vergoss.

«Ich muss nach Hause», sagte Tyson, immer noch lachend.

«Ich auch.» Ich griff in die Tasche. «Komm, wir teilen uns die letzte Zigarette.»

Tyson erzählte mir, dass er nicht durch den Sumpf gekonnt hatte. Jemand war zu dicht hinter ihm gewesen, deshalb hatte er ihn weiter die Straße raufgelockt, bevor er auf einen Pfad abgebogen war. Er rannte so lange, bis er sicher war, den Typen abgehängt zu haben, und kam dann durch den Wald zurück. Da war er schon an der Pferdebrücke vorbei gewesen, schließlich an den Uferweg gekommen und darauf zurückgelaufen.

«Ich dachte schon, sie hätten dich erwischt», sagte ich. «Das Herz hat mir im Hals geschlagen.»

«Glaubst du, die werden uns drankriegen?»

«Wegen was?», fragte ich.

«Weil wir die Scheibe kaputt geworfen haben.»

«Wann sollen wir denn das gemacht haben?»

Tyson lachte. Er zog ein letztes Mal an der Zigarette und trat sie aus. Wir kamen an unsere Straße und gingen in entgegengesetzte Richtungen. Seine Füße schleppten sich weiter und weiter davon.

Fricks Truck war verschwunden. Hinter dem Haus sah ich ein sterbendes Feuer. Verkohltes Holz platzte, und kleine rote Fünkchen verloschen in der Luft. Die Wanduhr drinnen sagte zehn. Es fühlte sich später an. Mom saß schlafend und mit seitwärts abgeknicktem Kopf auf ihrem Schaukelstuhl.

Ich rüttelte sie am Arm wach. «Hey», sagte ich. Sie fuhr hoch.

«Du hast mich erschreckt, *gwus*», lallte sie. Dann schloss sie wieder die Augen. «Wie spät ist es?»

«Zehn.»

Sie schwang sich vor und versuchte aufzustehen. Ich packte sie am Ellbogen und half ihr hoch. Bugsierte sie durch den Flur in ihr Zimmer.

Ich gab ihr einen Gutenachtkuss, und sie schloss die Tür. Ich ging durchs Haus und schaltete die Lichter aus. Auf der Zedernholztruhe im Wohnzimmer hatte Mom ihre Winston 100 liegen gelassen, und ich stibitzte drei davon. Eine steckte ich mir gleich in den Mund, zündete sie aber nicht an. In der Küche fächerte ich die vier Zwanziger so auf dem Tisch auf, dass sie die Delle bedeckten. Bevor ich ins Bett ging, lief ich noch mal durchs Haus und sammelte Aschenbecher ein. Ich leerte sie in den Mülleimer, und Asche und Filter rieselten über Moms halb aufgegessenen Maiskuchen.

*

Der Morgen war kalt, und mein Herz tat einen Sprung. Sonnenlicht strömte ins Zimmer; die Bäume draußen waren schon zu kahl, um diese Seite des Hauses zu beschatten. Zitternd wickelte ich mir die Decke fest um den Körper und dachte an das Barfenster und all die Sachen, wegen denen wir nicht drankommen würden.

Ich setzte mich auf. Musste Tyson sagen, dass er heute nicht seine orangefarbene Jacke anziehen sollte. Mit um die Schultern gelegter Decke schlurfte ich in die Küche. Die Bodenkälte drang durch die Socken. Ich sah zum Küchenfenster raus auf den Ölstandmesser am Tank. Weniger als ein Achtel voll. Der Holzofen war aus, deshalb füllte ich den Boden des Brenners mit zerknüllten Zeitungen, wickelte Kienspäne in ein paar weitere und zündete alles mit einem Grillfeuerzeug an. Als es so weit war, schichtete ich Scheite auf.

Es war Viertel vor acht. Wir hatten keine Kaffeefilter mehr, deshalb legte ich ein Küchentuch in die Maschine, gab Kaffee darauf und füllte acht Tassen Wasser in den hinteren Teil. Ich steckte den Stecker rein, und die Maschine heulte und gurgelte los.

Über diese Geräusche und das Knacken des Holzofens hinweg hörte ich eine leise Stimme: «*Gwus?*»

Mom war auf.

Ich öffnete ihre Tür und spähte ins Dunkel. Ihre Vorhänge waren blickdichter als meine, und die Sonne kam noch nicht an ihre Fenster. «Ja?»

«Bringst du mir etwas Saft?» Sie schlug die Augen nicht auf.

«Möchtest du auch Kaffee?»

«Nein, nur Saft. Ich bleibe noch ein bisschen liegen.»

Ich holte ihr Saft und stellte den Becher aufs Nachttischchen.

Sie nahm ihn und trank einen Schluck. «Danke.» Ihre Stimme verriet die Dankbarkeit, wie immer, wenn sie irgendwie bedürftig war.

Ich schenkte mir eine Tasse Kaffee ein, stellte sie auf die Zedernholztruhe im Wohnzimmer, und während er abkühlte, ging ich in mein Zimmer, machte mein Bett, zog die rote Steppdecke an den Ecken glatt, und als ich damit fertig war, ging ich zurück ins Wohnzimmer, setzte mich auf die Couch, nahm den Kaffee und pustete darauf. Ich wollte eine Kippe. Ich wusste nicht, ob Mom irgendwann aufs Klo gehen würde, aber nachdem ich längere Zeit mit dem Fuß auf den Boden geklopft hatte, ging ich in mein Zimmer, schloss die Tür hinter mir und machte das Fenster auf.

Die Sonne leuchtete mir hell ins Gesicht, und der erste Zug brachte mich zu mir. Rauch erfüllte die Luft und machte die Sonnenstrahlen sichtbar. Der Riss in meinem Gesicht fiel mir wieder ein. Er war empfindlich, rau und hart. Ich zupfte daran wie mein Vater an den wunden Stellen an seinen Beinen. Es war noch zu früh, den Grind abzuziehen. Ich hatte frisches Blut an der Fingerspitze.

Um halb elf war Mom immer noch nicht auf. Ich schlich in ihr Zimmer und rüttelte sie am Arm wach.

«Hm?»

«Ich geh ein bisschen raus», sagte ich.

«Wie spät ist es?»

Ich sagte es ihr.

«Bringst du mir einen Kaffee?»

Ich schenkte ihr welchen ein und tat fünf Stücke Zucker rein.

Sie nahm die Tasse und schlürfte mit zitternden Händen. «Danke, mein Liebling.»

Ich zog mich langsam zur Tür zurück und hielt den Körper so abgewandt, dass sie den Riss nicht sehen konnte.

«Wohin gehst du?», sagte sie.

«Zu Tyson.»

«Hast du was gegessen?»

«Nein, aber ich nehme ein paar Maiskuchen mit.» Hunger hatte ich keinen.

«Komm zum Mittagessen nach Hause, ich mach dir was. Was willst du denn?»

«Grillkäse», sagte ich.

«Wir haben kein Brot mehr.» Mom lachte. «Ich frag mal nebenan.»

Ich zog mich an, schnappte mir einen Maiskuchen und ging raus. Hinter dem Haus glitzerte Frost auf den Grasspitzen um die Feuerstelle. Unter einer mit Sand und Zigarettenstummeln gefüllten Kaffeebüchse aus Blech klemmte im nassen Gras eine leere Tüte Schweineschwarten. Ich nahm mir ein paar Winstons mit langen Stummeln aus der Büchse, und dann fand ich den Deckel und drückte ihn obendrauf. Ich nahm den kurzen Weg durch den Wald zu Tyson.

Er aß gerade eine Schüssel Lucky Charms, und als er fertig war, die Schüssel in die Spüle gestellt hatte und zur Couch zurückkam, schaltete er seine Xbox an, gab mir einen Controller, und wir spielten dreimal *Halo*, bis sein Vater davonfuhr, und dann versuchten wir uns an einem vierten Spiel, wurden es aber schnell leid, also gingen wir an den Computer seiner Mutter, um Pornos zu schauen, aber die Videos wollten nicht laden.

«Ihr habt zwar Lucky Charms, aber beschissenes Internet?»

Tyson lachte, während er den Browserverlauf löschte.

«Lass uns rauchen gehen», sagte ich, und er meinte, sein Dad könnte bald zurückkommen.

«Kesselraum», sagte er.

Dort rauchten wir, aber es war so heiß, dass wir nicht mal aufrauchten und bald wieder zurückgingen. Tyson schlüpfte in Jeans und ein frisches schwarzes Shirt. Fragte, ob ich Lust hätte, zu dem Stammesfest mitzukommen, dem Powwow am Footballfeld. Ich sagte ihm, dass meine Mom mittags kochen wollte, und dann fiel mir das Brot wieder ein und die Sache mit seiner Jacke. Ich überredete ihn, eine andere anzuziehen.

Gegen zwölf, bevor ich ging, stibitzte ich vier Scheiben Weißbrot und packte sie in eine Sandwichtüte. Draußen war es viel wärmer geworden. Ich legte mir die Jacke über den Arm und schob die Hemdsärmel hoch. Bog um unsere Straßenecke. Aus dem Schornstein stieg Rauch in den Himmel. Hinter mir schloss sich knarrend die Tür, und im Bad rauschte Moms Föhn. Ich rollte die Ärmel wieder runter.

«Ma?», rief ich.

«Komme gleich.» Sie stellte den Föhn ab.

Ich setzte mich an den Tisch; das Geld, das die kleine Delle zugedeckt hatte, war verschwunden. Mom kam raus. «O Schiedel», sagte sie. «Ich hab vergessen, nach Brot zu fragen.»

Lächelnd hielt ich die Tüte mit den vier Scheiben hoch.

«David», sagte sie. «Was ist mit deinem Gesicht passiert?»

Scheiße.

Sie nahm mir das Brot aus den Händen, aber nicht den Blick von meinem Riss.

«Ein Stock», sagte ich.

Sie legte das Brot neben die Spülwanne. «Ich hab's dir doch gesagt. Aber ihr verdammten Blagen hört ja einfach nicht zu.» Sie meinte Paige und mich.

«Schon gut», sagte ich. «Entspann dich.»

«Wenn du eines Tages blind bist, wird gar nichts mehr gut sein. Du hast schon einmal Glück ge...»

«Ich weiß», sagte ich. Komm mir jetzt nicht damit, dachte ich, und sie sagte nichts mehr.

Sie ölte eine Bratpfanne ein und stellte den Brenner auf mittlere Stärke. Wir schwiegen. Als die Pfanne heiß war, strich sie Butter auf eine Seite der Toasts und legte einen davon rein. Es zischte. Sie platzierte zwei Scheiben Käse darauf und bedeckte ihn dann mit der anderen Scheibe, die gebutterte Seite nach oben. Sie wendete das Sandwich, und es zischte heißer und lauter als zuvor. Sie drehte den Brenner runter.

Während die andere Seite briet, ging sie ins Bad und schminkte sich. Nach einer Weile rief sie mir zu: «Schau nach deinem Sandwich, David.» Ich schob den Pfannenwender darunter. Es war schwarz. Ich nahm es aus der Pfanne, legte es auf meinen Teller und trug ihn zum Tisch. Das Telefon läutete.

«Puh, hast du das Sandwich anbrennen lassen?», sagte Mom. Sie nahm den Hörer ab. «Was?»

Das Sandwich knirschte mir zwischen den Zähnen. Das kennen wir ja schon, dachte ich.

«Warum hast du nicht angerufen?» Mom nahm das Telefon ins Bad mit und legte es dabei vom einen Ohr ans andere. «Was soll das heißen, sie lassen dich da nur selten mal ans Telefon? Du kannst es doch jederzeit benutzen.»

Mom hörte zu. «Weiß ich nicht», sagte sie dann. «Wie geht's dir? Wie läuft's mit der Behandlung? Was hast du gesagt?» Mom legte eine Pause ein, beugte sich aus dem Bad und sah mich an. «Dem geht es gut. Hör mal …» Sie war ernst. «Warte.» Sie verließ das Bad und schloss sich in ihrem Zimmer ein.

Im Haus war nur das Brummen des Kühlschranks zu vernehmen. Ich beugte mich auf meinem Stuhl in Richtung Flur, um zuzuhören. Nichts. Ich biss von meinem Sandwich ab, legte es weg, kaute und schlich auf Zehenspitzen in den Flur.

Ich hörte einzelne Worte und Satzfetzen, ungeordnet und durcheinander. Ein Zusammenhang war nicht zu erkennen, es sei denn, ich hätte ihnen einen gegeben. Aber schließlich hörte ich alles, was ich wissen musste. «Er klaut mir Zigaretten.»

Der Magen rutschte mir in die Kniekehlen, und mir wurde schlecht. Mom hatte so eine Art, einen sterben wollen zu lassen. Ich stellte meinen Teller in die Spüle und setzte mich dann ins Wohnzimmer. Sah Moms Schachtel dort liegen und wollte nicht mal eine einzige.

Bald kam Mom aus ihrem Zimmer und hängte das Telefon an den Haken. Sie fragte nicht, wie das Sandwich geschmeckt hatte. «Ich fahr gleich nach Overtown rein», sagte sie, als sie ins Bad zurückging, und bald schnappte ihr Schminkköfferchen zu, und als sie wieder aus dem Bad kam, sagte sie kein Wort und ging einfach. Wenn Paige hier war, konnte ich nichts falsch machen, aber sobald sie mal verschwand, war ich für alle Übel dieser Welt verantwortlich. Ich kratzte den schwarzen Ruß von meinem Sandwich.

*

Als Mom weg war, wurde es still im Haus, abgesehen von den Krähen, die draußen krächzten. Ich zog meine Jacke an und ging JP und Tyson suchen. Die Krähen krächzten lauter; sie saßen auf den Bäumen und den Stromleitungen. Ich lief durch den Wald und rauchte. Die Bäume waren kahl und der Himmel darüber leuchtend blau. Der Rauch trieb mir das Wasser in die Augen; es war, als würde ich ertrinken.

Mein Magen grummelte. Ich sprang über einen umgefallenen Baum und folgte dem Pfad, bis ich die Autos auf der Straße hörte. Ich rauchte auf und lief dann auf der Straße zu Tysons Haus weiter, aber er war nicht da, wahrscheinlich mit JP beim Stammesfest. Ich kürzte über ein paar weitere Pfade ab, bis ich auf der anderen Inselseite rauskam, wo dicht am Fluss das Footballfeld lag.

Niemand trommelte, und es herrschte auch kein großer Andrang mehr. Die Leute standen versprengt in kleinen Grüppchen herum, die etwa ein Drittel des Platzes tüpfelten. JP und Tyson saßen irgendwo am Rand und warfen Steine in den Fluss. Tyson trug eine schwarze Jacke. Ich lief hin und ließ mich neben ihnen nieder.

«Du hast ein paar leckere Burger verpasst», sagte JP.

«Sind die schon alle?» Ich wollte einen.

Er nickte. «Es waren massig Leute da.»

«Warum trommelt niemand?»

«Es war nur eine Trommelgruppe hier. Oben im Norden findet irgendein Powwow statt. Hast du ein Zigarettchen?», sagte JP.

«Nur Stummel. Aber noch lang genug.»

Er rieb sich den Dreck von den Händen und stand auf. «Besser als nichts.»

«Willst du schon wieder weg?», sagte ich.

«Sind doch alle im Aufbruch.»

Ich wollte nicht schon wieder weg, wollte nicht, dass alle aufbrachen, wollte nicht, dass das Essen alle war. Aber es war vorbei. Wir gingen, und im Wald, weit entfernt von allen Leuten, kauerten wir uns dicht aneinander, und ich gab jedem eine halb aufgerauchte Zigarette.

«Verdammich», sagte JP. «Ganz schön stark, diese Winston-Stummel.»

Ich nickte und zündete meinen eigenen an. JP kam nicht auf das Barfenster zu sprechen, daher wusste ich, dass Tyson ihm nichts erzählt hatte.

«Gehen wir doch zum Sonnenuntergang an den Fluss runter», sagte JP.

«Das ist doch ganz auf der anderen Seite der Insel», sagte Tyson. «Und es wird kalt.»

«Halt's Maul», sagte JP. «Wenn dir kalt ist, warum trägst du dann eine Windjacke? Willst du noch joggen gehen?»

Ich lachte.

«Tja», sagte ich. «Warum trägst du wohl bloß deine gute Jacke nicht?»

Tyson schüttelte den Kopf und lächelte. Dann fingen wir an zu prusten. Uns richtig auszuschütten!

«Was?», sagte JP.

Ich rang nach Luft. «Gehen wir mal los. Dann erzählen wir's dir.»

*

Der Fluss ergoss sich in die untergehende Sonne.

«Ich hätte dem Kerl ein Loch in den Kopf geworfen», sagte JP. «Wenigstens habt ihr das Fenster zertrümmert. Das ist doch auch was wert.»

Ich zündete mir einen weiteren Stummel an. «Ich bin ja so erleichtert, dass wir es jemandem erzählt haben.»

Tyson nickte. «Tja, mein Dad hat mich heute Morgen auch schon gefragt, ob ich was davon mitgekriegt hätte.»

«Warte mal, was?», fragte ich. «Bevor ich vorbeigekommen bin?»

«Ja.»

«Und das erzählst du mir erst jetzt?» Ich schüttelte den Kopf. «Du bist ja irre.»

JP stieß Tyson in die Rippen. «Warum hast du David das nicht schon früher erzählt?»

«Ich hab's vergessen.»

«Was hast du zu ihm gesagt?», fragte ich.

«Zu wem?»

«Zwack ihn noch mal, JP.»

«Hör auf!» Tyson rutschte zur Seite. «Zu wem?»

«Zu deinem Dad, Dumpfbacke. Von wem, glaubst du, rede ich?»

«Ach so. Ich hab ihm erzählt, wir hätten nichts gesehen. Da hat er nicht weitergefragt.»

«Das ist die Geschichte mit der miserabelsten Pointe, die ich je gehört habe», sagte JP.

Schweigend rauchten wir unsere Kippen auf. Danach hatte ich keine mehr. Die Sonne ging schnell unter, und ein paar helle Sterne standen schon am Himmel.

«Wär ich doch bloß dabei gewesen», sagte JP.

*

Als ich nach Hause kam, war es finster. Fricks Truck stand hinter Moms Wagen. Im Haus war kein Licht an. Moms Gelächter drang aus dem hinteren Teil des Nachbargartens, wo ein hohes, lebendiges Feuer brannte, und ihr und Fricks Schatten schwankten vor dem Waldrand.

Im Haus war es kalt. Ich schaltete das Küchenlicht an, ging zum Holzofen und befühlte das eisige Metall.

Ich kramte in der Holzkiste nach Zeitungspapier, aber es gab keins. Auf dem Küchentisch lagen wie achtlos hingeworfen ein paar Geldscheine, dazu eine aufrecht stehende leere Papiertüte, als hätte jemand sie sanft dort hingestellt, und daneben sauber gefaltet mehrere aktuelle Ausgaben der Lokalzeitung. Die brachte Mom immer für den Holzofen aus dem Laden mit.

Ich warf sie in die Holzkiste, behielt aber eine draußen und überflog jede einzelne Seite, bevor ich sie zerknüllte und in den Ofen stopfte. Ein Artikel über eine 5000-Dollar-Benefizveranstaltung, begleitet vom großformatigen Foto einer sprintenden Frau, nahm den Großteil der Titelseite ein. Darunter folgte ein weiterer Artikel über den Gesetzentwurf für irgendeine Steuererhöhung, der auf einer der hinteren Seiten fortgesetzt wurde. Geschichten über überbelegte Tierheime, protzige Eröffnungen von Läden, die sich dann nie hielten, und die neuen ABM-Pläne des Gouverneurs schienen ohne bestimmte Reihenfolge die Zeitung zu füllen. Es gab Storys über Altenheime und sogar eine über die Verkaufstour eines Kfz-Handelsvertreters mit dem Titel «Der Transformator». Alle hatten blöde Überschriften.

Ich überflog, zerknüllte und warf weiter jede Seite einzeln in den Holzofen, bis mein Blick an «Recht und Ordnung» hängen blieb.

Ich erstarrte, krallte meine Finger in die Zeitung.

Rock 'n' Roll

Nach Informationen der Polizei wurden in einem Akt des Vandalismus gestern Abend bei einer lokalen Bar Scheiben eingeworfen. Dem Polizeibericht zufolge standen gegen 20.45 Uhr Gäste einer Bar in Overtown rauchend vor dem Gebäude, als zwei junge Männer im Teenageralter sich näherten und um Zigaretten baten. Als die Gäste ihnen diese verweigerten, wurden die Teenager wütend, begannen, sie zu belästigen, und warfen schließlich mit Steinen nach dem Etablissement.

Die beiden jungen Leute sind noch nicht identifiziert, aber der Bericht legt nahe, dass sie aus dem Panawahpskek-Reservat stammen. Aussagen der Gäste zufolge rannten sie in Richtung des Reservats davon. Die Dienststelle in Overtown kooperiert in dieser Sache eng mit der Stammespolizei auf der Insel.

Wer zur Aufklärung dieses Verbrechens beitragen kann, wende sich bitte an die Polizeidienststelle in Overtown oder das Amt für Stammesstrafvollzug.

Ich lachte, aber sauer war ich auch. Ich riss den Artikel aus, faltete ihn und steckte ihn in die Hosentasche. Ich griff in die Holzkiste und holte jede einzelne Lokalzeitung raus. Aus einer nach der anderen riss ich die «Recht und Ordnung»-Seite und stopfte sie in den Ofen, während ich den Rest der Zeitung wieder sauber zusammenlegte und in die Holzkiste zurücklegte. Ich nahm eine Frontseite und wickelte sie um ein paar Kienspäne. Entzündete ein Streichholz, setzte das Papier in Brand, und ganz langsam kroch das Feuer über die sprintende Frau, und ich sah zu, wie sie in der zuckenden Ofenflamme verschwand. Ich nahm den Schürhaken und stieß die Scheite ins Feuer, das aufflackerte. Ich öffnete die Luftzufuhr und berührte das warme Gusseisen.

Ich knipste das Licht in meinem Zimmer an, und als ich mich aufs Bett setzte, sah ich es.

Ich stand auf. Auf meiner Kommode lag auf einem Zettel eine Schachtel Zigaretten. Ich nahm sie in die Hand. Winston 100. Ich griff mir den Zettel. Moms Handschrift.

*Sieh zu, dass du lange damit auskommst*, stand darauf.

Ich faltete den Zettel und steckte ihn zu dem Artikel in die Tasche. Zog mich aus, löschte das Licht und kroch unter die Decke. Durch das gesprungene Fenster hinter mir drang ein leiser Luftzug und brachte das Gelächter meiner Mutter mit herein.

# Halbwegs lebendig

Es war Samstag. Frühherbst. Ich setzte mich auf, hielt mir den Schädel und dachte nicht allzu lang an meine Großmutter, bis Fellis sah, dass ich wach war und mich fragte, wie wir hierhergekommen waren, in einen der zwei großen Silos des blau gestrichenen aufgelassenen Olamon-Werks. Abgesehen von uns, ein bisschen Dreck, reingewehten braunen Blättern und zerdrückten Billigbierdosen waren die Silos leer. Das wenige Licht, das es bis hier runterschaffte, zeigte mir meine orangefarbenen Hände. Rost von der Leiter, an der wir runtergeklettert waren, und ich wollte schon sagen, dass es diese Leiter war, über die wir hierhergekommen waren, aber das hatte Fellis nicht gemeint. Die gesuchte Antwort hatte eher mit all den zerdrückten Bierdosen zu tun. Oder, noch eher, mit der Frage, warum wir die Bierdosen überhaupt erst zerdrückt hatten.

«Dee», sagte Fellis. Inzwischen stand er und bürstete sich den Dreck vom Hosenboden. «Erinnerst du dich, wie wir hierhergekommen sind?»

Ich interpretierte zu viel in diese Frage rein. Er wollte doch bloß einen Erinnerungsfetzen.

«Nein», sagte ich zu ihm.

«Ich verdammt noch mal auch nicht.»

Ich stand ebenfalls auf, massierte mir Kopf und Nacken.

Fellis kletterte als Erster hoch, und ich folgte ihm. Seine Sneakers auf der Leiter schrammten Rostflocken los, die wie blutiger Schnee zu Boden fielen, deshalb schaute ich beim Hochklettern nach unten auf den Grund des Silos. Ich sah also nicht, dass er aufgehört hatte zu klettern, und stieß mir an seinen Hacken den Kopf.

«Warte mal kurz», sagte er. «Sei still.»

Ich nieste, und das Geräusch hallte durch den leeren Silo.

«Verdammt», flüsterte Fellis. «Sei ruhig.»

Das Olamon-Werk lag hinter dem Holzplatz des Stammes. Es war Jahre her, dass es irgendwas produziert oder in diesen Silos gelagert hatte. Der Stamm hatte Audiokassetten gegossen, aber sie hatten erst damit angefangen, als bereits CDs aufkamen, es war also kein sehr langlebiges Projekt gewesen. Dann wurde das Stammesunternehmen vorübergehend durch die Partnerschaft mit einer Firma gerettet, die taktische Landeplatzbeleuchtungen herstellte, damit militärische Fluggeräte zur Landung geeignete Orte identifizieren konnten. Keine Ahnung, warum der Stamm dann damit aufgehört hatte – vielleicht war das Militär schon an allen möglichen Orten gelandet, sodass sie sich keine Indianer mehr zu Hilfe holen mussten.

Oder wir hatten einfach schlechte Arbeit geleistet.

Das Auto, das Fellis abgewartet hatte, fuhr vorbei. Wir kletterten raus, über den Rand und die Leiter auf der anderen Seite runter auf die Erde.

«Himmel, ist das hell, wenn du so lange im Dunkeln warst», sagte Fellis.

Wir traten in den Wald hinter dem Holzplatz, nahmen die Abkürzung zur Straße, die zu uns nach Hause führte. Und kaum waren wir einen Steinwurf weit auf dem Waldpfad gegangen, da lud Fellis mich zum Frühstück ein, sagte, seine Mom würde uns schon irgendwas machen.

«Ich muss nach Hause», sagte ich. «Ich hab meiner Mutter gesagt, ich würde heute Morgen meine Großmutter im Woodlands besuchen.»

«Es ist ja noch früh am Tag», sagte Fellis. Er sah in den grauen Herbsthimmel rauf und deutete mit der Hand hin. «Da ist die Sonne. Es ist noch nicht mal neun.»

«Dann bin ich schon zu spät dran», sagte ich, und erst da merkte ich, dass ich zitterte. «Kann ich einen Pickel kriegen?»

«Die hab ich zu Hause», sagte Fellis, aber ich wusste, dass er log. Am Abend zuvor hatte er noch welche dabeigehabt. «Komm mit, und ich geb dir einen.»

«Nein», sagte ich. «Ich muss nach Hause.»

Am Ende des Pfades kamen wir auf die Straße, und Fellis ging in die eine Richtung davon, ich in die andere.

Zu Hause war die Einfahrt leer, und auf dem ganzen Weg nach drinnen, durch die Küche und den Flur ins Bad, wo ich bei ausgeschaltetem Licht in die Toilette kotzte, fluchte ich. Draußen in der Küche läutete das Telefon, aber ich kümmerte mich nicht darum. Ich hielt den Kopf unter den Hahn, schluckte drei Tylenol, und dann schrubbte ich mir mit Seife den Rost von den Händen, wusch mir das Gesicht, wusch mich hinter den Ohren und um die Nase rum, und schließlich wiederholte ich das Ganze noch zweimal, damit ich alles, wirklich alles runterbekam. Ich weigerte mich, in den Spiegel zu schauen.

Wieder läutete das Telefon.

Ich hatte nasse Hände, als ich dranging und Hallo sagte, aber es kam keine Antwort. Ich hängte ein und war auf dem Rückweg ins Bad, als ich auf die Uhr über dem Ofen blickte.

Es war nicht Vormittag, sondern halb vier nachmittags.

Als meine Mutter später zurückkam, saß ich vor dem leise laufenden Fernseher im Wohnzimmer und hatte eine Zigarette brennen, an der ich nicht ziehen konnte, ohne dass mir schlecht wurde. Sie trug ein paar Einkäufe rein und fragte mich, wo ich am Morgen gewesen war.

«Ich hab die Zeit aus den Augen verloren», sagte ich zu ihr, und sie schwieg, weil sie die Nase voll von mir hatte. Wieso auch nicht? Seit sechs Jahren hängen wir hier zu zweit herum. *Wie sind wir hierhergekommen?* Das hat Fellis gefragt, aber ich frage es mich auch. *Wie sind wir hierhergekommen?* Inzwischen denke ich schon, dass ich jedes Mal, wenn ich mich das frage, wenn ich über eine Antwort nachdenke, weiter entfernt von dort rauskomme, wo ich sein sollte, wo ich war. Wo ich schon mal gewesen bin. Ich hatte so einiges hinter mir gelassen. Oder vielleicht auch nicht – vielleicht hatte so einiges mich hinter sich gelassen. Freunde, Angehörige. Beziehungen. Die Zukunft.

Ich drückte die Zigarette aus und machte mich auf. Meine Mutter kümmerte es nicht, wo ihr achtundzwanzigjähriger Sohn hinging, aber bevor ich aufbrach, fragte ich sie, wann sie das nächste Mal ins Woodlands rausfahren würde.

«Morgen», sagte sie. Sie stand mit einer Kerze in einem Glasgefäß und einem Messer, mit dem sie Wachs um den Docht herum wegschnitt, an der Arbeitsplatte. «Selbe Zeit.»

Ich sagte, diesmal würde ich es nicht verpassen. Sie kratzte mit dem Fingernagel Wachs vom Messer, rieb den Nagel dann an einem schmutzigen Tuch sauber. Ich wartete darauf, dass sie noch was sagen würde, bis ich merkte, dass sie ausgeredet hatte.

Ich lief zu Fellis. Beth ließ mich rein, sagte aber nichts zu mir, weil sie am Telefon hing und irgendjemandem erzählte, es werde schon alles in Ordnung kommen. Als ich Fellis' Zimmer betrat, lag er dort und schlief. Er wachte auch nicht auf, als ich ihn anstupste, also setzte ich mich auf einen Sitzsack und fragte mich, wo er wohl diese Pickel geparkt hatte, und als ich mich auf einen Ort festgelegt hatte – seine Kommode –, sah ich nach, fand aber bloß ein bisschen Kleingeld und halb abgebrannte Räucherstäbchen.

Auf dem Weg ins Bad stolperte ich in seinem Zimmer über eine Kiste. Wieder erbrach ich mich, und im Licht sah ich, dass ich immer noch Rost an den Händen hatte. Ich wusch alles ab.

Als ich ins Zimmer zurückkam, war Fellis wach, deshalb machte ich Licht. Er saß mit dem Rücken zur Wand im Bett. Wann ich hergekommen sei, fragte er, und ich sagte: Vor Kurzem.

«Wie ging's deiner Großmutter?», sagte er.

«Ich war zu spät dran», sagte ich. «Hab's nicht geschafft.»

«Morgen ist ein neuer Tag.» Er richtete sich auf. «Wie spät ist es?»

Ich sagte es ihm, und er pfiff durch die Zähne.

«Der hier ist aber verdammt schnell vergangen», sagte er.

«Gib mir mal einen von diesen Pickeln», sagte ich.

Fellis gähnte, wischte sich übers Gesicht, besah sich dann seine Hände und roch daran.

«Rost», sagte ich. «Hast du gehört?»

«Ja, hab ich. Warte doch mal. Himmel.»

Er wischte sich die Hände am Shirt ab, stand auf und verließ das Zimmer. Er trug nur seine Boxershorts. Draußen in der Küche hörte ich ihn mit Beth über irgendwas reden. Bei seiner Rückkehr hielt er zwei Dosen Bier in der Hand und ließ mir eine in den Schoß fallen, während er seine auf der Kommode abstellte, und dann angelte er sich seine Jeans vom Fußboden und betastete beide Taschen, und schließlich schob er, die Jeans immer noch in den Händen, seine schmutzigen Sachen mit dem Fuß auf dem Boden rum und hielt weiter Ausschau. Er ließ die Jeans fallen, ging zu seinem Bett und schlug die Decken zurück.

«Kannst du sie nicht finden?»

Er hörte auf mit dem, was er da tat, und sah mich schräg von der Seite an. «Sieht es so aus, als könnte ich sie finden?» Erneut fing er an zu kramen.

Er zog sein Bett von der Wand weg und spähte in die Ritze. Er rückte das Bett nicht wieder zurecht, sondern griff sich seine Jeans vom Fußboden und schlüpfte ins erste Bein.

«Ich muss sie im Silo liegen gelassen haben», sagte er, während er das Gleichgewicht verlor. «Hoppla!» Er hielt sich an der Kommode fest und schob den anderen Fuß in die Jeans, zog sie hoch und knöpfte sie zu. «Lass uns einfach noch mal hingehen und weitertrinken. Mein Tantchen kommt gleich vorbei, um sich auszuheulen, und bei dem Scheiß will ich nicht dabei sein.»

Wenn die Pickel nicht im Silo waren, sagte ich mir insgeheim, würde ich nicht bleiben.

Bevor wir losgingen, stopfte Fellis acht Bier in eine Plastiktüte, die er mich tragen ließ, während er seine Taschenlampe mit der Handkurbel und eine halb leere Flasche Gin in der Hand hielt, und auf dem Waldpfad irgendwo zwischen seinem Haus und dem Silo meinte er, ich solle auch mal die Flasche und die Taschenlampe halten, damit er sich die Schuhe zubinden konnte. Als er fertig war, nahm er weder die Flasche noch die Lampe zurück, bis wir an der Leiter waren und ich ihm sagte, das könne ich nicht alles da rauftragen. Wir kletterten die Leiter hoch und auf der anderen Seite runter in den Silo.

Fellis bewahrte seine Pickel in einem Medizinfläschchen auf, von dem das Etikett teilweise abgepult war, was ja Sinn ergibt, wenn du auf der Straße kaufst, aber diese hatte er vom Arzt im Res verschrieben bekommen. Das Licht der Taschenlampe schnitt durch die Dunkelheit im Silo, und ich sah zu, wie Fellis mit dem Fuß die kleinen nassen Laubhäufchen rumschob.

«Da ist es ja.» Er schüttelte das Fläschchen mit den kleinen blauen Pillen, bevor er es mir zuwarf.

Ich wusste, dass ich auf ziemlich leeren Magen keine ganze nehmen durfte, aber ich kriegte es auch nicht hin, sie zu halbieren, deshalb schluckte ich sie einfach so.

«Du wirst mir gleich einschlafen», sagte Fellis und spülte eine blaue Pille mit einem Schluck Bier runter. Er ließ sich an die Silowand zurücksinken und rutschte in eine sitzende Position. Inzwischen war es draußen stockdunkel. Er kurbelte ein-, zwei-, dreißigmal an der Lampe. Dann stellte er sie hin, und sie beleuchtete den Raum zwischen uns. Ich sah unser Chaos von zerdrückten Dosen, Zigarettenstummeln, zerknülltem Zellophan, kaputten Feuerzeugen und Glasflaschen.

Wie lang kamen wir eigentlich schon hierher?

Nach dem dritten Bier begann ich, Fellis die Geschichte meiner Großmutter zu erzählen, wie vor Jahren, als ich noch klein war, ihr Hirn langsam den Geist aufgegeben und sie mich für jemand anderen gehalten hatte. Ich erzählte ihm die Geschichte, und eine Weile sagte er immer mal «Aha» oder «Mhm», und als ich zum lustigen Teil kam, verlieh mir sein herzhaftes Gelächter Schwung, gleich noch eine über sie auszugraben, der er still und geräuschlos lauschte. Mittendrin ging die Kurbellampe aus, und als Fellis nichts unternahm, um wieder Licht zu machen, fragte ich mich, bei welchem Teil der zweiten Geschichte er wohl eingeschlafen war. Ich legte mich hin, benutzte den Arm als Kissen, und die durchdringende Kälte von dem Metall des Silos auf meiner Haut erinnerte mich, dass sie noch nicht tot war und ich besser daran tat, morgen rechtzeitig aufzustehen.

*

Ich war zu dieser frühen, frühen Stunde wach, wo du das Gefühl hast, alles Mögliche könnte passieren, direkt bevor die Sonne schnell und unerwartet über den Horizont birst.

Meine Großmutter.

Ich ließ Fellis schlafen. Mir war nicht ganz so schlecht wie am Tag zuvor, aber ich hatte dieses Herzflattern, bei dem Nachdenken dich genauso nervös macht wie Nichtnachdenken. Ich war schon halb die Leiter hoch, als mir einfiel, dass ich ja ein paar von Fellis' Pickeln mitnehmen konnte. Ich kletterte wieder runter und suchte nach dem Fläschchen. Fand es und schüttelte mir vier auf die Handfläche, tat dann aber einen zurück, weil er fast keine mehr hatte. Ich konnte nicht lesen, wann sein Folgerezept fällig war. Der Teil des Etiketts war abgepult. Ich schluckte einen ohne Flüssigkeit und steckte die anderen zwei in die winzige Jeansvordertasche; dann kletterte ich aus dem Silo und machte mich auf den Heimweg.

Als ich ankam, war meine Mutter im Bad. Ich schloss die rückwärtige Tür hinter mir.

«Bist du das?», fragte sie.

«Ja, ich bin's.»

«Wie bitte?»

«Ich bin's!»

In der Kanne war noch Kaffee, und ich schenkte mir eine Tasse voll und ging zur Couch. Der Pickel, den ich da genommen hatte, tat seinen Job. Einstweilen zitterte ich nicht mehr vom Denken oder Nichtdenken. Aber ich war müde. So richtig müde.

Ich log und sagte Nein, als sie mich fragte, ob ich schlief.

«Du musst nicht mitkommen», sagte sie. Sie setzte sich neben mich auf die Couch und zog ihre Schuhe an.

«Ich hab doch gesagt, ich komme mit», sagte ich und erhob mich.

Auf dem Weg runter vom Res fuhren wir an Fellis vorbei, der die Straße langlief, und im Rückspiegel sah ich, dass er sich umdrehte und uns hinterherstarrte.

Während der Fahrt zum Woodlands wechselten meine Mutter und ich nur einmal ein Wort, als sie mich um ein Feuerzeug bat und ich ihr sagte, ich hätte meins vergessen. Ansonsten herrschte Schweigen. Man könnte ja meinen, bei einer solchen Fahrt, bei diesem Nichtreden, müsste einem unbehaglich sein, aber die Wahrheit ist, dass wir ans Nichtreden gewöhnt sind. Vielleicht gilt das auch nur für mich, denn für sie kann ich nicht sprechen. Aber sie hat immerhin nie was anderes behauptet.

Ich frage mich, ob *Wie sind wir hierhergekommen?* die falsche Frage ist. Vielleicht lautet die richtige: *Wie kommen wir hier raus?* Vielleicht ist das die einzig wichtige Frage.

Meine Mutter stellte den Wagen auf dem Parkplatz des Woodlands ab und fragte, ob ich eingeschlafen sei.

«Nein», sagte ich und stieg aus.

Das Woodlands war ein hübscher Ort. Aber wie all diese Zentren für betreutes Wohnen oder anderen Orte, wo die Alten zum Sterben hingehen, verströmte es so ein Gefühl der Leere, als wäre jeder einzelne Bestandteil – Wände, Türen, Handläufe, Schreib- und Esstische, Theken, Küchenschränke, Brettspiele, Fernseher – so ausgehöhlt, dass er leicht zerbrach, wie das bunte Plastik, das sie für Spielhäuser in Kindergärten verwenden. Wenn du nur fest genug dagegen drücktest, würde er sich verformen. Und der Geruch – es roch auch irgendwie dumpf und leer.

Ein kahlköpfiger Mann drückte für uns den Summer, und eine Schwester mit schicken blonden Locken kam aus einem nebenan gelegenen Büro und zog meine Mutter zur Seite, als hätte sie ihr ein Geheimnis anzuvertrauen, eines über meine Großmutter, aber sie sagte bloß, dass meine Großmutter heute schon viel gelacht habe, und als ich das hörte, empfand ich etwas, was ich schon lange nicht mehr so empfunden hatte. Es war vielleicht nicht Glück, aber was, das dem sehr nahekam.

Ich folgte meiner Mutter einen langen Flur runter. So ein alter Weißer mit eingefallenem Gesicht, der am Handlauf an der Wand lehnte, lachte uns an, und als ich ihn im Vorbeigehen anstarrte, tat er plötzlich ganz ernst und gab dann eine Reihe von Jauchzern von sich, bevor er wieder anfing zu lachen.

«Spinner», sagte meine Mutter, und unser Gelächter war nicht gespielt.

Die Zimmertür meiner Großmutter stand halb offen, und meine Mutter stieß sie auf, steckte den Kopf in den Raum und sprach den Namen meiner Großmutter aus.

«Ja, hi», sagte meine Großmutter. «Komm rein.»

Obwohl sie noch laufen konnte, saß sie in einem Rollstuhl, der so stand, dass sie durchs Fenster auf die Ahorne schaute, von denen die Blätter fielen.

Sie drehte ihn um und rollte in die Zimmermitte.

Dann entdeckte sie mich.

«Hallo», sagte sie.

«Wer das ist, weißt du», sagte meine Mutter.

«Ja», sagte meine Großmutter, aber auf eine Weise, dass es genauso gut eine Frage wie eine Feststellung sein konnte.

«Das ist dein Enkel», sagte meine Mutter.

«Ich weiß», kam es zurück. «Schön, dass du wieder mal da bist, *gwus*. Weißt du, wenn du weiß wärst, wäre es als Notwehr durchgegangen.»

«Nein, Mom», sagte meine Mutter. «Das hier ist dein Enkel, nicht deine Enkel*in*.»

«Fast hätte mich das lange Haar gefoppt», sagte meine Großmutter lachend. «Aber ich weiß schon, wer er ist. Ich wollte bloß nett plaudern. *Abin, gwus*.»

Meine Mutter deutete auf einen Stuhl, den ich nicht gesehen hatte. Ich nahm ihn, drehte ihn um und setzte mich.

«Ich weiß, wer das ist», sagte meine Großmutter noch mal. «Der, der nichts aus sich macht.»

«Mom», sagte meine Mutter.

«Na ja», sagte meine Großmutter.

Der alte weiße Mann kam an die Tür und jauchzte.

«Du verschwindest jetzt aber mal schleunigst!» Meine Großmutter stemmte sich aus dem Rollstuhl und ging zur Tür. «Hopp! Hau ab!»

Das tat er nicht, also machte meine Großmutter ihm die Tür vor der Nase zu. «*Winooches* eben», sagte sie, und dann begann sie zu lachen. Sie setzte sich wieder. «Was wollte ich gleich noch sagen?» Sie studierte ihren Finger und rieb daran herum. «Vergesst es.»

Meine Mutter machte den Mund auf, um irgendwas zu erwidern.

«Ach», sagte meine Großmutter. Sie nahm wieder mich ins Visier. «Bevor du gehst», sagte sie, «kannst du mal nach meiner Post sehen?»

«Gibt es hier einen Briefkasten?», fragte ich.

«Gleich vorn an der Einfahrt», sagte sie.

Mom sah mich an, und ich ging einfach darauf ein. «Klar», sagte ich. «Ich schaue rein.»

«Ich warte auf meinen Scheck», sagte meine Großmutter, und dann fing sie von einem Bingo an, bei dem sie kürzlich gewonnen hatte – «fünftausend Dollar», sagte sie lächelnd und mit gefalteten Händen –, und dass sie mit dem Geld ihre Küche renovieren würde, und wenn noch welches übrig sei, lasse sie auch die Veranda hinten machen.

Aber sie würde nichts übrig haben, denn dieses Geld hatte sie schon vor Jahren gewonnen, als der Stamm mit dem Superbingo angefangen hatte. Und ihr Gewinn hatte nicht mal für die Küche gereicht.

«Das wird so hübsch werden», sagte meine Großmutter.

«Bestimmt», sagte meine Mutter.

«Wisst ihr», sagte meine Großmutter, aber da hörte ich schon auf zuzuhören. Hatte sie nicht bloß zweieinhalbtausend gewonnen? Und hatten nicht einen Teil davon zwei Reservatsschurken gestohlen, als sie beim Gottesdienst gewesen war? Tja, ich glaube, das war passiert, und deshalb hatte sie die Küche nicht fertig gekriegt. Nein – vielleicht waren es doch fünftausend gewesen. Ja, es waren fünftausend. Die Hälfte davon hatte sie der Kirche gegeben. Genau! So war es gewesen. Jetzt erinnerte ich mich. Und als der Pastor mitbekommen hatte, dass ihr das restliche Geld gestohlen worden war, hatte er nicht mal angeboten zurückzugeben, was sie der Kirche gespendet hatte.

«Schläfst du?», fragte meine Großmutter.

Ich richtete mich auf und sagte Nein. Aber ich denke, ich habe doch geschlafen.

Meine Großmutter lachte.

«Er ist müde», sagte meine Mutter, und dann log sie. «Er hat gerade bei UPS angefangen, und sie lassen ihn Nachtschichten machen.»

«Tatsache?», sagte meine Großmutter.

«So ist es», sagte ich.

«Gut für dich. Gut für dich, *gwus*. Dann wirst du jetzt ja anfangen, Miete zu zahlen. Du bist zu alt, um deiner Mutter auf der Tasche zu liegen. Wie alt bist du?»

«Achtundzwanzig», sagte ich.

«Himmel», sagte sie. «Älter, als ich gedacht habe.»

«Mom.»

«Kann ich mal deine Toilette benutzen?», fragte ich.

«Ob du das kannst?» Meine Großmutter kicherte.

Im Bad machte ich gar nichts, sondern betätigte nur

die Spülung und warf dann unter dem Hahn noch einen Pickel ein.

Sie sprachen wohl über was, das ich nicht hören sollte, denn bei meiner Rückkehr wurden sie still. Als ich mich setzte, lächelte meine Großmutter mich an, fast feixend, als würde sie mich in- und auswendig kennen, würde wissen, woher ich kam, wo ich stand und wohin es mit mir ging. Immer noch feixend nickte sie, als wäre sie mit irgendwas einverstanden, irgendwas, das mich betraf – wohin es mit mir ging –, und dann lachte sie, beugte sich vor und tätschelte mir das Knie.

«Ich hatte mal einen Bruder ...», fing sie an.

Bevor wir an diesem Tag aufbrachen, erinnerte sie mich an die Post. «Ich warte gleich hier», sagte sie, während sie halb im Zimmer, halb im Flur stehen blieb.

Mom ging los und ließ schon mal den Wagen an, und ich wartete ein paar Minuten am Ausgang, bevor ich zu meiner Großmutter zurückkehrte. Sie stand noch in der Tür, halb drin, halb draußen.

«War keine da», sagte ich zu ihr.

«Vielleicht ja morgen», sagte sie und nahm mein Kinn zwischen die Hände. «Hör zu – sei schön brav.» Sie ließ los und schloss die Tür.

*

Seit Monaten hatte ich von Fellis Pickel geschnorrt. Eher schon knapp ein Jahr lang. Alle drei oder vier Tage einen, dann jeden zweiten, dann täglich einen, dann zwei, dann drei. Vielleicht sollte ich jetzt mal damit aufhören. Oder zum Arzt gehen. Nein – zu dem kann ich nicht. Aber ich kann sie auch nicht nicht nehmen. Ohne sie fühlt sich die

Welt zu bedrückend an. Zu eng. Als würde ich keine Luft mehr kriegen.

«Sei schön brav», hatte meine Großmutter gesagt. Einen Versuch war das wert.

Am dritten Tag ohne Pickel fragte ich Fellis schon wieder, ob er jemanden kannte, der verkaufte. Die ersten beiden Tage war ich gut ohne ausgekommen, wahrscheinlich weil ich an beiden Abenden getrunken hatte, einmal im Silo und das andere Mal bei Fellis zu Hause, weil es geregnet hatte und der Silo ganz nass war.

«Hab ich dir doch schon gesagt.» Fellis legte gerade *Signs* ein, diesen Film mit Mel Gibson und dem kleinen Mädchen, das überall volle Wassergläser hinstellt. «Dieser Scheißkerl Meekew hat welche.»

Ich wartete, bis der Film zu Ende war, bevor ich losging. Ich brauchte Zeit, um nachzudenken, darüber nachzudenken, wie ich an das Geld kommen sollte. Als ich aufstand und zu Fellis sagte, ich käme wieder, fragte er mich, wohin ich ging, und ich log und sagte, ich würde von zu Hause Geld holen, worauf er fragte, ob er mitkommen könne.

«Bin sofort zurück», sagte ich. «Warte einfach hier.» Ich nahm mir eine seiner Kippen mit.

Ich setzte die Kapuze auf, lief die Straße entlang, rauchte eine mit Regentropfen getüpfelte Zigarette und dachte – nein: fragte mich –, ob ich das wirklich tun sollte.

Über der leeren Spüle meiner Großmutter zerschlug ich das Fenster, stemmte es auf und kroch rein, und ich weinte, nicht weil ich mich deshalb mies fühlte, sondern weil ich mich generell total mies fühlte.

Ich trank ein Glas Wasser und spritzte mir auch welches ins Gesicht.

Ich glaubte nicht, dass ich da Geld finden würde, und so kam es wohl, dass ich das als Tatsache voraussetzte, die mich von der Verantwortung dafür freisprach, Geld zu klauen, von dem ich überzeugt war, es sei gar nicht im Haus.

Aber warum dann überhaupt erst nachschauen? Ich kann mich nicht erinnern.

So groß war das Haus meiner Großmutter nicht. Es hatte ein Obergeschoss mit zwei Schlafzimmern und einem Bad, und darüber gab es einen winzigen Dachboden, auf dem ich noch nie gewesen war. Im Erdgeschoss waren Küche, Wohnzimmer und ein weiteres Schlafzimmer, das, in dem meine Großmutter auch übernachtete, obwohl sie schon noch die Treppen raufgekommen wäre.

Ich beschloss, zuerst oben nachzuschauen, weil ich wusste, wenn ich unten anfing, würde ich über mir die Dielen knarzen hören, die Goog'ooks, die laut meiner Großmutter da rumliefen, und wenn ich das hörte, würde ich Panik kriegen und nicht raufgehen, so wie damals, als ich noch klein war und mich weigerte, irgendwo anders als im Bett meiner Großmutter zu schlafen. Aber oben war nichts als Staub, Schachteln voller Bilder und alter Rahmen, leere Blumentöpfe und die Zedernholzkiste mit dem Babyzeug, die meiner Mutter gehörte. Allerdings fand ich den leeren Karton einer Stange Zigaretten, Mistys, obwohl meine Großmutter seit Jahren behauptete, sie hätte aufgehört, während wir immer gewusst hatten, dass sie weiterrauchte.

Bei der Couch fand ich ein bisschen Kleingeld: einen Dime und zwei Pennys unter den Kissen und einen Quarter ganz hinten unter der Couch an der Wand. Aber sonst war weder im Wohnzimmer noch in der Küche was. Im

Bad musste ich noch nachsehen, aber warum sollte dort Geld sein?

Das Zimmer meiner Großmutter wirkte wie ein Schauraum, als würde nichts da drin – die braune Kommode, das Bett mit der langen blauen Schürze, die zwei passenden Nachttischchen mit den Lampen darauf und der Schrank, hinter dessen weiß lackierten Türen die gesamte Kleidung meiner Großmutter hing – jemals benutzt, als wäre es ein Raum in einem aufgegebenen Möbelgeschäft.

Der Regen draußen wurde stärker und schlug hart gegen das Zimmerfenster.

Du wirst hier nichts finden, sagte ich mir und hatte doch das Gefühl, dass ich alles finden würde.

Es war in einem Safe, nicht größer als ein Betonschalstein, und der war halb unter dem Bett verborgen, halb ragte er unter der blauen Schürze hervor. Ich zog ihn ganz raus. Der Schlüssel steckte im Loch, als hätte er bloß auf mich gewartet, als wäre er für genau diesen Moment dort aufbewahrt worden. Nicht als eine Prüfung, nein. Eher als ein Ausgleich, ein Ausgleich für irgendwas, das ich nicht benennen konnte. Ich drehte ihn um, und seine Zähne und Löcher hoben die Zylinder mit solcher Zuversicht, dass es mir den Atem verschlug.

Papiere, Dokumente, Bilder. Ein Rosenkranz. Ein Brief von meiner Schwester. Bilder, Dokumente, Papiere. Ein Brief, den meine Großmutter nie an meine Schwester abgeschickt hatte, der Umschlag so kalligrafisch in Blau beschriftet, dass ich ihn kaum lesen konnte.

Das Geräusch der Dielen oben ließ mich den Kopf heben, als würde er an einer Schnur geführt.

Und dann war das Geräusch genauso verschwunden wie die Goo'gooks selbst.

Der braune Umschlag war nur wenig größer als das Geld darin, und ich zählte es und zählte doch nicht, weil ich mir die ganze Zeit sagte: «Hier sollte doch nichts sein.» Ich fing wieder von vorn an und war bei vierhundertzwanzig Dollar, als eine Autotür zufiel. Ich warf alles zurück in den Safe, auch das Geld, das ganze Geld in dem Umschlag, auf dem, wie ich sah, in ihrer blauen Handschrift mein Name stand. Ich nahm mir nicht gleich was davon, nicht weil ich es nicht gekonnt hätte, und auch nicht, weil ich endlich davon überzeugt gewesen wäre, dass hier doch kein Geld lag, sondern weil ich mich immer so daran erinnere, dass ich alles unberührt gelassen habe.

Ich klappte den Safe zu, schloss ab und schob ihn wieder so unters Bett, wie ich ihn vorgefunden hatte. Die Haustür ging auf, und ich öffnete die Schranktür, und als die Haustür wieder zuging, schloss ich die Schranktür.

Das Licht ging an. Zwischen die herabhängenden Kleider meiner Großmutter gekauert, streifiges Licht im Gesicht, sah ich meine Mutter durch den kleinen Raum zum Bett gehen, genau dorthin, wo ich gerade noch gewesen war. Sie kniete sich hin und entschwand aus meiner Sicht, aber es war, als könnte ich sie immer noch sehen, könnte immer noch sehen, was sie tat. Sie zog den Safe raus.

Sie murmelte was, das ich nicht verstehen konnte. Setzte sich auf. Sah sich um.

Sie fing mit den Kommodenschubladen an, schob Sachen drin herum, ging dann zu dem Nachttischchen, das näher zum Safe stand, zog wieder Schubladen auf und ließ sie offen, während sie zum Nachttischchen auf der anderen Bettseite wechselte und so dicht an mir im Schrank vorbeiging, dass ich ihr stechendes Parfüm riechen konnte. Ich zuckte nicht mit der Wimper. Auch diese Schubladen ließ sie offen, dann lief sie zurück zum Safe, ging zu Boden und entschwand aus meiner Sicht. Alles, was sie unter dem Bett rauszog, stellte sie oben drauf, bis nichts mehr unten stand: alte Videorekorder, ungestrichene Nippesregale, ein Korb voll herrenloser Kabel und Drähte, eine schmale Plastiktasche mit Knöpfen und Nähgarn und noch ein leerer Misty-Karton.

«Wo ist er bloß?», sagte meine Mutter.

Ihr Blick fiel auf den Schrank, und sie kam her. In meiner Angst spannte ich mich an und verkrampfte so die Hände, dass ich ihn endlich spürte.

Mein Stöhnlaut ließ meine Mutter zurückfahren. «Wer ist da?», fragte sie, und vielleicht um die Person hinter der geschlossenen Schranktür zu erschrecken, erklärte sie, sie habe eine Waffe. «Und ich benutze sie auch.»

Ich starrte auf den Schlüssel in meiner Hand.

Auf *Wie sind wir hierhergekommen?* und *Wie kommen wir hier raus?* trifft manchmal dieselbe Antwort zu.

«Machen Sie ja nicht die Tür auf!», schrie meine Mutter. «Bleiben Sie, wo Sie sind!»

Sie stand am Nachttischchen, griff zum Telefon und gab drei Zahlen ein.

«Ja, ich brauche –»

Ich schlang die herabhängenden Kleider um mich und sprang durch die Schranktür raus, und meine Mutter schrie auf und ließ das Telefon fallen. Ich sprintete aus dem Zimmer, immer noch in die meisten der Kleider gewickelt, und rannte durch die Haustür raus in den strömenden Regen. Je länger ich lief, umso schwerer wurden die Kleider, die Baumwolle, der Polyester und die Wolle der Jacken, Blusen und Hosen meiner Großmutter, die das Wasser aufsogen. Als ich auf dem Pfad durch den

Wald war, warf ich die Klamotten von mir, sie fielen in den Matsch, und ich rannte weiter, bis der Pfad endete. Um auf den weiterführenden Weg zu gelangen, musste ich die Straße überqueren. Ich schaffte es gerade noch rechtzeitig. Sirenen heulten und jaulten an mir vorbei, und ich bückte und duckte mich in ein Kieferndickicht, bis es wieder dunkel wurde.

*

An diesem Abend fand Fellis mich unten im Silo, und ich dachte, es wäre die Polizei, die mich holen käme. Er blieb auf der Leiter stehen und leuchtete mir mit der Kurbellampe ins Gesicht.

«Was machst du da unten?», fragte er.

Ich erzählte ihm, was passiert war.

«Du warst das also?»

«Tja», sagte ich. «Hat jemand angerufen und sich nach mir erkundigt?»

«Deine Mom. Glaubst du, wir ersaufen hier drin, wenn es genug regnet?»

Das auf dem Boden des Silos zusammengelaufene Wasser durchweichte mir schon seit Stunden die Schuhe.

«Was hat sie gesagt?», fragte ich.

«Sie hat nach dir gesucht.»

«Was hast du geantwortet?»

«Dass du nach Hause gegangen bist.»

«Und was hat sie darauf gesagt?»

«Wann war das denn?»

«Und dann du?»

«Das weiß ich verdammt noch mal nicht mehr», sagte er. «Ich kann mich nicht erinnern.» Er hüpfte von der Leiter und verspritzte Wasser. «Ist ja gar nicht so tief, wie ich dachte.»

«Hast du eine Kippe?», fragte ich.

Er zündete eine an und gab sie mir. «Was willst du jetzt machen? Dich die ganze Nacht im Regen hier unten verkriechen?»

«Ich frag mich, ob sie mich erkannt hat.»

«Hat sie nicht.»

«Woher weißt du das?»

«Weil sie sonst nicht zu mir gesagt hätte: ‹Wenn du ihn siehst, sag ihm, er soll mich anrufen. Jemand ist ins Haus seiner Großmutter eingebrochen.›»

«Das hat sie gesagt?»

«So was in der Richtung, ja.»

Fellis leuchtete mit der Lampe im Silo rum, und ich rauchte die Kippe bis auf den Filter runter.

«Lass uns zu mir gehen», sagte Fellis. «Ich kriege nasse Füße.»

Falls die Zigarette beim Fall ins Wasser zischte, bekam ich es nicht mit.

*

Als wir bei Fellis waren, rief ich meine Mutter an.

«Ja, hat er mir erzählt», sagte ich.

«Mir geht's gut», sagte sie und berichtete dann detailgenau, was passiert war, und das entsprach genau dem, wie es passiert war. «Warum sollte jemand das Haus einer alten Frau ausrauben?», sagte meine Mutter.

«Du hast gesagt, es wurde nichts mitgenommen?» Ich sah auf den Schlüssel in meiner Hand.

Sie schwieg, und ich fragte noch mal nach.

«Ja», sagte sie. «Nichts.»

«Wirklich?»

«Bloß die Kleider, in denen dieser Mensch weggerannt ist.»

«Das war alles?»

«Das war alles.»

Wir schwiegen beide.

«Ich helfe morgen wieder aus», sagte sie. «Wenn ich also nicht zu Hause bin –»

«Bist du in der Stammesverwaltung.»

«Ja», sagte sie. «Und ruf deine Großmutter morgen mal an.»

«Mach ich.»

«Vergiss es nicht. Und erzähl ihr nicht, dass bei ihr eingebrochen wurde.»

«Mach ich.»

«Gut.»

Ich aß ein bisschen übrig gebliebenes Elchfleisch mit Reis, und als ich den Teller leer hatte, setzten Fellis und ich uns hinter dem Haus unters Vordach und rauchten zum Trommeln des Regens.

«Hatte sie Geld da?»

Mich überraschte, dass er das erst jetzt fragte.

In der Ferne fuhr ein Lichtblitz durch den Himmel, und ich zählte zwölf Sekunden bis zum Donner.

«Gewitter im Anzug.» Fellis schnippte seine halb aufgerauchte Zigarette weg.

Um drei Uhr morgens ging ich nach Hause. Als ich hinkam, dachte ich, Mom wäre auf, nicht weil das Licht im Bad an war, sondern weil ich hätte schwören können, dass sie gleich dort im Flur stand und mich ansah. Ich war völlig überzeugt davon, dass sie es war, und fragte sogar:

«Alles okay mit dir?» Aber sie war gar nicht da; ich bildete mir nur irgendwelchen Scheiß zwischen Licht und Schatten ein.

In der Küche machte ich die Lampe über dem Herd an, dann ging ich ins Bad und schaltete das Licht aus. Zurück in der Küche glaubte ich, schon wieder Dinge zu sehen, die nicht da waren: Der Safe meiner Großmutter stand auf dem Küchentisch, und die Sache wurde auch nicht realer, als ich ihn in beide Hände nahm, ihn wie eine Wassermelone ins Wohnzimmer trug und mich mit ihm auf dem Schoß auf die Couch setzte. Nein. Sie wurde erst real, als ich den Schlüssel rauskramte, ihn umdrehte, die kleine Tür aufmachte und es mir erneut den Atem verschlug.

Viertausendsiebenhundert Dollar steckten in dem schmalen braunen Umschlag mit meinem Namen darauf. Ich zählte sie im schwachen Dämmerlicht, das aus der Küche ins Wohnzimmer drang, und ich dachte, ich hätte mich verzählt – viertausendsiebenhundert Dollar? –, also zählte ich noch mal, hatte es aber schon beim ersten Mal richtig hingekriegt. Viertausendsiebenhundert Dollar.

Ich nahm das Geld. Ja, das habe ich getan. Nicht alles, und nicht sofort. Ich blieb darauf sitzen. Ganz wörtlich. Blieb auf dem sitzen, was ich mir genommen hatte. Ich wusste gar nicht, wie viel ich mir da gegriffen hatte. Bloß einen Teil davon. Den Umschlag mit dem Rest tat ich in den Safe zurück, schloss das Türchen ab und stellte ihn so wieder auf den Tisch, wie ich ihn vorgefunden hatte. Zurück auf der Couch verbarg ich das Geld unter meinem Körper, während ich ein paar Stunden lang dasaß und nachdachte, ernsthaft darüber nachdachte, ob ich mir wirklich nehmen sollte, was ich schon hatte, nachdachte und nachdachte und nachdachte, bis es draußen hell wurde. In dieser ganzen Zeit bewegte ich mich nur zweimal von der Couch fort, einmal, um mich zu vergewissern, dass der Schlüssel wirklich da war und die Safetür zu und abgeschlossen, und beim zweiten Mal, um sicherzustellen, dass nichts von dem Geld an mir hängen geblieben war, als ich den Safe überprüft und geschaut hatte, ob der Schlüssel in meiner Hand wirklich da war.

Um Viertel vor sechs stand Mom auf. Schnell schob ich die Scheine unter die Couchkissen. Genauso wie ich sie erschreckt hatte, als ich durch die Schranktür gekommen war, erschreckte ich sie versehentlich jetzt, als ich aus dem Wohnzimmer Hallo sagte.

«Herrgott im Himmel», sagte sie. «Ich dachte, du wärst bei deinem Kumpel?»

«Ich bin noch nach Hause gekommen.»

«Hast du im Wohnzimmer geschlafen?»

«Ja», sagte ich.

Mehr sagte sie nicht. Ich roch den Kaffee, den sie sich einschenkte, schmeckte geradezu die Kondensmilch mit Haselnussaroma, die sie benutzte, so dick lag der Geruch in der Luft.

«Ich hab Kaffee gemacht», sagte sie und nahm ihre Tasse mit ins Bad.

Ich schenkte mir den Becher zu voll. Mir zitterten die Hände, und ich verschüttete etwas über den Rand auf die Arbeitsplatte, und um noch ein bisschen davon loszuwerden, nippte ich daran und verbrühte mir die Lippen und die Zunge.

Ich stellte den Fernseher an, bloß damit er lief, und es kamen Nachrichten. Von Zeit zu Zeit warf Mom einen Blick darauf, machte eine Pause von ihren Vorbereitungen, immer im Stehen, nie im Sitzen, hielt einen kleinen weißen Teller mit einem getoasteten Englischen Muffin mit Erdbeermarmelade in der Hand, ging wieder, kam zurück, stand erneut am Rand meines Sichtfelds, steckte sich Ohrringe an, ging, kam zurück, fragte, ob sie die Wettervorhersage verpasst hatte, ging, kam zurück, suchte ihre Zigaretten, ihre Geldbörse, ihre Handtasche, kam noch mal rein, um sich nach dem Wetter zu erkundigen.

«Weiter regnerisch», sagte ich.

«Vergiss nicht, später deine Großmutter anzurufen.»

Als ihr Wagen aus der Einfahrt rangierte, zog ich das Geld unter dem Kissen raus und zählte es. Sechshundertvierzig Dollar. Wäre es mir besser gegangen, hätte ich das vielleicht im Kopf berechnen können, aber ich besorgte mir einen Taschenrechner, um rauszufinden, wie viele Pickel ich dafür kriegen würde. Jedenfalls genug. Genug, um durchzuhalten und meine nächsten Schritte zu planen, nächste Schritte, zu denen auch gehören mochte, dass ich zum Arzt ging. Genug sogar, stellte ich mir vor, um Zeit zu gewinnen, Zeit für weiterführende Planungen.

Ich verließ Moms Haus, um zu Meekew zu gehen. Er wohnt nicht im Reservat, er wohnt in Overtown in einem Apartment, das seine Eltern bezahlen. Vielleicht hasst Fellis ihn deshalb so: weil ihm alles einfach zufällt, weshalb ich nicht mal weiß, warum er Drogen verkauft. Es wäre eine andere Sache, wenn er selber welche nähme, aber er nimmt gar keine. Er weiß, er hat diese Art Zukunft vor sich, in der er es weit bringen wird. Jeder weiß, dass er es weit bringen wird. Weil er schon dabei ist.

Ich verstehe, warum Fellis ihn hasst.

Bevor ich zu Meekew ging, lief ich noch bei Jim's Corner vorbei, wegen einer Schachtel Kippen und eines Slim

Jim, den ich noch im Laden nahe am Eingang aß, weil es draußen schüttete. Ich aß ihn auf, bekam Durst und kaufte mir für fünfzig Cent eine kleine Dose Sprite. Mit fünf Schlucken hatte ich sie leer. Ich konnte keinen Mülleimer finden, deshalb stellte ich sie einfach ins Regal mit den Kartoffelchips. Als ich ging, hatte der Regen nicht nachgelassen.

Meekews Wohnung liegt gegenüber von einer Bank, und die Digitaluhr dort zeigte an, dass es erst 9:00 Uhr morgens war. Ich fragte mich, ob er wohl schon auf war. Die Eingangstür stand offen, und ich nahm die vier Treppen rauf zum Apartment 409. Mehrmals klopfte ich, aber er öffnete nicht. Vielleicht würde ich ihm einfach Zeit lassen müssen, dachte ich. Ich setzte mich mit dem Rücken zur Wand in den Hausflur und wartete und wartete, aber aus der Wohnung war kein Laut zu vernehmen.

Im Flur roch es nach Zigaretten, also zündete ich mir im Sitzen eine an. Ich hatte keine Ahnung, wie lange ich schon dort saß, war aber entschlossen zu warten. Stunden müssen vergangen sein. Ich legte den Kopf auf die Knie und zog an einer Zigarette nach der anderen, bis ich die Geräusche hörte, nicht aus der Wohnung, sondern aus dem Treppenhaus und dem Aufzugschacht, und als die Türen aufgingen, sah ich Meekew.

Ich stand auf und merkte, wie durchnässt ich war.

Er blieb einen Moment stehen und musterte mich, und als er mich erkannt hatte, ging er weiter zur Wohnungstür.

«Mach die aus, bevor du reinkommst», sagte er. Er holte seine Schlüssel raus und suchte nach dem richtigen.

Ich drückte die Zigarette in der Wasserpfütze aus, die sich unter meiner Kleidung auf dem Boden gebildet hatte.

In der Wohnung entschuldigte ich mich dafür, dass ich so einfach bei ihm aufgetaucht war.

Er schwieg. «Ich habe am Nachmittag ein Seminar, deshalb kannst du nicht bleiben.»

«Tja», sagte ich. «Verstehe.»

«Also, was brauchst du?»

Ich sagte es ihm.

«Wie viele?»

Ich sagte, ich hätte fünfhundert.

Das schien er im Kopf zu überschlagen, dann verließ er den Raum. Ein, zwei Minuten lang blieb er verschwunden, ein, zwei Minuten, in denen ich wahrnahm, wie sauber hier alles war, abgesehen von der Stelle, an der ich stand, mit dem Pfützchen schlammigen Wassers unter den Schuhen.

Als er zurückkam, hatte er ein Fläschchen mit abgepultem Etikett dabei. «Ich habe nur achtundsiebzig da. Das wären dann dreihundertachtzig.»

Ich zahlte, und im Gehen sagte er zu mir, dass er nächste Woche neue kriegen würde. «Falls du Bedarf hast.»

Ich machte mich auf, während ich mich fragte, ob diese Sucherei, diese ständige Sucherei wohl die Zukunft sein würde, die zu kennen meine Großmutter mit ihrem Feixen angedeutet hatte.

Und dann dämmerte es mir. Ich hatte die beschissene Frage falsch gestellt. Das Ganze hatte nichts mit *uns* zu tun. Aber alles mit mir selbst. Wie war *ich* hierhergekommen, und wie kam *ich* hier raus?

Ich warf drei Pickel ein, noch bevor ich das Gebäude verließ, und ging dann raus in den Regen, der sich inzwischen richtig warm anfühlte. Ich schaffte es zurück ins Res. Ich nahm den Pfad, der am Fluss entlangführte und dann durch den Sumpf, und als ich da durchging, merkte ich, dass ich richtig langsam lief, so langsam, also hielt ich an, setzte mich auf einen umgestürzten Baum und sah raus auf den Fluss und die Millionen Regentropfen, die an seiner Oberfläche platzten.

Ich bemühte mich, darüber nachzudenken, was meine Großmutter wohl gesehen und warum sie so gefeixt hatte, und weil mich deprimierte, dass ich es nicht wusste und auch nicht rauskriegen konnte, wollte ich nicht mehr daran denken, warf noch mal zwei Pickel ein, lehnte mich an den umgestürzten Baum und dachte, ich würde schlafen, bis mir der Regen in die offenen Augen fiel, das Einzige, was an mir noch wach zu sein schien, und ich machte sie nicht zu. Wahre Fluten. Wenn es nicht aufhört zu regen, wird dieser ganze Ort überschwemmt werden. Wenn ich lang genug hierbleibe, wird das Wasser ansteigen, meine Füße berühren, zurückweichen, höher steigen bis zu den Knien, zurückweichen, höher, noch höher zurückkommen bis zum Hals, dann wieder zurück und höher, höher und höher bis über den Kopf, und irgendwann wird es dorthin zurückgehen, woher es gekommen ist, aber nicht mit leeren Händen: Dann wird es mich mitnehmen, raus in den Fluss, zunächst zu trübe zum Durchsehen, aber irgendwann wird er sich mit Regenwasser füllen, das den Schmutz wegschwemmt, bis er kristallklar ist. Aber für mich wird es dann zu spät sein – ich werde nicht mehr atmen.

«Scheiße», sagte ich. Ich hatte mir ein Loch durch die Jacke bis runter auf den Arm gebrannt, und meine Haut schmurgelte weg wie Plastik im Feuer. Ich schlug nach der roten Glut der fallen gelassenen Zigarette, und dann schloss ich die Augen und spürte, wie der Regen aufhörte.

*

Ich zitterte, als ich am Morgen aufwachte, und dass es Morgen war, erkannte ich daran, wie der Horizont über dem Fluss aussah, wie das Licht dort sanft empordrang wie Blut aus einer Schramme. Ich räusperte mich und versuchte aufzustehen, aber das Gewicht meiner durchnässten Klamotten zog mich zurück. Ich versuchte es noch mal und stand. Auf beiden Füßen. Jedenfalls so gut wie. Zwei, drei Schritte – ich weiß, wie es geht, aber ich setze mich noch mal hin, will mir Zeit lassen. Ich suche in meinen Taschen nach dem Fläschchen mit den Pickeln, kann es aber nicht finden. *Sei schön brav,* höre ich sie sagen. *Sei schön brav. Sei schön brav.* Ihre Stimme ist überall und nirgends.

Ich sollte sie doch anrufen. Scheiße. Ich hab's versprochen. Inzwischen war die Sonne aufgegangen, also stand ich auf und lief den Pfad entlang, lief genau dahin, wohin er mich führen würde, zur Straße, auf den Weg nach Hause.

Aber da war keiner. Moms Wagen war fort. Alle Lichter im Haus gelöscht bis auf das der hellen Sonne, die durch die Fenster schien.

Ich griff zum Telefon, konnte mich aber nicht an die Nummer des Woodlands erinnern, musste sie also im Telefonbuch nachschlagen. Ich fand sie, wählte, und eine Frau ging dran, und ich bat sie, mich mit meiner Großmutter zu verbinden. Sie fragte, ob ich ein Angehöriger sei, und ich sagte, ich sei ihr Enkel.

«Warten Sie», sagte sie, «ich stelle Sie durch.»

Statik. Ein tiefes *Piep, piep, piep.* Ein schnarrendes Abhebegeräusch.

«Wer ist da?», fragte die Stimme.

«Und wer dort?», sagte ich.

Es war eine Pflegerin, und sie sagte mir ihren Namen.

«Na, dann geben Sie mir mal meine Großmutter», sagte ich. «Oder schläft sie?»

Da sagte sie es mir, und ich hörte es, und sie fragte, ob ich nach Woodlands rauskommen würde.

«Sind Sie noch dran?», fragte sie.

Ich legte auf, und dann kramte ich in der Tasche nach dem Fläschchen mit den Pickeln. Aber mir fiel wieder ein, dass ich es verloren hatte – irgendwo –, also zog ich stattdessen den Schlüssel raus. Ich schob ihn in den Safe, der, wie der Schlüssel, niemandem mehr gehörte.

## Erde, sprich

Fellis lenkte mit dem Knie und zündete sich eine Zigarette an. Hinter der Kuppe des hohen Hügels lag der Morgennebel über kilometertiefem Kiefernwald wie die herbstlichen Nester der Bärenspinner in den braunen Astwinkeln. Ich zuckte zurück, als Fellis vom Gas ging und wir bergab in den Nebel hineinrollten.

Wir wollten Daryl besuchen. Nicht weil wir ihn mochten – Fellis hasste ihn dafür, was er getan hatte –, sondern weil Daryls Onkel das Stammesmuseum leitete, und seit Jahren ließ er Daryl den Laden an den Wochenenden gegen eine Pauschale von zwanzig Schleifen putzen. Fellis und ich wollten den Alarmcode. Obwohl ich ziemlich davon überzeugt war, dass Fellis mehr als den wollte, und je näher wir hinkamen, umso mehr Sorgen machte ich mir, dass er Scheiße bauen würde.

«Du tust ihm aber nichts, ja?»

«Klar.»

Wir fuhren an einem Feldweg vorbei, von dem ich dachte, der wäre es.

«Vermassel es bloß nicht», sagte ich zu ihm.

«Dee, ich hab dir doch gerade gesagt, das werde ich nicht.» Fellis schnippte Asche aus dem einen Spalt weit geöffneten Fenster.

Es wäre einfacher gewesen, an den Code zu kommen,

wenn sie Daryl nicht aus dem Res verbannt hätten. Wir hätten einfach mit einem Dreißigerpack Billigbier zu ihm gehen, ihn besoffen machen und ihm dann die Zahlen aus der Nase ziehen können. Stattdessen mussten wir jetzt eine Stunde weit nach Norden zur Hütte seines Onkels fahren, in der er wohnte.

Wir fuhren an einem weiteren Feldweg vorbei. «War es nicht der?», sagte ich.

«Nein, ist noch ein Stück.»

Ich trat gegen den Motor des Kühlergebläses unter dem Handschuhfach, um den Dreck und den Schmier rauszuklopfen. Der Ventilator klickte, ratterte los, und eine sanfte Wärme stieg aus den Schlitzen im Armaturenbrett.

Schließlich lichtete sich der Nebel, und Fellis bremste. «Hier ist der Abzweig», sagte er.

Der Weg führte zu einer Baugrube.

«Dann der nächste», sagte Fellis.

Über den nächsten Feldweg fuhr Fellis ganz langsam. Ich roch den Holzrauch, bevor ich die Hütte sah. Daryls Onkel hatte früher Hirsche und Elche gejagt, aber mit zunehmendem Alter hatte er den Aufgaben in der Hütte nicht mehr gerecht werden können: Frischwasser, Scheiße aus dem Plumpsklo schaufeln, Holz hacken und im Schuppen stapeln, den Feldweg ausbessern und im Winter den Schnee vom Dach fegen. Jetzt, wo der Winter bevorstand, konnte ich mir nicht vorstellen, dass Daryl mit der Hütte zurechtkommen würde.

Fellis parkte den Truck, und wir stiegen aus.

«Was riecht denn da so?», fragte Fellis.

Zwei Hirsche lehnten verdreht und halb ausgeweidet an der Wand des kleinen Holzschuppens.

«Scheiß Verschwendung», sagte Fellis.

Wir liefen zu einem umgedrehten orangefarbenen Eimer rüber, und ich stieg darauf und klopfte an die Hüttentür.

«Er ist da», sagte Fellis. «Klopf weiter.»

Während ich auf dem Eimer stehen blieb, lief Fellis einmal um die Hütte rum. Ich warf einen Blick nach drinnen, spähte durch den milchweißen Vorhang hinter der Tür zum zweiten Fenster am gegenüberliegenden Ende. Es war schwer, das genau zu erkennen, aber der Tisch an der Rückwand schien vollgestellt mit Daryls Pillenfläschchen. Wahrscheinlich hatte er ein paar gute Sachen.

Dahinten beim Tisch und beim Fenster erhob sich jetzt ein Kopf und schaute mich an.

«Fellis!», rief ich. «Ich sehe ihn! Ich sehe ihn!»

«Das bin ich, du Dummbeutel», sagte Fellis.

Um die Hausecke kam er wieder zurück.

Wir lehnten uns gegen den Truck und schwiegen.

«Vielleicht ist er nicht da», sagte ich.

«Er ist da», sagte Fellis. «Der Schornstein raucht viel zu stark, als dass er nicht da sein könnte.»

In den Kiefern und Eichen zwitscherten Vögel. Um uns her raschelten Eich- und Streifenhörnchen im trockenen Laub und ließen Zweige knacken. Einen Moment strahlte die Sonne durch die Wolken, bevor der graue Himmel sie verschluckte. Es fühlte sich an und roch, als wäre Regen im Anzug.

«Lass uns mal reingehen», sagte Fellis, und noch bevor wir uns vom Truck abstemmen konnten, stöhnte ein Mann, und etwas Metallenes klapperte. Die Tür des Klohäuschens ging auf. Daryl zog seinen Gürtel fest und sah im Laufen zu Boden. Er trug weiße Ohrhörer. Fellis nahm sich eine glänzende Eichel und warf sie nach Daryl, der sie vorbeifliegen sah. Als er uns entdeckte, stolperte er, schlug hin, und die Hörer flogen ihm aus den Ohren.

«Das hier ist Privatgelände!», rief er. «Hilfe, Hilfe!»

«Wir sind's», sagte ich. «Daryl, wir sind's. Dee und Fellis.»

Daryl sah blass aus, dünn. Ein schmaler roter Schnitt lief ihm über die Stirn. Sein schwarzes Hemd hing an einer Schulter runter, als hätte er mit zwei Männern gerangelt. Seine Gürtelzunge war zu lang, die Hüfte zu schmal.

«Was hörst du da?», fragte ich. Ich gab ihm die Hand; seine fühlte sich verschwitzt an.

Er antwortete nicht. Er beobachtete Fellis.

«Ich weiß nicht, warum ihr hier seid», sagte er. «Aber ich war nicht ganz bei mir.»

Fellis zog seine Zigaretten raus und öffnete die Schachtel. Er zündete sich keine an, steckte die Schachtel wieder ein. Er sah Daryl an.

«Weiß ich doch», sagte er. «Ich bin nicht hier, um dir was zu tun.»

«Warum dann?», sagte Daryl.

«Hab dich ja seit deiner Verbannung nicht mehr gesehen», sagte Fellis. «Wollte nur mal nach dir schauen.»

Ich legte Daryl die Hand auf die Schulter. «Und beim Stamm wird geredet», sagte ich.

«Worüber?», sagte Daryl.

«Ob sie dich nach Hause lassen. In den letzten Monaten haben zwei Ratstreffen stattgefunden.»

«Ja, klar», sagte Fellis. «Bald werden sie abstimmen.»

Daryl kratzte sich an der Nase. «Warum hat mein Onkel mir das nicht erzählt?»

Wieder öffnete Fellis die Schachtel Kippen, und diesmal zündete er sich tatsächlich eine an. Ging zur Hüttentür, schnappte sich den orangefarbenen Eimer. Trug ihn zum Truck und setzte sich darauf.

«Vielleicht gefällt es ihm ja, jemanden hier draußen zu haben», sagte ich. Ich ging ebenfalls zum Truck, und Daryl folgte mir. «Weißt du, jemanden, der sich um alles kümmert, weil er es selbst nicht mehr kann.» Ich setzte mich auf die Haube.

«So was würde er nicht machen», sagte Daryl.

Er zog einen rosafarbenen iPod aus der Tasche. Wickelte die Ohrhörer drumherum.

«Woher hast du den?», sagte Fellis und deutete mit der Zigarette darauf.

Daryl sagte nichts. Er starrte auf die Erde. Dann in die Bäume. Ein Wind kam auf, und die Blätter rüttelten sich los und drehten sich zu Boden. Daryls Hände zitterten.

Er sah mich an. Wirklich – starrte mich an, ohne mit den Lidern zu zucken. Seine Lippen waren aufgesprungen, und er leckte sich mit der Zunge darüber. Rieb sich den Kopf.

Fellis und ich wechselten einen Blick.

«Also», sagte Daryl. «Warum seid ihr Jungs hier rausgekommen?»

«Hab ich dir doch schon erzählt», sagte Fellis. «Um mal nach dir zu schauen.»

Daryl starrte auf eine Reihe stämmiger Kiefern hinter uns.

Fellis wedelte ihm mit der Hand im Sichtfeld herum.

«Auf was bist du drauf?», sagte er. «Er muss auf irgendwas drauf sein.» Er gab mir die Zigarette, und ich zog dreimal daran.

Ich tippte Daryl an. «Hier», sagte ich und hielt ihm die Zigarette hin. «Auf was bist du drauf?»

Daryl flüsterte: «Auf gar nichts.» Er schloss die Augen, als er an der Zigarette zog, und als er den Rauch ausstieß, murmelte er irgendwas Unverständliches.

Der orangefarbene Eimer fiel um, als Fellis aufstand, und er versetzte Daryl einen so harten rechten Haken, dass die Zigarettenglut in alle Richtungen flog und Daryl auf dem Boden landete.

«Was zum Teufel hast du gesagt?», sagte Fellis und trat ihn in die Seite. «Sag's noch mal.»

«Was hat er denn gesagt?», fragte ich.

«Sag's noch mal», sagte Fellis und trampelte jetzt auf ihm rum.

Daryl leckte sich über die Lippen.

«I-i-i-ch», sagte er.

«Du-du-du-du was?»

«I-i-ich ... Hause.»

Fellis schüttelte ganz langsam den Kopf. «Im Res will dich keiner. Glaubst du wirklich, der Rat tritt wegen dir zusammen?»

Daryl wand sich auf dem Boden. Ruderte mit den Armen, drehte und wälzte sich und stemmte sich hoch, bis er auf allen vieren war. Erde und Blätter klebten an seinem Rücken. «Ich ... Hause», sagte er in Richtung Boden. «Ich ... Hause.»

Fellis trat ihn in die Seite. Runter. Noch mal das Ganze. Daryls Körper mag das nicht verdient haben, aber Daryl schon. Fellis trat weiter zu, und ich schaute den Bäumen beim sich Wiegen im Wind zu.

«Du Stück Scheiße», sagte Fellis.

Schließlich sagte ich ihm, er solle aufhören. Aber er wollte nicht. Er trat und trat und trat Daryl in die Seite, in den Magen und gegen den Kopf. Erneut verkrampfte sich Daryls Körper, und er schrie und heulte. Fellis konnte nicht sehen, dass Daryls Körper um Hilfe schrie. Irgendwas, das auch zu Daryl gehörte, irgendwas, das sich selten mitteilte, machte mir Zeichen in einer Sprache, die ich nicht kannte, so wie ein Erdbeben für die Erde spricht.

Irgendwann reichte es Fellis mit der Treterei, und er stellte den orangefarbenen Eimer wieder hin. Er spuckte auf Daryl, setzte sich, wischte sich den Schweiß von der Stirn.

Daryl atmete kaum noch. Ein Klümpchen nasse Erde hing ihm im Gesicht, und die braune Farbe so dicht an seinem Mund und seiner Nase ekelte mich.

«Du hättest noch viel Schlimmeres verdient», sagte Fellis. «Wenn du dich je wieder meiner Familie näherst – vor allem meiner Cousine –, zünd ich dich an.»

Daran hatte ich keinen Zweifel.

Fellis kramte seine Schachtel Zigaretten raus, aber sie war leer. Er zerdrückte sie und stopfte sie sich in die Tasche.

Er bückte sich, griff Daryl in die Hosentasche und nahm den rosafarbenen iPod, und bevor er sich wieder aufrichtete, schlug er ihm ins Gesicht. Ich verstand seine Wut nicht – die wenigen Angehörigen, die ich noch hatte, sprachen nicht mehr mit mir –, und Daryl hatte sich ja nicht gerade an Fellis' kleiner Cousine vergriffen. Gut, die tote Krähe und die in Blutrot geschriebene Liebeserklärung waren schon beknackt gewesen (und dann hatte er sie auch noch in ihre Kommodenschublade gesteckt), aber er hätte viel Schlimmeres anstellen können. Vielleicht tat Fellis ihm all das hier deshalb an – weil Daryl viel Schlimmeres hätte anstellen können, weil Männer immer viel Schlimmeres anstellen können.

Fellis ging zum Truck.

«Lass uns fahren», sagte er.

«Warte», sagte ich zu ihm. Mir war übel.

Ich trug den orangefarbenen Eimer zur Hüttentür, kletterte darauf und trat ein. Im Raum war es dunkel und warm und roch nach Pine-Sol, und ich fragte mich, wie Daryl – der Daryl, der da draußen auf der Erde lag – ihn so sauber hielt. Vielleicht würde er im Winter doch mit der Hütte klarkommen. Im Holzofen brannte ein Feuer. Das Bett war sauber gemacht, die Küchenarbeitsplatte blank gewischt, das gespülte Geschirr stand im Abtropfgestell, das schmutzige in der Spüle und war mit dem üblichen roten Tuch abgedeckt, das den Geistern sagte, sie sollten wegbleiben, hier werde nichts geopfert. Ich nahm das Tuch weg und würgte ein- oder zweimal in die halb volle Spüle. Dann wischte ich mir daran den Mund ab und breitete es wieder über das Geschirr.

Auf dem Holztischchen an der Rückwand war ein Cribbage-Brett aufgestellt, das Spiel mittendrin pausiert. Die blauen Stifte führten gegen die roten, und an den gegenüberliegenden Seiten lag je ein Blatt Karten. Ich stellte mir vor, wie Daryl in dieser dunklen, warmen Hütte gegen sich selbst spielte.

Neben dem Cribbage stand das, was ich zu sehen geglaubt hatte: Pillenfläschchen. Was Daryl eben immer so hatte. Heftiges Zeug wie Lithium. Das wollte ich weder, noch brauchte ich es. Mein Therapeut hatte mir schon vor Jahren, als er mich auf Methadon setzte, alles andere entzogen. Dieser «Dies und das geht nicht zusammen»-Quatsch. Ich nahm jedes einzelne Fläschchen zur Hand und las die weißen Etiketten, um seine Bennies zu finden.

Dann stieß ich auf was: ein Fläschchen Klonopin. Kein

Wunder, dass Daryl ein Wrack war – das nicht abgepulte Etikett wies die volle Dosis aus.

Fellis hupte.

Ich steckte die Pillen ein.

Fellis hupte noch mal. Ich kletterte über den orangefarbenen Eimer aus der Hütte und warf einen Blick auf Daryl. Er hatte sich umgedreht. Ich stieg in den Truck. Fellis setzte über den ganzen Feldweg im Rückwärtsgang zurück und schaute dabei ständig hinter sich, während ich nach vorn sah, das Pillenfläschchen in meiner Hand schüttelte und die Rauchwölkchen beobachtete, die sich aus dem Schornstein in den Himmel wanden. Wahrscheinlich wäre Daryl der Code sowieso nicht eingefallen.

*

«Scheiße» war das erste Wort, das Fellis aussprach. Es war Viertel vor zwölf, und wir fuhren über die Hauptstraße in Richtung Highway.

«Das schaffen wir schon noch», sagte ich. «Wir haben eine Stunde, bevor sie schließen.»

Ich trat gegen den Gebläsemotor.

«Mir geht's nicht um die Methadonklinik», sagte er.

Er lenkte den Truck an den Straßenrand. Seine Hände zitterten.

«Scheiße!» Er schlug aufs Lenkrad.

«Vergiss den Code», sagte ich. «Ist sowieso eine blöde Idee.»

«Den vergessen wir nicht.»

Ich machte das Fläschchen auf und legte eine blaue Pille auf meine Handfläche. «Hier», bot ich an. «Nimm.»

Fellis schluckte sie mit viel Spucke runter.

«Kannst du weiterfahren?», fragte er.

«Ich hasse es doch zu fahren.» Ich kratzte mich am Bein.

«Was dich aber nicht davon abhält, den Truck zu nehmen, wenn du Bier oder Kippen brauchst.»

«Wann bin ich ihn denn das letzte Mal gefahren?»

«Vorige Woche.» Die Reifen wirbelten Erde und Staub auf, als Fellis wieder auf die Straße fuhr. «Ich hab dir zwanzig Schleifen gegeben, und du hast in Overtown Bier und beschissene Zigarren geholt. Ich wollte keine Zigarren. Ich wollte eine Schachtel Camel. Aber du wolltest ja Zigarren, also haben wir die geraucht.»

«Ich hab dich doch gefragt, ob du Zigarren wolltest, und du hast Ja gesagt.»

«Weil ich dachte, du bringst mir auch Kippen mit!»

Fünfzehn oder zwanzig Minuten lang schwiegen wir. Ich sah den Bäumen beim Vorbeiflitzen zu. Fellis fuhr durch ein Schlagloch, worauf das Radio anging. Er stellte es wieder ab. «Verdammt.» Er lachte. «Wie viel Milligramm sind da drin?»

Ich besah mir das Fläschchen. «Zwei.»

«Ich bin total benebelt», sagte er.

Auf dem Highway brauchte ich gar nicht mehr gegen den Gebläsemotor zu treten. Der Truck rüttelte mit hundertdreißig Sachen dahin, und aus den Schlitzen rauschte die heiße Luft. Trotzdem war es noch kalt.

Fellis kurbelte sein Fenster runter.

«Mach das wieder zu», sagte ich. «Mir wird gerade erst ein bisschen warm.»

«Mit dir stimmt irgendwas nicht.»

Als wir im Städtchen vom Highway abfuhren, kurbelte

Fellis das Fenster wieder rauf. Samstagsverkehr verstopfte die Straßen. Ausverkauf bei Macy's und JCPenney. Fellis fuhr an Burger King, McDonald's und Wendy's vorbei und bog auf die Myron Avenue ab, passierte das Home Depot, den Walmart und den kleinen Bibelladen, der seine Kohle mit Gelato verdiente. Die letzte Ampel vor der Methadonklinik sprang auf Gelb um, und als sie rot wurde, hielt er an, lehnte den Kopf an die Nackenstütze und schloss die Augen.

Wir warteten. Autos brausten über die Kreuzung. Bogen ab. Beschleunigten. Ich hustete. Jemand hupte.

«Es ist grün», sagte ich.

Nichts.

Ich stupste Fellis mit dem Handrücken. «Wach auf, es ist grün.»

Fellis fuhr geradeaus, bog dann aufs Klinikgelände ab und parkte schräg über zwei Plätze.

Die Schlange drinnen war nicht lang. Fellis stand vor mir. Vor ihm dann mit verschränkten Armen und einer Kochbox in der Hand Tabitha – eine klinikbekannte Ratte, die ihr Flüssigmethadon wieder erbrach und es weiterverkaufte. Sie wippte auf den Füßen, und dann drehte sie sich um und fixierte uns. Sie tat immer so, als würde sie mich nicht kennen, als wären wir nicht mal zusammen gewesen.

«Könnt ihr vielleicht ein bisschen mehr Abstand halten?», fragte sie.

«Warum?», sagte ich. «Musst du furzen?»

Fellis trat zurück, obwohl er gar nicht gedrängelt hatte. Tabitha nahm an ihm vorbei mich ins Visier. «Mein Freund sitzt draußen im Auto», flüsterte sie.

Die Schlange rückte vor.

«Du hältst den Betrieb auf», sagte ich.

«Fick dich, Dee.» Sie drehte sich wieder um und ging in Richtung Tresen weiter. «Du bist einfach eine Null.»

«War ich aber damals nicht, oder?»

«Okay, Schnellspritzer.» Das sagte sie laut, und Fellis lachte.

Fellis kriegte seine Dosis zuerst und wartete nicht auf mich. Ich trank meine, diesen rosafarbenen Sirup, und er schmeckte anders als beim letzten Mal, als fehlte dem Methadon noch irgendwas, als stünden so ein Chemiker und ein Mann im schwarzen Anzug in einem sterilen weißen Raum und bemühten sich weiter, die Rezeptur zu verbessern. Ich wünschte, ich hätte nicht die Berechtigung verloren, das Mittel zu Hause einzunehmen, und müsste nicht jeden Tag herkommen – da verpasst du einen einzigen Termin, und alle flippen aus und tun so, als hättest du verdammt noch mal jemanden umgebracht. Ich musste von diesem Zeug runter.

Draußen saß Fellis schlummernd auf dem Beifahrersitz; der Schlüssel steckte im Zündschloss.

«Hinterhältiger Arsch», sagte ich. Ich ließ den Truck an und fragte mich, ob er sich wohl mies fühlen würde, wenn ich sowohl seinen Truck als auch mich selbst demolierte. Mit dem schnarchenden Fellis fuhr ich vom Parkplatz.

*

Fellis wohnte noch immer bei seiner Mom. Und ich auch. Mietfrei. Ich fand es komisch, dass Beth zugleich Lehrerin und ein gnadenloses Klatschmaul war. Sie wusste alles, und was sie nicht wusste, das erfand sie, und dann kam es auch so. Den Leuten erzählte sie, ich würde Miete bezahlen, aber das diente bloß zur Verschleierung der Tatsachen. Sie wusste, dass ich die wahren Geschichten über sie kannte, zum Beispiel wie viel von der Scheiße, die Fellis baute, sie über die Jahre vertuscht hatte.

Meine eigene Mutter sprach nicht mehr mit mir. Eines Wochenendes war Beth ihr beim Einkaufen begegnet, da sagte sie ihr, sie solle mir ausrichten, dass sie mein ganzes Zeug verkauft hätte. Mom hatte mir Geld geschuldet, also hatte ich mir nicht groß was dabei gedacht, die kleinen Eschenkörbchen zu verticken, die sie im Schuppen aufbewahrte, genauso wie die Bilderrahmen und den Schmuck, den sie nicht mal trug. Das war jedenfalls passiert, und deshalb war ich jetzt bei Beth – Mom war sauer auf mich und wollte mich nicht mehr bei sich wohnen lassen. Aber was Beth überall rumerzählte, war, dass meine Mom mir zu viel Miete abknöpfte und dass ich deshalb endgültig ausgezogen war. Das wurde dann die Geschichte. Manchmal glaubte ich sie selbst.

Ich parkte hinter Beths Wagen in der Einfahrt. Fellis' Tante Alice hatte ihren blauen Elantra an die Straße gestellt. Wahrscheinlich war ihre Tochter auch mit. Seit dem Scheiß mit Daryl ließ keiner mehr Lily allein.

Ich rüttelte Fellis wach. «Hoch mit dir», sagte ich. «Sieh mal ein bisschen frisch aus für dein Tantchen.»

Fellis rieb sich die Augen. «Ich hätte bloß eine Halbe einwerfen sollen.»

Fellis' Haus war total zugemüllt. Aber ein Messie war Beth nicht – sie hatte bloß Depressionen. Im Wohnzimmer stapelten sich leere Kartons und jahrealte Klassenarbeiten. Die Küchenspüle quoll über von schmutzigem Geschirr, das abends nie abgedeckt wurde. Eines Nachts weckte ich Fellis und erzählte ihm, ich hätte Geräusche gehört – Goo'gooks, sagte ich, die Essen wollten –, und er meinte, ich solle die Klappe halten, das seien die Rohre in der Wand.

Fellis machte die Haustür auf. Beth stand lachend am Herd, während Alice, stolz auf irgendwas, das sie gesagt hatte, den Kopf wiegte. Die neunjährige Lily saß am zerkratzten Küchentisch, den Kopf in die Hände gestützt und zu Tode gelangweilt.

«Was kochst du da?», sagte Fellis.

Beth war zu sehr am Lachen, um zu antworten.

«Ich wette, seine kalten Bauern riechen auch nach Müll», sagte Alice.

Beth rührte mit einer weißen Schöpfkelle in einem Metalltopf rum. «Der Rat wird ihn rausschmeißen», sagte sie.

«Er tut ja keinem weh», sagte Alice. «Wenn er in seinem Dreck leben will, lass ihn doch.»

«Über wen redet ihr?», sagte Fellis. Ich lehnte mich an die Wand.

«Diesen Nelson mit seinem ganzen Müll.» Beth nahm eine Pfanne raus. Schmelzende Butter glitt darin herum und formte eine Pfütze.

«Sag deinem Cousin Hallo, Lil», sagte Alice.

Lily drehte sich um und sagte ganz schnell Hallo.

«Wo wart ihr?», fragte Beth.

«Überall und nirgends», sagte Fellis, und dann nahm er den rosafarbenen iPod aus der Tasche. «Ich hab dir ein Geschenk mitgebracht, Lil.»

Beth und Alice sahen zu, wie Fellis Lily den rosafarbenen iPod gab.

«Woher hast du den?», fragte Lily.

«Hab heute Morgen einen Spaziergang gemacht», sagte Fellis. «Und ihn im Wald gefunden.»

Lily stellte ihn an. «Das ist meiner», sagte sie.

«Ja, weiß ich», sagte Fellis. «Ich schenke ihn dir ja gerade.»

Lily stand auf. «Nein. Das ist wirklich meiner.»

«Es ist bestimmt ein anderer», sagte Alice. «Lass mich mal sehen.» Sie hielt ihn vor sich und besah sich ihn. «Waren auf deinem nicht Sticker drauf?»

«Guck mal genau hin», sagte Lily. «Dann siehst du, wo sie abgezogen worden sind.»

Beth kam vom Herd und schaute sich den iPod über Alice' Schulter hinweg an. «Ich sehe keine Kleberreste.»

Lily langte über den Tisch und zeigte mit dem Finger darauf. «Genau da», sagte sie. «Erkennst du die nicht?»

«Nein», sagte Beth. Sie kehrte an die Spüle zurück und wusch sich die Hände. «Ich sehe nichts.»

Lily nervte ihre Mom damit, dass sie noch Kopfhörer dazu brauchte.

Die Pfanne zischte und spuckte heiß, und Beth legte zwei Elchmedaillons rein. «Kannst du ein bisschen Holz hacken?», sagte sie zu Fellis.

«Gleich», sagte er und machte sich in sein Zimmer davon.

Bei Fellis' Tür fehlte der Knauf. Er war abgebrochen, und weil Beth niemanden im Haus haben wollte – die Schachteln, die Klassenarbeiten, das schmutzige Geschirr –, rief sie nicht beim Hausservice an, damit einer vorbeikam und ihn reparierte. Sie hatte Fellis darum gebeten, aber der hatte bloß ein kariertes Tuch durch das Loch geschlungen, das die Tür einklemmte und geschlossen hielt.

Fellis machte die Kommode auf und griff nach einer ungeöffneten Schachtel Zigaretten. Er setzte sich auf sein gemachtes Bett und rutschte darauf nach hinten.

Ich nahm das Fläschchen mit den Pillen, schüttelte sie und sang irgendeinen Eingeborenenquatsch, wobei ich zweimal mit jedem Fuß aufstampfte; dann stellte ich das Fläschchen auf die Kommode. Ich setzte mich auf den Sitzsack in der Ecke.

«Glaubst du, er wird seinem Onkel von uns erzählen?», fragte Fellis.

Ich zuckte die Achseln. «Wahrscheinlich nicht.»

«Ich glaube schon.»

Wir schwiegen, und ich überlegte, was Daryl jetzt wohl tat, ob er noch da auf dem Boden zu Füßen der Tiere lag. Ich erinnerte mich an seinen verdrehten Körper und fragte mich, wie es sich anfühlen musste, wenn irgendwas in deinem Namen sprach.

«Wir müssen es heute Nacht machen», sagte Fellis.

«Ohne den Code?»

«Und dann sind wir weg.»

Ich zählte meine Finger. «Wir haben keine Kohle, dein Truck ist eine Schrottmühle, der nächste Kunstmarkt erst im Oktober, und wir haben unser Mittel nicht ausgeschlichen.»

«Kohle haben wir schon.»

«Tja, okay», sagte ich. «Du hast gestern zwanzig von deiner Mom geschnorrt.»

Fellis stand auf. «Von meiner Mom schnorre ich schon seit einunddreißig Jahren.» Er zog das Bett von der Wand. In der Ecke hob er den Teppichboden an und nahm drei Umschläge von den alten Holzdielen. Er leerte alle drei auf das verschobene Bett.

All diese späten langweiligen Abende, an denen wir nichts unternommen hatten, weil er pleite war!

«Zweitausendachthundert Dollar», sagte Fellis.

Ich kniete mich vors Bett und befühlte das Geld, manche Scheine samtweich, andere steif und neu.

«Also, Kohle hab ich.»

«Dein Truck ist trotzdem eine Schrottmühle.»

Fellis nahm mir das Geld aus den Händen. «Du willst einfach nicht mitmachen, oder?»

Ich sagte nichts. Dabei war die ganze Sache meine Idee gewesen. In einer langen, langweiligen Mondnacht letzte Woche hatten wir uns die *Antiques Roadshow* angeschaut, und irgendeine angestaubte Lady hatte so eine alte Wurzelkeule mitgebracht, die fünf Riesen wert war. Fünf Riesen! Ich sagte: «Fellis, im Museum gibt es die massenweise!», und wir sahen uns an, sprangen von der Couch und liefen schnell zum Ende der Insel, direkt an die Brücke. Wir gingen auf die Rückseite des kleinen Museums, das eigentlich nur Weiße auf der Suche nach Fotomotiven besuchten. Beim Reinschauen durchs Fenster hatte Fellis die Alarmanlage grün blinken gesehen.

«Willst du, oder willst du nicht?», sagte er jetzt.

«Was ist mit unserem Mittel? Ich will nicht, dass mir unterwegs schlecht wird.»

Fellis wedelte mit den Umschlägen. «Hast du Tabithas Nummer?»

«Ich trinke kein ausgekotztes Methadon.»

«Sie kotzt es nicht aus», sagte Fellis. «Wenn du das glaubst, bist du nicht ganz dicht.»

«Ich hab schon gesehen, wie sie es macht», sagte ich, obwohl das nicht stimmte.

«Du hast Scheiße im Hirn. Sie kriegt alles mit nach Hause. Glaubst du, diese Kochbox ist ihre Handtasche?»

«Selbst wenn sie uns was abgibt», sagte ich, «wohin dann?»

«Runter in den Süden, um alles zu verkaufen.»

«Warum lernen wir nicht einfach, unsere eigenen Wurzelkeulen oder Körbe herzustellen, und verkaufen die?»

Fellis schob die letzten Scheine wieder in die Umschläge und legte sie zurück unter den Teppich. Dann rückte er das Bett gerade.

«Dafür hab ich keine Zeit», sagte er. «Ich mach es auf meine Weise.»

Ich blieb sitzen, als Fellis den Raum verließ, und bevor er es aus dem Haus schaffte, hörte ich Beth noch mal nett fragen, ob er Holz hacken würde. Aber Fellis ignorierte sie, riss die Haustür auf und knallte sie so hinter sich zu, dass die Zimmerwand wackelte.

«Dieser Junge», sagte Alice, und Beth meinte, sie solle ihn in Ruhe lassen.

Ich führte Alice' Gedanken zu Ende – «ist unglaublich.» Aber dann fragte ich mich, ob sie vielleicht mich gemeint hatte.

Der Sitzsack knarzte, als ich mich aufsetzte. Ich zog das Bett von der Wand, klappte den Teppichbelag um und nahm mir drei Zwanziger, einen aus jedem Umschlag. Ich steckte sie in meine Socke und schnürte den Schuh wieder zu.

Weder Beth noch Alice sagten was zu mir, als ich durch Küche, Wohnzimmer und zur Haustür rausging. Hinter dem Haus hatte der Himmel sich genügend aufgehellt, dass die Sonne rot wie Licht durch eine Fingerspitze untergehen konnte.

Ich griff zur Axt und stellte ein wackliges Stück Holz auf einen breiten Eichenstamm. Ich schwang die Axt, nahm die gespaltenen Scheite und warf sie auf einen Haufen. Beth hatte Hartholz gekauft – Esche –, deshalb war es in ihrem Haus immer warm. Meine eigene Mutter kaufte weiches, und manchmal hatte sie mich mitten in der Nacht wach gerüttelt, und wir waren in ihren weißen Wagen gestiegen und in die dichten Wälder gefahren, und ich war schnell über den Holzplatz des Stammes auf der anderen Inselseite gelaufen, mit acht anständigen Scheiten zurückgekommen und hatte sie in Moms Kofferraum fallen lassen.

Ich fragte mich, was sie wohl gerade tat.

«Das hättest du aber nicht gemusst», sagte Beth, als ich einen Armvoll Holz mit reinbrachte und ihn in die Holzkiste neben dem Ofen warf. Alice und Lily waren weg.

«Er hätte es nicht gemacht», sagte ich, aber Beth rührte bloß weiter in einem Topf rum.

«Hast du Hunger?», sagte sie. «Ich mache Farnspitzen mit gepökeltem Schweinefleisch. Elch gibt es auch noch.»

Ich sagte, nein, ich müsse jetzt los. «Vielleicht später.»

«Falls dann noch was übrig ist.» Sie knallte die Schöpfkelle auf den Herd.

Ich klaute Fellis noch drei Zwanziger und ging.

Der Wald lag im dunklen Abenddämmer, und ich folgte einem gezackten, mit Steinen übersäten Pfad, der zur Rückseite ihres Hauses führte. Ich kam an einem großen Findling vorbei – dort hingerollt und aufgerichtet, als das Reservat noch ein Friedhof gewesen war. Das konnte man aber keinem erzählen, weil den Leuten dazu bloß *Friedhof der Kuscheltiere* einfiel. Aber es stimmte – das Reservat gehörte den Toten.

In ihrem Haus brannte Licht, die Vorhänge waren beiseitegeschoben. Ich erhaschte einen kurzen Blick auf sie. Sie stand an der Spüle, das weiße Haar zurückgebunden.

Dann war sie weg. Stundenlang saß ich auf dem kalten, laubbedeckten Boden und sah sie nicht zurückkommen.

Als ich wieder ging, hatte ich Hunger. Je näher ich Fellis' Haus kam, umso mieser fühlte ich mich wegen dem Geld, Moms Eschenkörbchen und Daryls Pillen. Nein, nicht wegen Daryls Pillen – er nahm sie ja nicht mal.

Durch den Wald leuchteten orangefarben die Straßenlaternen. Meine Sneakers schrappten über den Asphalt, als ich vor mich hin ging und darüber nachdachte, wie gut diese Farnspitzen mit Pökelfleisch und einer Scheibe Elch schmecken würden, nachdem ich ein, zwei Pickel eingeworfen hatte (nicht drei, dann würde ich ohnmächtig werden). Die Straße machte eine Kurve, und im Aufschauen sah ich Beths Haus. Die Einfahrt stand voll mit Polizeiwagen und einem schwarzen Van. Ein Polizist leuchtete mit einer Taschenlampe herum, ein anderer sprach in der Einfahrt mit Beth. Scheinwerferlicht ergoss sich durch die Bäume – noch ein Stammespolizist im Anmarsch, und auch der hielt vor Beths Haus.

Ich machte auf der Arschbacke kehrt und verdrückte mich im Wald.

Das Licht von Mond und Sternen fiel aufs Wasser. Unten am Fluss setzte ich mich auf einen Stein und wünschte, ich hätte gegessen, diese Pillen eingesteckt und eine Zigarette dabei. Wünschte, ich hätte nie von der *Antique Roadshow* gehört. Wünschte mir vielleicht sogar, ich wäre ein *winooch* und würde nicht in einem Reservat leben, dessen ganze Geschichte in so ein kleines Museum passte und dort gestohlen werden konnte, damit man an ein bisschen Kleingeld kam. Es ergab ja keinen Sinn, dass manche unserer Sachen so viel wert waren und wir zugleich so wenig. «Du bist eine Null.»

Ich schnappte mir einen Zweig vom Boden und tat so, als würde ich ihn rauchen. «Fick dich, Tabitha», sagte ich, und als ich das aussprach, bellte der erste Hund.

Ich wusste nicht, wohin, aber ich rannte, als wüsste ich es. Die Pfade trafen sich alle irgendwann im Herzen des Reservats, direkt hinter dem stammeseigenen Holzplatz. In irgendeiner Garage konnte ich mich nicht verstecken, denn das hätte bedeutet, dass ich auf die Straße musste, deshalb blieb ich im stockfinsteren Wald. Dabei lief ich weiter, hielt nur, um auf Geknurr zu lauschen und hinter mir nach Lampen Ausschau zu halten.

Keine Hunde bellten, und kein Licht schien. Ich wurde langsamer und dachte bloß: abstreiten, abstreiten, abstreiten. Du warst nicht bei ihm. Diese Pillen? Hast du nie gesehen. Der iPod? Keine Ahnung. Er behauptet, du hast ihn getreten. Du sagst, er ist ein Lügenmaul.

Die ganze Nacht lang, bis die Sonne aufging, stritt ich alles ab. Ich musste mich den Tag über verstecken, bis sie wieder unterging. Vom Fluss wehte ein Gestank her, und da ich nicht wusste, wo ich sonst hinsollte, folgte ich ihm auf Nelsons Grundstück.

Ralph Nelson gehörte das meiste Land im Res, und auf dem Teil, der an den Fluss grenzte, lagerte er Schrott. Autos, die nicht mehr liefen. Haufenweise Blech, Müll, alte Computermonitore und andere Elektroteile. Neben seinem Haus lagen wie zu einem knöchernen Steppenläufer verhakt und verschlungen in fünfundzwanzig Jahren gesammelte Hirsch- und Elchgeweihe. Irgendwo inmitten all dieses Zeugs hatte Ralph eine in den Erdboden versenkte Schwitzhütte. Wegen des Müllgestanks schwitzte aber nie jemand mit ihm.

Die Hütte war nicht schwer zu finden. Zwischen den

Knochen- und Blechhaufen bedeckte eine schmale blaue Plane einen sanften Hügel. Drunter wand sich ein Gang mit soliden Erdstufen in den Untergrund.

Ralphs Schwitzhütte lag tief, und in ihrem Bauch angekommen – eine Feuerstelle in der Mitte, ein spitzer Lichtkeil, der dort durch die Decke stieß, wo der Rauch abzog, Erdsitze und kalte Erdwände, verstärkt durch ein menschengemachtes hölzernes Rippengerüst, das der Rundung des Hügels Halt verlieh –, stand ich, ohne mir den Kopf anzustoßen, selbst wenn ich mich auf die Zehenspitzen stellte.

Im Hinsetzen zog ich die Arme und den Kopf in mein weißes Sweatshirt und atmete lang und heiß hinein, um mich aufzuwärmen. So, in meinem weißen Shirt, döste ich auch, aber nie so tief wie die, die überall im Res unter der Erde lagen. Jedes Mal, wenn ich wach wurde, hatte ich vergessen, wo ich war. Wenn ich den Kopf aus dem Shirt schob, dachte ich, ich sei lebendig begraben, aber dann fiel mir wieder ein, wozu ich hier war – um mich zu verstecken –, bloß wusste ich nicht, warum, wusste nicht genau, wozu.

Es war ein langer, kalter Tag in dieser Schwitzhütte. Ich verlor das Zeitgefühl und spürte irgendwann Hände und Füße nicht mehr. Ich kletterte die Treppenspirale wieder rauf, zog leise die Plane beiseite, knöpfte dann ein Stück Zwirn auf, das Hirschlederflicken über dem hölzernen Rippengerüst fixierte, und schlug sie weit genug zurück, dass die Sonne wie ein Spotlight durchscheinen konnte und Licht sich wie heißes Wasser über meinen Nacken und meine Arme ergoss.

Wieder unten, war ich halb eingeschlafen, als mich Stimmen wach rüttelten. Das waren keine Traumstimmen, sondern echte. Männer. Ich robbte durch den Dreck vom Licht weg und drückte mich gegen die Erdwand. Eine Baumwurzel stak aus dem Boden und stach mich. In meinem Kopf pochte es, als hätte ich zu lange die Luft angehalten, und dort unten in diesem kalten Erdloch war ich ein kaum noch schlagendes Herz.

Draußen näherten sich Leute. Blech schepperte donnernd. Ein Hund bellte.

«Fassen Sie meine Sachen nicht an», sagte ein Mann. Es war Ralph. «Von Anfassen hab ich nichts gesagt. Schauen dürfen Sie, aber nichts anfassen.»

Oben liefen die Männer auf und ab. Immer mal wieder ergriff Ralph das Wort, sagte, er habe niemanden gesehen, hier sei keiner.

«Warum suchen Sie nach ihm?», fragte er, und ich lauschte, aber die Polizisten sagten bloß, sie wollten mit mir reden, um rauszukriegen, wohin Fellis abgehauen war.

«Was hat der *michigun* denn ausgefressen?», fragte Ralph.

Der Polizist ignorierte ihn. «Was ist das da drüben?», sagte er.

Wie ein großes suchendes Auge leuchtete eine Taschenlampe durch die zurückgeschlagene Hirschhaut. Ich drückte mich gegen die Wand, und dann befahl Ralph ihnen, das zu lassen.

«Verletzen Sie nicht die Heiligkeit dieses Ortes», sagte er.

«Wir müssen da mal nachschauen», sagte ein anderer Polizist.

«Da gehen Sie nicht runter», sagte Ralph. «Ich hab es erst gestern für eine Schwitzzeremonie heute Abend geweiht. Sie sind herzlich eingeladen, später vorbeizukommen und mitzuschwitzen, aber bis dahin geht niemand da runter.»

Ralph schlug das Leder wieder zurück und zog den Zwirn fest. Sie entfernten sich, und einer der Cops fing an, Ralph zu befragen, ob er überhaupt Genehmigungen für diesen ganzen Schrott hier habe.

«Verlassen Sie mein Grundstück», sagte Ralph.

Ich hüllte mich in mein Shirt und wiegte mich vor und zurück, stieß heiße Atemzüge aus. Wie lange war ich schon hier unten? Wie lange würde ich noch hier sein? Wieder und wieder stellte ich mir flüsternd diese Fragen, bis die zerknitterte Plane und das schlaffe Hirschleder umgeschlagen wurden und mich im Brustkorb der Erde preisgaben. Ralph sagte: «Bis zum Sonnenuntergang bist du weg», und dann stellte er was auf die Treppe.

Ein in Alufolie verpackter Glasteller. Unter der Folie dampfender brauner Reis, höllisch heiße Erbsen und ein Stück zähes Fleisch. Auch ein Löffel. Ich hielt die Hände über das Essen wie über ein Feuer, und als es nicht mehr heiß war, aß ich zuerst das Fleisch auf, vermischte dann den Reis und die Erbsen und aß weiter. Bis die Sonne weg war, pulte ich mir in den Zähnen.

Bevor ich ging, zog ich mir den Schuh aus, schlug die Socke um und ließ einen Zwanziger auf dem Teller liegen, den ich oben an die Stufen stellte. Den Löffel steckte ich ein. Draußen im Wald spähte ich durch die Kiefernnadeln und wartete auf die reine Dunkelheit, und ich sah Ralph zur Schwitzhütte zurückgehen und den Teller nehmen, und dann sah er direkt zu mir rüber. Er wedelte mit dem Zwanziger, und ich wusste, dass ich ihm mehr schuldete.

Ich machte mich zu ihrem Haus auf. Auf halbem Weg

fing die Seelenqual an, und wenn mich Zweige streiften, erschrak ich, mein Kinn zitterte, und die Nase lief mir genauso schnell, wie ich mich ihr näherte.

Es brannte Licht, aber durchs Fenster sah ich sie nicht an der Spüle, und ich erklomm den Hügel und machte die Tür des Kesselraums auf – schaltete die Beleuchtung an –, und dann schloss ich mich in der Wärme ein. Trotzdem lief mir der kalte Schweiß runter.

Der Metallstuhl war zu heiß, als dass man hätte darauf sitzen können, also legte ich mich auf den Betonboden und pennte bei angeschaltetem Licht ein, bis mein verschwitzter Körper mich weckte und ich im permanenten Maschinenatem des Kessels nicht mehr schlafen konnte. Mein Blick glitt über die *Scheißes*, die Fellis und ich im Lauf der Jahre, in denen wir vor der Winterkälte in diesen Raum geflüchtet waren, in die Wände geritzt hatten, wobei ich das immer gesagt hatte – Scheiße. Unablässig blies der Maschinenatem, und mir tat der Magen weh. Irgendwas quetschte mir die Eingeweide zusammen, und raus kam noch mehr Schweiß, und eine Weile kaute ich mir die Fingernägel ab und spuckte sie auf den Beton um mich herum, und wenn ich zu dicht an der Haut rumgeknabbert hatte, wischte ich mir das Blut am weißen Shirt ab und versuchte, mir kühle Luft ins Gesicht zu fächeln, aber es gab nur warme, und ich wollte irgendwas kaputt schlagen, also schlug ich gegen die Wand, aber das war zu laut, also schlug ich auf den Beton, und dann trat und trat und trat ich gegen den Kessel, und er pfiff und zischte mich an, ich solle aufhören, also hörte ich auf, rollte mich in einer schmutzigen, staubigen Ecke zusammen und schrie nach ihr.

Ich schlug gegen die Wände und schrie wieder und wieder und wieder nach ihr. Die Tür flog auf, die Kälte packte mich, und die Morgendämmerung schloss mir die Augen. Kurz stand sie mit einer Wurzelkeule in der Hand da, bereit, jemanden zusammenzuschlagen, und gleich darauf war sie wieder weg und mit einer blauen Pendleton-Decke zurück. Sie zog mich hoch, wickelte mich rein, und ich sah, dass es ihre Lieblingsdecke war, also schob ich sie zur Seite, als ich kotzen musste, und erbrach Reis, Erbsen und Fleisch auf den Fußboden.

«Mach, dass es aufhört», sagte ich. Mein Schädel spaltete sich, und in den Riss hinein sagte Mom ganz leise, das werde sie, schlang dann die Decke wieder um mich, und wir gingen die Stufen rauf durch die Tür, wo keine Maschine atmete, sondern die Wanduhr langsam und lautstark tickte und der Kühlschrank summte, und hinten im Flur machte Mom meine Zimmertür auf, und all meine Sachen waren da, und sie schlug die Decken vom gemachten Bett zurück, zog mir das Shirt und alles bis auf Unterhose und Socken aus, steckte mich unter die Decken, und dann war sie einen Moment verschwunden, und als sie zurückkam, stellte sie einen mit Plastik ausgekleideten Papierkorb neben mich auf den Boden, und nachdem sie wieder gegangen war, kotzte ich rein, und sie kam erneut, wechselte die Plastiktüte, brachte einen Küchenstuhl mit und setzte sich neben meinen verkrampften Körper ans Bett.

Sie legte mir einen warmen Waschlappen auf die Stirn.

Mit taten die Gelenke weh, und ich wollte mich aus dem Bett auf den Boden wälzen und versuchte es auch, aber Mom stieß mich zurück, und ich sagte, sie solle abhauen, und begann zu weinen, und Mom ging und kam mit einem noch wärmeren Waschlappen zurück, und als sie mir den auf die Stirn legte, nahm ich ihn und schleuderte ihn durchs Zimmer, dass er gegen die Wand klatschte.

Den ganzen Tag und die ganze Nacht und wieder den ganzen Tag und die ganze Nacht schrie ich sie an, und als sie mir Gerstensuppe brachte, schlug ich sie ihr aus der Hand, weil ich dachte, es wäre diese Wurzelkeule, und dachte, sie wollte sie mir überziehen, aber dann sagte ich, tut mir leid, und sie brachte mir eine zweite Schüssel, die sie mir mit dem Löffel einflößte, ist das Ralphs Löffel?, und ich fragte mich, und das nur ein einziges Mal, ob ich mich an diesen Moment erinnern würde, und dann kotzte ich alles aus und rieb mir den wunden Hals, während Mom mir den Kopf streichelte.

Tagelang, während ich vom Methadon runterkam, stritt ich mit Mom und heulte mich bei ihr aus, und jedes Mal, wenn ich mich hochrappelte und aufzustehen versuchte, beruhigte sie mich, und irgendwann sprach sie mich an – nicht meinen Körper – und sagte: «Bald wirst du wieder bei dir sein», und bevor ich mich versah, stellte ich mir vor, wie Fellis' Truck bis kurz vor dem auf der Erde liegenden Daryl zurücksetzte, der lachend auf mich deutete und «Erdbeben» sagte, und es riss mich mittendurch.

Mom saß auf ihrem Stuhl und schlief. Der Waschlappen auf meiner Stirn war kalt.

Ich tippte sie ans Knie, und sie regte sich gemächlich.

«Haben sie ihn gefunden?», fragte ich, und sie sagte, ja, Beth habe ihn auf Kaution rausgeholt, und er sei zu Hause, genauso krank wie ich.

Meine Lippen waren aufgesprungen; die Haut schälte sich ab. «Weshalb haben sie ihn eingebuchtet?»

«Einbruchdiebstahl.»

«Was hat er denn gestohlen?»

«Als ob du das nicht wüsstest», sagte Mom.

Mir lief die Nase, und ich wischte sie ab.

«Wie weit ist er gekommen?», fragte ich.

«Boston», sagte Mom. «Es ist überall in den Nachrichten.»

Ich lachte, und Mom auch. Sie ging aus dem Zimmer und kam mit einer Zeitung zurück.

«Das kann ich nicht lesen», sagte ich.

«Indigener stiehlt Geschichte», las Mom vor. Sie legte die Zeitung auf irgendeine nasse Stelle auf dem Fußboden. «Er wurde mit Stammesmemorabilia im Wert von über hunderttausend Dollar und einer Monatsration Methadon von einer gewissen Tricia festgenommen.»

«Tabitha», sagte ich.

«Wie auch immer.»

Ich setzte mich im Bett auf.

«Wird nach mir auch gesucht?»

«Ich habe ihnen dich gezeigt», sagte Mom. «Hab die Polizisten hier reingeführt, damit sie sahen, dass du krank warst. Einem davon hast du gesagt, er soll sich ins Knie ficken.»

Ich lachte.

Mom hustete. «Das ist nicht lustig. Deinen Kumpel haben sie einkassiert. Du hattest Glück.»

Ich schwieg.

«Zieh mir mal die Socken aus», sagte ich.

Sie tat's, aber sie war genervt, hatte die Nase voll davon, sich um mich zu kümmern. Die Scheine klebten mir an den Fußsohlen.

«Nimm die an dich», sagte ich, und Mom pellte sie ab.

*

Eine neue Woche, und mir ging es immer noch nicht wirklich gut, aber gut genug, dass ich aufstehen und Mom dabei helfen konnte, das Haus aufzuräumen und das Erbrochene von meinen Sachen und meinem Bett zu entfernen. Mom zeigte sich spendabel und bestellte Burger in Overtown, aber ich konnte nur kleine Bissen davon essen, und schließlich warf ich meinen weg, nachdem er zu matschig geworden war, der Salat ganz verbrannt und verschrumpelt vom x-ten Aufwärmen in der Mikrowelle. Mom kaufte mir ein paar Schachteln Kippen und ein Set weißer T-Shirts, und als sie aus dem Laden zurückkam, setzte sie sich mit mir draußen auf die kalten Betonstufen.

Es nieselte.

«Kannst du mich wo hinfahren?», fragte ich.

«Wohin um alles in der Welt willst du denn?»

«Zu Ralph Nelson.»

Mom fragte, weshalb.

«Kannst du mich hinfahren?»

Sie ging rein. Von den Stufen aus rief ich ihr hinterher: «Hast du einen Löffel gesehen?»

«Einen Löffel? Wozu brauchst du einen Löffel?»

«Nein, hast du einen gesehen, als du mich dahinten gefunden hast?»

«Ist alles in Ordnung mit dir?»

«Hast du einen Löffel gesehen oder nicht?», schrie ich.

«Ich habe keinen verdammten Löffel gesehen, David.»

«Na, würdest du mir dann einen von deinen holen?»

«Einen was?»

«Einen Löffel!»

Mom ließ den Wagen an, und ich saß auf dem Beifahrersitz, hielt den Löffel in der Hand, und die Wischerblätter wischten den Regen weg, und sie fuhr mich in den Wald zu Ralph und parkte in seiner schlammigen Einfahrt. Ich stieg aus, roch den Müll, ging zur Haustür und klopfte, aber keiner machte auf. Ich klopfte noch mal.

«Hier drüben», rief Ralph. Er stand neben der Schwitzhütte, ohne Hemd, Kienholz in den Händen.

Ich lief zu ihm, winkte Mom fort, bedankte mich bei ihr und rief, dass ich nach Hause laufen und uns heute Abend bekochen würde, und dann würden wir fernsehen – vielleicht *CSI* oder *Criminal Minds*. «Was eben gerade so läuft», rief ich. Sie winkte erfreut zurück, als sie rückwärts aus der Einfahrt fuhr.

Ich zog Hemd und Hose aus, stand in Unterhose da, und Ralph sagte: «Was wird das jetzt?», und ich gab ihm den Löffel, meinte, dieser sei zwar nicht seiner, werde es aber auch tun, und er sah mich an und lachte. Er nahm den Löffel und warf ihn weg, dass er klirrend von dem Haufen Blech abprallte. «Schnapp dir ein paar Scheite», sagte er, und das tat ich auch. Ich folgte ihm die spiralförmige Erdtreppe runter in den schmelzheißen Kern. Ralph griff zu einer kleinen, selbst gebauten Trommel, und als ich ihn fragte, wie er die hergestellt hatte, sagte er, das werde er mir ein andermal erklären. «Heute schwitzen wir», sagte er, und da unten im Leib der Erde glühte es unerträglich rot, und Ralph schlug die Handtrommel und sang Lieder, von denen ich nicht wusste, ob er sie gerade erfand, aber sie klangen und wirkten genauso echt wie die Hitze zwischen den Erdwänden und in meiner Luftröhre, und dann schwitzte mein Körper alles aus, was noch in ihm drin war, also wirklich nicht allzu viel.

# Nacht der lebenden Roten

Als der Bus in Overtown ankam, hielt er und senkte sich zischend auf den rissigen Asphalt. Die Frau neben mir – dünnes braunes Haar, erschlaffte braune Haut, eine pralle braune Warze im Nacken – stand nicht auf, und es sah nicht so aus, als wollte sie den Bus verlassen.

Von der South Station in Boston bis nach Overtown – durch dunkle, nur von vorbeiziehenden Scheinwerfern und orangefarbenen Leuchten erhellte Tunnel, über von grünen Kiefern umstandene Highways und bedrängt von einem grauen Himmel – hatte die Frau in derselben Haltung dagesessen: aufrecht, die Hände über der blau-weiß gestreiften Handtasche auf ihrem Schoß gefaltet und die Augen starr nach vorn gerichtet, ungefähr so, als würde sie selbst einen Wagen steuern, würde in Gedanken irgendwohin fahren und könnte den Blick nicht davon abwenden. Sie hatte eine Gatoradeflasche bei sich, *Cool Blue* stand auf dem Etikett, aber es war kein Cool Blue drin, sondern sah eher wie Apfelsaft aus. Sie trank gar nicht davon; immer mal wieder hörte ich mit geschlossenen Augen, wie sie die Flasche schüttelte, dann schlug ich die Augen auf, und sie stellte die Flasche wieder in den Getränkehalter.

Während der Reise hatte die Frau gelegentlich gehustet, und gesprochen hatte sie nur zweimal. Ein Mann in ausgeblichenen Jeans und einem mit Farbe bespritzten Hemd hatte sich vom Sitz nebenan über den Gang gebeugt und gesagt: «Das ist aber eine schöne Waffe.» Das hatte er so laut gesagt, dass alle sich nach der Frau umdrehten – der Busfahrer sah durch den Spiegel her; sein Blick sprang hinter der Sonnenbrille von der Straße zu der Frau, zur Straße zurück und wieder zu der Frau –, und die Frau machte die blau-weiße Tasche auf, zog eine klobige orangefarbene Wasserpistole raus und hielt sie in die Luft. «Super Soaker», sagte sie, und eine Weile bewunderten alle den orangefarbenen Rahmen, den blauen Griff und den Lauf mit den sechs Löchern, durch die das Wasser spritzen konnte. Dann packte die Frau den Super Soaker wieder in die Tasche, und der Mann, der sie angesprochen hatte, sagte: «Für Ihr Kind?»

«Nein», war alles, was die Frau darauf erwiderte.

Der Bus leerte sich, und die Frau rührte sich nicht. Sie sah starr geradeaus. Ich stand auf, weil ich dachte, dann würde sie merken, dass ich rauswollte, und prellte mir den Schädel oben an dem Bildschirm, den Greyhound nie anschaltete. Die Frau warf mir einen Blick zu und hob den Finger. *Moment noch*. Vor dem Fenster stand Moms weißer Wagen auf dem Parkplatz. Die Scheibe war runtergekurbelt, und wie sie mich durch die getönten Busfenster sehen konnte, war mir schleierhaft, aber sie tat's und winkte.

Der rückwärtige Teil des Busses leerte sich, und die Frau stand mitsamt ihrer Handtasche und der Gatoradeflasche auf und ging nach hinten durch zur Toilette. Ich stieg aus, und auf den Stufen des Busses fragte ich mich, ob Overtown auch ihr Fahrtziel war.

Für August war es kühl. Andererseits wurde die Welt jedes Mal, wenn ich von Dad nach Hause kam, ein bisschen kälter, und diesmal mehr denn je. Vier Jahre lang hatte ich den Sommer nicht mehr bei ihm verbracht – als ich ihn das letzte Mal gesehen hatte, als Mom mich ihn oder ihn mich hatte sehen lassen, war ich dreizehn gewesen –, und diesmal hatte er so krank ausgesehen. Den ganzen Sommer über rauchte er und erhob sich kaum von seinem Fernsehsessel, und als ich zu dem Taxi rausgegangen war, das mich zum Busbahnhof brachte, hatte er mich so fest umarmt, wie er nur konnte, während mir sein Zigarettenrauch in die Nase stieg, und gesagt: «Mach's gut, Kumpel.»

Mom beugte sich rüber und ließ die Türverriegelung aufschnappen.

«Willkommen zu Hause, *gwus.*» Sie tätschelte mir das Bein, und dann schaltete sie in Drive. Ihr frisch gefärbtes braunes Haar ließ ihre Haut noch dunkler aussehen. Sie hatte es wachsen lassen, sodass es ihr jetzt über die Ohren ging. Als ich sie zuletzt gesehen hatte, war es kurz gewesen und um die Ohren grau gefleckt. «Hat dein Vater sich benommen?» Beim Verlassen des Parkplatzes überfuhr sie eine rote Ampel.

«Hast du eine Zigarette?», sagte ich.

Sie gab mir eine. Ich hätte ihr gern erzählt, dass Dad beim einzigen Mal, als wir irgendwohin fuhren, auf dem Highway am Steuer eingeschlafen war und ich ins Lenkrad fassen und den goldenen Saturn auf den Standstreifen hatte lenken müssen. Aber warum das erwähnen? Wir hatten ja überlebt.

Ich zündete die Kippe an, und Mom sagte: «Und, hat er?»

«Ich weiß gar nicht, warum du da so nachbohrst», sagte ich. «Seit wann interessiert dich denn, wie gut er sich benimmt?»

«Darf man sich als Mutter etwa keine Sorgen machen?»

Ich wusste, dass ihr irgendeine Laus über die Leber gelaufen war – sonst gab sie einen Scheiß darauf, was Dad machte.

«Warum bist du so sauer?», fragte ich.

Sie hustete und räusperte sich. «Wegen deiner Schwester», sagte sie. Sie zündete eine ausgedrückte Kippe noch mal an, und der Wagen geriet aus der Spur. Ich hielt mich am Sitz fest.

«Was hat sie denn jetzt wieder angestellt?»

«Wirst du schon sehen.»

«Was heißt, werde ich schon sehen?»

«Mit der stimmt irgendwas nicht.»

«Mit Paige stimmt doch immer irgendwas nicht.»

«Nein, im Ernst», sagte Mom. «Sie ist wirklich durchgeknallt.» Auf der Brücke zur Insel fuhr der Wagen durch ein Schlagloch. «Sie glaubt an Zombies, David.»

Ich war mir nicht sicher, warum eigentlich, aber ich nahm Paige in Schutz. «Glaubst du denn nicht an die Steinmenschen?»

«Das ist was anderes.»

Da hatte sie nicht unrecht. Die Steinmenschen waren wirklich was anderes. Aber ich fragte trotzdem nach: «Inwiefern?»

«Steinmenschen haben Herzen aus Eis, und sie wurden verjagt, weil sie die Erde zu zerstören versucht haben. Zombies laufen nicht so leicht davon, oder? Die schleichen sich ganz unauffällig an dich ran.» Sie schnippte Asche ab.

«Tja», sagte ich, «das hört sich schon so an, als wären sie anders, aber hast du mal ein Zombieherz gesehen? Es könnte gut und gern aus Eis sein, nach allem, was wir wissen.»

Beim Lachen stieß sie Rauch aus. «Du bist ein kleiner Mistkerl.»

Ich starrte aus dem Wagenfenster. Im Teich wuchs ein Gewirr von Riedgras und Rohrkolben. Totholz und große Baumtrümmer von einem Sturm krochen aus dem Wasser und griffen nach uns, als wir vorbeituckerten und dann den Hügel rauf und hinter die wenigen verlassenen Häuser im Res. Oben auf der Kuppe nahm Mom den langen Weg nach Hause. Wir fuhren auf der Wabanaki Lane durch den geschäftigen Teil: am kleinen Gesundheitszentrum, am Gemeinschaftshaus mit den wie von Zigarettenrauch vergilbten Mauern, an der hinter dichten Kiefern verborgenen Stammesverwaltung, der braun geziegelten Schule und dem Footballfeld vorbei, wo auf einem Teil des grünen Rasens rote Zelte errichtet worden waren und in einer Ecke das heilige Feuer brannte. Leute waren dabei, es zu füttern, und ein Filmteam stand mit laufenden Kameras neben seinem blauen Van, obwohl fast der halbe Stamm dagegen gestimmt hatte, dass ein Dokumentarfilm über unser Gemeinschaftsfest gedreht wurde.

Die Straße war gesperrt, und Mom verlangsamte.

«Echt?», sagte sie. «All das wegen einem beschissenen Film?»

Sie wendete, und ich fragte, ob Paige zu Hause war, aber sie hatte mich wohl nicht gehört, weil sie jetzt mit Frick anfing.

«Ich weiß nicht, wo er ist. Er benimmt sich schon seit Wochen komisch. Letzten Freitag habe ich ihn zitternd mit einem Tischtuch über den Schultern in der Küche gefunden. Er ist geschlafwandelt und hat immer wieder gesagt, die Jesuiten würden kommen.»

«Er war immer schon komisch.» Ich lachte. Mom lachte nicht.

«David», sagte sie. «Ich bin nicht in der Stimmung.»

«Ich sag ja bloß. Also, wenn Frick in der Küche zittert, wo ist dann Paige?»

Mom lächelte ein bisschen. «Zu Hause. Sie lag auf der Couch und hat sich einen dieser dämlichen Apokalypsefilme angeschaut, als ich dich abholen fuhr.»

Wir passierten das Stoppzeichen und bogen in unsere Sackgasse ab, näherten uns unserem gelben Häuschen. Mom lenkte in die Einfahrt, und mir fielen ein paar Leute auf, die hinter dem Haus im Wald verschwanden – JP und Tyson.

«Hast du das mitgekriegt?», sagte Mom, und ich sagte ihr, wer es gewesen war.

«Ach, klar», sagte sie. Sie stellte den Hebel auf Parken und schnallte sich ab. «Ich bin froh, dass du wieder zu Hause bist, *gwus*.» Sie langte rüber, umschlang mich und küsste mich auf den Kopf. «Aber komm mir nicht wieder mit kurzen Haaren nach Hause. Das ist schlechte Medizin.» Dad hatte mein langes Haar nie gemocht.

Ich nahm meine Reisetasche und ging die schiefen Stufen zum Haus rauf. Ich freute mich sehr auf meine Schwester. Der Fernseher im Wohnzimmer war an. Irgendein Filmabspann lief zu langsamer, leiser Klaviermusik, die eine anhaltende Spannung transportierte.

«Paige?» Ich schaute ins Wohnzimmer. Auf der leeren Couch war der Abdruck eines Körpers zu sehen. Ich stellte den Fernseher ab.

Mom kam durch die Vordertür rein. «Zieh dir die Schuhe aus.»

«Tut mir leid, ich wollte bloß schnell die Tasche abstellen und dann wieder los.»

«Na und?»

Meine Socken waren durchgeschwitzt, weil ich den ganzen Tag die Schuhe angehabt hatte, und meine Füße hinterließen eine feuchte Spur auf unserem alten Linoleumboden, als ich durch den Flur in mein Zimmer ging.

«Willst du noch deine Freunde treffen?», rief Mom aus der Küche.

Ich fragte, ob ihr das was ausmachen würde – nachdem ich zwei Monate weg gewesen war. Ich hatte so ein Gefühl, dass ich mich lieber ihr widmen sollte. Ich machte den Reißverschluss meiner Tasche auf, nahm mir eine neue Schachtel Camels raus und kehrte in die Küche zurück.

«Nein, das ist okay», sagte sie. «Erzähl ihnen nur, ich wüsste schon Bescheid, dass sie die meisten Abende draußen im Schuppen verbracht haben.»

«Wie kommst du denn darauf?»

Mom beugte sich über den Herd und inspizierte die Brenner nach Krümeln.

«Die Krähen. Das weißt du doch besser als jeder andere. Sie sprechen.»

Bevor ich das Haus verließ, fragte ich sie, ob sie mir Kippen aus dem Laden mitbringen könnte – sagte ihr, ich hätte einen Zehner in der Tasche in meinem Zimmer –, und sie sagte Ja. Dann ging ich, und die Tür schlug laut hinter mir zu. Ich sprang die Eingangstreppe runter und lief hinters Haus. Dabei rutschte ich im Matsch aus, fing mich aber gerade noch rechtzeitig. Meine Füße fühlten sich umso schwerer an, je weiter ich durch den Wald marschierte; Blätter klebten mir an den Sohlen. Ich streifte sie an einem Baumstamm ab, und in der Ferne hörte ich JP lachen. Aber Tyson sah ich zuerst. Er trug seine leuchtend orangefarbene Jacke, in die er inzwischen kaum noch reinpasste. Ich hatte es für unmöglich gehalten, dass er noch wachsen könnte – er ging auf eins neunzig zu und war so spindeldürr, dass er einfach verschwinden würde, wenn er noch weiter aufschoss.

Auf einer Lichtung zwischen den Bäumen warf JP einen Stein auf Tyson, der ihm sagte, er solle aufhören. JP hatte sein langes Haar zurückgebunden, was er zu Beginn des Sommers noch nicht geschafft hätte. Er hob den kräftigen Arm und warf noch einen Stein auf Tyson.

Beim Geräusch der knackenden Blätter und Zweige drehte JP sich um.

«David», sagte er und warf Tyson einen letzten Stein hinterher. «Wir dachten schon, du kommst gar nicht mehr raus. Gib mir mal einen Stummel.»

Ich gab ihm eine richtige Zigarette, worauf er sich auf den riesigen Findling setzte, an dem sich der Weg gabelte.

Er deutete auf Tyson, der sich den Arm rieb. «Er hat's schon wieder getan.»

«Was denn?», sagte ich.

«Weißt du, er lädt dich ein, bei ihm abzuhängen, und dann stopft er sich den faltigen Arsch mit Futter voll, während du dasitzt und zuschaust.»

«Ich wusste doch nicht, dass du auch Hunger hast», sagte Tyson.

«Quatsch. Ich hab immer Hunger. Jedenfalls, David, ist

viel passiert, als du weg warst. Wir werden uns einen neuen Ort suchen müssen. Der letzte Sturm hat den Unterstand eingerissen.»

Ich zündete mir auch eine an. «Warum bauen wir ihn nicht einfach wieder auf?»

«Der Ort ist durch. Wir sind da zu nah am Sumpf, und der Regen hat alles verschlammen lassen. Außerdem ist Tyson überzeugt davon, dass die Sumpffrau hinter ihm her ist.» Er schnippte Asche ab.

«Nein, bin ich nicht.»

JP und ich rückten ihm beide auf die Pelle.

«Ach, dann hast du also keinen Schiss, Tyson?», sagte JP.

«Tja», fügte ich hinzu. «Und glaubst auch nicht, dass die Sumpffrau dich heute Nacht im Schlaf behelligen wird?»

«Verpisst euch.»

«Sei bloß artig, wenn sie vorbeikommt.» JP stieß Tyson den Finger so fest gegen die Brust, dass er ins Straucheln geriet. «Sonst kriegst du mehr als einen blauen Fleck von einem Stein!»

Wir lachten alle los, und dann gingen wir über den Pfad weiter. Ich fing an, über diese Frau im Bus nachzudenken – ob sie wohl indigen, Puertoricanerin oder Mexikanerin war. Fragte mich, ob sie inzwischen angekommen war.

«Weiß einer von euch, ob der Greyhound hinter Overtown noch weiterfährt?»

«Woher zum Teufel soll ich das wissen?», sagte JP. «Du bist doch der Einzige hier, der je den Bus nimmt.»

Als wir vom Pfad auf die Straße kamen, schnippte JP erneut Asche ab und verbarg die Zigarette in der hohlen Hand vor herannahenden Autos. «Ach ja, David», sagte er.

«Wir sollten uns heute Abend noch mal da am Stein treffen. Ich muss dir was zeigen. Und, Tyson, du kommst auch mit. Heul nicht wieder rum.»

«Mir was zeigen?», übertönte ich Tysons feierliche Erklärung, dass er niemals heulte.

JP drehte sich zu mir um. Er senkte die Stimme zu einem Flüstern.

«Einen *pugwagee*.»

«Was du nicht sagst», sagte ich. «Echt?»

«Ich schwör's bei Gott. Wir standen da unten am Stein und haben ihn weit entfernt in den Bäumen gesehen. Stimmt's, Tyson?»

Tyson nickte.

«Siehst du? Sogar Tyson weiß, was er da gesehen hat. Seitdem habe ich ihn in der Nacht regelrecht hier durchzerren müssen, um zu eurem Schuppen zu kommen.»

«Tja», sagte ich. «Was den Schuppen angeht – meine Mom weiß übrigens, dass ihr da drin gesessen habt.»

«Woher will sie das wissen?», sagte JP. «Wir gehen doch immer erst so spät hin.»

«Die Krähen hätten ihr das gesteckt, meint sie.»

Es kehrte Schweigen ein, und wir standen da. «Ich weiß nicht, was gruseliger ist», sagte JP. «Die Sumpffrau oder deine Mom.»

Wir lachten und gingen weiter.

«Aber mal im Ernst», sagte JP. «Wir haben also einen gesehen und sind ihm hinterher.»

«Ihr seid ihm hinterher?» Ich lachte ungläubig.

«Ja, aber wir waren so weit weg, dass er verschwunden war, als wir dort ankamen, wo wir ihn anfangs gesehen hatten. Ich bin überrascht, dass Tyson mir überhaupt nachgekommen ist.»

«Ich wollte jetzt auch nicht allein da warten», sagte Tyson. «Hatte also gar keine Wahl.»

«Tja, Tyson», sagte ich. «Also wirst du in Gesellschaft der Sumpffrau und eines *pugwagees* aufwachen. Dann kannst du gleich für beide kochen.»

«Und vergiss den Tabak nicht», fügte JP hinzu.

Am Straßenrand blieben wir stehen und schauten auf einen Pfad, der uns wer weiß wohin führen würde. Ein letzter Tagesschimmer ließ die Straßen des Res erglänzen, aber den Pfad tauchten die Bäume in Finsternis, in einen Tunnel unendlicher Nacht.

«Lasst uns losgehen, bevor es zu dunkel wird», sagte JP.

Er betrat den Pfad, und ich sagte, warte mal. «Wohin wollen wir überhaupt?», sagte ich.

«Weiß nicht», sagte JP. «Gehen wir doch einfach der Nase nach.»

Ich folgte seinem Schatten in den Wald.

*

An diesem Abend warteten wir an dem Ort, wo JP und Tyson den *pugwagee* zu sehen gemeint hatten, hinter unserem Haus im Wald bei dem riesigen Findling. Wir saßen ganz leise da, sahen aber nichts als Baumschatten im Mondlicht, während die Mücken uns zerstachen.

Irgendwann gaben wir auf, und ich ging nach Hause. Fricks Wagen stand in der Einfahrt. Seit meiner Rückkehr hatte ich ihn noch nicht zu Gesicht bekommen.

Ich erklomm die schiefen Stufen und ging rein. Es war spät. Mom saß auf ihrem Schaukelstuhl und schaute die Elf-Uhr-Nachrichten; sie hielt kaum noch die Augen offen, kämpfte gegen die Schmerzmittel und den Wein an, damit sie wach bleiben und zu Ende essen konnte.

«*Gwus*», lallte sie. «Wo warst du?»

«Draußen mit JP und Tyson», sagte ich. Ich zog mir die Schuhe aus.

«Lügst du mich auch nicht an?»

«Nein», sagte ich. «Wo soll ich denn sonst gewesen sein? Pläne mit dem Teufel schmieden?»

«Ich dachte bloß, ich frag mal nach.»

In einem Topf stand Reis, und ich löffelte mir was davon auf einen Teller. Auch Schellfisch hatte Mom gebacken, und ich schnitt mir ein Rechteck davon ab. Dann aß ich beides kalt an der Spüle.

Mom lachte.

«Was ist da so lustig?», fragte ich.

«Die Frau in den Nachrichten.»

«Was hat die gemacht?» Mir stak ein bisschen Reis im Hals.

Mom lallte schlimm. «Ist in diesen Lebensmittelladen gegangen, den in der – ach, du weißt schon.»

«Save 'n Shop?»

«Ja.»

Ich stellte den Teller auf die Arbeitsplatte, ließ Wasser aus dem Hahn in eine Tasse laufen, trank es aus, stellte die Tasse weg und nahm wieder den Teller zur Hand.

«Und?», sagte ich.

«Und was?»

«Die Frau?»

«Oh», sagte Mom. Wieder lachte sie träge und erschöpft. «Scheiße.» Ich sah zu ihr rüber. Sie hatte ein Stück Schellfisch auf den Boden fallen lassen.

«Schon gut», sagte ich. «Heb ich gleich auf.»

Aber da tat sie es schon selbst und legte es auf ihren Teller zurück.

«Was wolltest du sagen?»

«Ist mit einer Wasserpistole in den Laden gegangen und hat die Leute mit ihrer eigenen Pisse bespritzt.»

Ich ging zurück in die Küche.

«Eine Frau war das?» Ich konnte nicht weiteressen.

«Diese übergeschnappten Weißen», sagte Mom, und dann kam sie nicht mehr darauf zurück.

Aber wenn sie es gewesen war, war sie nicht weiß. Oder vielleicht doch. Ich stellte den Teller in die Spüle.

«Wo ist Frick?», sagte ich.

«Wer?»

«Frick!» Himmel, stell doch mal die Glotze leiser.

«Im Bett. Ihm geht's nicht gut.»

Mom versuchte, mit dem Teller in der Hand aufzustehen, schwankte aber viel zu sehr, und fast wäre er ihr runtergefallen. Ich ging zu ihr, sagte, sie solle sich hinsetzen, ich würde ihr den Teller abnehmen und ihn spülen.

«Ist Paige weggefahren?», fragte ich.

«Was?»

Ich stellte den Fernseher leiser. «Ist Paige weggefahren?»

«Ist sie denn nicht in ihrem Zimmer?»

Ich ging durch den Flur und schaute nach. Ihr Licht war aus, das Zimmer so sauber wie immer, ihre rot- und roséfarbene Reisetasche stand neben einem kleinen Spiegel und ein paar Räucherstäbchen auf der Kommode.

«Nein, sie ist nicht da», sagte ich.

Mom stand auf. «Dann wird sie wohl noch weggegangen sein. Gib mir einen *baasus*. Ich gehe ins Bett.»

Ich gab ihr einen Gutenachtkuss. Sie stolperte los, und ich half ihr durch den Flur in ihr Zimmer.

Im Haus war es still, und als der aschengraue Feuerhaken, der neben dem Holzofen an der Wand lehnte, zu Boden glitt, erschrak ich mich. Ich nahm ihn und legte ihn oben auf den Ofen. Ich wollte Paige von den *pugwagees* berichten, dass JP und Tyson einen gesehen hätten, ich aber wohl noch warten müsse. Mom würde ich davon nichts erzählen, denn ich wusste, sie würde beunruhigt sein. «Lass die in Ruhe», würde sie sagen. «Ich will nicht, dass dir irgendwelche Kleine-Leute-Geister nach Hause folgen, Sachen stehlen und Ärger machen. Ärger haben wir in diesem Haus schon genug. Sie sind gefährlich. Und sie heißen auch nicht *pugwagees* – wir nennen sie hier *mikumwaso*.»

*

Die *pugwagees* waren noch Kinder, als sie verflucht wurden. Eine Frau schnitt in ihrem Sumpf Süßgras. Ihr Leben lang wohnte sie schon in den Schatten. Jeden Morgen verließ sie den ausgehöhlten Baum, der ihr Haus war, und bedeckte ihren Körper mit frisch geerntetem dunkelgrünem Moos und Farnwedeln, die sie mit Matsch aus dem trüben Wasser zusammenklebte und mit den Ranktrieben junger Bäume festband. Fertig angezogen, verbrachte sie den ganzen Tag mit der Suche nach Süßgras, und sie hörte erst damit auf, wenn sie den letzten Mooslappen unter den Ranken herausgezogen hatte.

Im Verlauf dieser Tage waren die einzigen Tiere, die sich trauten, sie anzustarren, die Krähen, aber viele glaubten, über die übe sie Macht aus, denn sie blieben stumm, schwarze Punkte, die hoch in den Zedern saßen. Krähen waren sonst nie stumm, weshalb sie überhaupt erst erschaffen wurden: Der Schöpfer war es leid, sie immerzu in seinem Kopf krächzen und seine Geheimnisse verraten zu hören, deshalb sprach er ihren Namen in die Welt hinaus.

Anders als die Krähen waren die *pugwagees* nicht in die Welt hinausgesprochen, sondern hineingeboren worden, als Erzeugnis der ersten Menschen, die aus Eschenholz hergestellt wurden. Niemand, so wurde erzählt, passte auf die Kinder auf.

Eines Tages, als das Sonnenlicht kaum den dichten Sumpf durchdrang, wachte die Sumpffrau auf und zog sich frische Kleidung an. Sie legte ihren hirschledernen Medizinbeutel auf die Erde und marschierte einmal um den Sumpf herum, wobei sie das frisch gewachsene Gras ausrupfte, um es zu trocknen. Als sie nicht mehr konnte, kehrte sie, die Hände voll mit Süßgras, zu ihrem Beutel zurück. Sie hob ihn auf. Er war leicht und leer. Noch nie hatte jemand sie bestohlen. Erzürnt stürmte sie zu ihrem hohlen Baum zurück, um nachzudenken.

Am Morgen setzte sie in vollem Sumpfornat die Krähen von dem Vorfall in Kenntnis. Sie stellten bei jedem Krächzer das schwarze Brustgefieder aus, und die Sumpffrau hieß sie schweigen und zuhören. Sie deutete auf den Beutel auf der Erde, dann auf ihre Augen und sagte: *Gebt hierauf acht.*

Im Vertrauen auf das Sprachgeschick der Krähen brach sie auf und begann zu sammeln. Schon bald krächzten die Krähen. Da sie außer Sichtweite war, richtete die Sumpffrau sich auf und umschloss das Bündel Süßgras in ihrer Hand fester. Sie rannte zu ihrem Beutel, und der sumpfige

Grund quatschte und quietschte und quatschte so lange, bis sie stehen blieb. Drei kleine Hintern ragten aus dem Beutel.

Die Sumpffrau trat näher heran. Sie spielten mit dem Inhalt des Beutels, warfen Birkenrindestreifen auf die Erde und machten Oh und Ah angesichts der glänzenden Dinge, die die Sumpffrau eingetauscht hatte.

Die stand über dem Beutel und merkte, dass dies Kinder waren. Mit einem einzigen großen Schwung nahm sie sie hoch, stopfte sie in den Beutel und legte sich den Trageriemen über die Schulter.

Die kleinen Kinder schrien, und die Krähen krächzten lauter.

Sie hielt sich den Beutel an die Ohren und hörte die Kinder weinen. In der Ferne vernahm sie das leise Geräusch winziger Füße, die durch den Wald davonliefen.

«*Jistowks*!», rief die Sumpffrau zu den Krähen hinauf. Sie wollte lauschen.

Sie folgte dem Geräusch, marschierte durch hohes Gras, bis sie auf eine flache Lichtung stolperte. Da stand sie nun über den Kindern, während ihr der Schlamm heruntertroff, und die duckten sich in ihren Schatten. Sie waren klein und zerbrechlich, nur in Hirschleder gekleidet, das sie sich eng um die Schultern zogen, um sich zu verbergen. Die Sumpffrau war zu zornig, um sich zu beruhigen, zu zornig, um nach einem Grund zu fragen. Während wir zwar wissen, dass sie die Kinder auf dieser Lichtung wegen ihrer Diebereien dazu verfluchte, auf ewig kleine Leute zu sein, weiß keiner, was mit denen geschah, die sie in ihren Beutel gestopft hatte.

*

Am nächsten Tag – nach einer langen Nacht voller Träume von dem vor meinem Haus haltenden und immer wieder hupenden Greyhound, die noch gespenstischer wirkten, als der schlafwandelnde Frick mich mitten in der Nacht weckte, um mir zu sagen, die Jesuiten seien hier – verbrachten JP, Tyson und ich den Nachmittag damit, den Unterstand wieder aufzurichten. Über Nacht hatte es geregnet, was es leichter machte, Stöcke in die Erde zu bohren, um den Bau zu stabilisieren. Als wir fertig waren, setzten wir uns auf den feuchten Boden und rauchten, bis die Dunkelheit in die Bäume kroch und die Mücken summend ausschwärmten und auf unsere Augen losgingen.

«Kommt, wir machen Feuer», sagte JP.

Wir liefen in den Wald und sammelten Holz. Trugen einen riesigen Haufen Stöcke und Klötze zusammen, egal ob nass oder trocken, und schichteten sie ein paar Schritte entfernt von dem größer werdenden Feuer auf.

«Das sollte ungefähr bis zwölf reichen», sagte JP, «und dann können wir noch mal nach diesem *pugwagee* schauen.»

«Ich will da aber nicht hin», sagte Tyson.

«Klappe», sagte JP. «Du kommst mit.»

Ich warf ihnen je eine Zigarette zu. Die Mücken schwebten außerhalb der Rauchsäule des Feuers, Hemlocknadeln platzten zischend, und der Fluss floss gluckernd dahin.

«Wie geht's Paige?», fragte JP. «Meine Mom sagt, sie hat sie auf der Straße gesehen, und sie sah nicht so gut aus.»

«Keine Ahnung», sagte ich. «Sie war nicht zu Hause. Doch, schon irgendwann, aber nicht, wenn ich da war. Ich kann mich gar nicht erinnern, wann ich sie das letzte Mal gesehen hab. Muss im vergangenen Jahr gewesen sein.»

Wir legten kein Holz mehr nach. Tyson warf noch einen nadeligen Hemlockzweig in die Flammen. Es knallte. Ich dachte an Paige, fragte mich, wie sie wohl jetzt aussah. Als ich sie das letzte Mal gesehen hatte, hatte sie zugenommen und aufgehört, ständig zu lachen.

Tyson sagte, er gehe jetzt nach Hause.

«Setz dich wieder hin», sagte JP. «Wir haben noch eine Jagd vor uns heute Nacht.»

«Wir werden ihn nicht zu Gesicht kriegen», sagte Tyson.

«Doch, werden wir. David, gib mir noch eine Zigarette.»

«Lass uns eine teilen. Ich hab nicht mehr viele.»

Wir gaben die Zigarette rum. Drei-Züge-Regel. Wie immer bekam Tyson das Ende und zog daran, bis die Asche zu Boden fiel und er den Filter halb mitgeraucht hatte. Das Feuer brannte langsam runter, und wir standen auf. An die Dunkelheit waren unsere Augen gewöhnt. Dichte Bäume verschatteten den Vollmond. Aber wir brauchten nichts zu sehen – der Wald kannte uns. Mühelos liefen wir über den Pfad. Wussten genau, wo es auf und ab ging, wo die Wurzeln nach unseren Füßen angelten.

Asphalt. Die Straßenlaternen schienen hell, ich blinzelte in ihrem orangefarbenen Licht, die Leuchtkörper summten im Verein mit den Grillen. Auf dem Hügel bogen Scheinwerfer um die Ecke, kamen auf uns zu.

«Zurück in den Wald», sagte JP.

Wir verbargen uns in einem kleinen Graben, wo uns der Matsch an den Schuhen saugte.

«Der Rat hat Ausgangsbeschränkungen verhängt», flüsterte JP. «Niemand unter achtzehn darf sich nach zehn noch draußen aufhalten, es sei denn, er ist auf dem Heimweg.»

Der Wagen fuhr an uns vorbei. Es war nicht die Polizei – es war das Filmteam.

Wir eilten den Hügel rauf. Der Pfad hinter unserem Haus war hell beleuchtet, das Licht des am Himmel schwebenden Mondes fiel glänzend durch die Bäume auf den Weg. Wir folgten ihm bis zu dem riesigen Stein an der Gabelung.

«Haltet die Augen offen», sagte JP. Er hob einen Knüppel auf.

«Was willst du denn damit?», sagte ich. «Ihn schlagen?»

«Was, wenn er auf mich losgeht?»

Der Gedanke an die Jagd auf den *pugwagee* machte mich immer nervöser. Ich wollte nicht, dass er mich mitten in der Nacht mit seinem Klopfen an die Wand und seinem im Flur wispernden Kinderstimmchen aufweckte. Ich wollte Mom nicht schreien hören, er solle verschwinden, so wie sie es bei den Goo'gooks machte, die an die Schranktüren klopften, wenn sie vergaß, das schmutzige Geschirr mit einem Tuch abzudecken. Ich wollte nicht, dass sie sich bei Frick beschwerte, der dann seinen Weihetabak anzündete und das ganze Haus mit dichtem Rauch füllte. Ich wollte nichts sühnen müssen.

Ich biss mir zu dicht an der Haut in die Nägel.

«Ich weiß nicht, ob das eine gute Idee ist», sagte ich.

«Klappe», zischte JP. «Was ist das?» Er deutete mit dem krummen Knüppel.

Unter dem Blaumond teilten sich entfernte Bäume, und die schwarze Silhouette eines Körpers stolperte hindurch. Tyson machte Anstalten davonzulaufen, aber JP packte ihn am Kragen.

«Ich zerbrech dir diesen Knüppel über dem verdammten Schädel, wenn du alles ruinierst», flüsterte er.

«Er kommt auf uns zu», sagte ich. Der dunkle Körper stolperte und taumelte über den Boden. Er grunzte und schrie gen Himmel. Tyson riss sich los und rannte in die entgegengesetzte Richtung davon.

JP hielt ihn nicht auf.

Von hinter dem Stein aus sahen JP und ich das Wesen stolpern und schwanken. Jeder einzelne runtergefallene Ast und Zweig zerbrach unter seinen Füßen; das Krachen hallte durch die Nacht.

«Das ist kein *pugwagee*», sagte JP. «Dafür ist er zu groß.»

«Was dann?», sagte ich, aber es war zu spät. Das Wesen wurde schneller und schob dünne Bäumchen zur Seite. Mit einem Aufschrei brach der Körper durch dichtes Unterholz und landete mit dem Gesicht voran vor JP und mir auf der Erde. Das Wesen sah zu uns auf. Es war sie.

«Scheiße», lallte Paige und lachte los. «Gebt mir mal eine Zigarette.»

Ich stand auf und bürstete mir die Hosenbeine ab. Ich zündete mir eine an und machte mich auf in Richtung Straße.

JP ließ den Knüppel fallen und folgte mir.

«Gebt mir eine Zigarette!», schrie sie.

Über uns auf der Straße schwebte eine orangefarbene Leuchte.

«Solltest du sie nicht nach Hause bringen?», fragte JP.

Ich wollte Nein sagen, konnte aber nicht.

«Willst du sie einfach da liegen lassen?»

Nein, wollte ich nicht. Sie lag, alle viere von sich gestreckt, auf dem Pfad. Ich hielt Abstand von ihr. «Geh nach Hause», sagte ich.

Sie hob den Kopf. «Wer bist du?», fragte sie. «Hast du eine Zigarette?»

«Nein, geh nach Hause. Diese Richtung.» Ich deutete auf unser Haus hinter den Bäumen. Drinnen brannte Licht, das durchs Küchenfenster schien und mit seinen Fingern nach Paige und mir ausgriff.

Sie kam auf die Beine und stand schwankend da. «Bitte», bettelte sie. «Nur eine Zigarette.»

Ich wollte sie nicht mitkriegen lassen, dass ich es war. Ich zündete noch eine an und gab sie JP, der sie ihr brachte.

«Jetzt geh nach Hause», sagte ich.

«Ihr seid verdammt noch mal in Ordnung.» Sie stolperte und taumelte über den Pfad zu unserem Haus davon.

«Scheiße!» Sie ließ die Zigarette fallen, fand sie aber wieder. Die rote Spitze malte allerlei verglühende Figuren in die Luft, während sie fluchend voranbalancierte und laut sagte: «Dieses verfluchte Schwein.» Schließlich schaffte sie es aus dem Wald und fiel auf die Knie. Sie krabbelte in unseren Schuppen.

«Nah genug dran», sagte ich. Ich musste hier weg, von dem Wald, unserem Haus, diesem Ort.

«Wohin gehst du?» JP eilte mir hinterher.

Die Luft da draußen fühlte sich unangenehm heiß und kalt zugleich an. Ich hatte Zigarettengeschmack im Mund, deshalb zündete ich mir noch eine an.

«Der Nase nach», sagte ich.

Schweigend streiften wir über die Insel. Am liebsten hätte ich Paige in diesem Schuppen eingesperrt, sie da drin gelassen, bis der Betonboden unter ihr zerbröselt wäre und die Erde sie zu einem besseren Menschen gemacht hätte.

«Wollen wir Tyson suchen gehen?», fragte JP. «Wir könnten ihn piesacken.»

Ich lachte mich ein bisschen frei von der Hitze in meinem Gesicht. «Wahrscheinlich würde ich ihn umbringen.»

«Tja.» JP gab mir einen sanften Stups. «Ich geh ihn mal suchen und dann nach Hause. Werde ihm eine für dich reinhauen.»

Zu Hause stand Fricks Truck noch genauso dort wie am Morgen, und ich lehnte mich dagegen, schnippte abgeplatzte Farbe und Rost ab. Ich warf einen Blick aufs Haus. Das Lämpchen neben der Couch war an, und Frick saß dort mit Mom und schien von irgendwas zu schwärmen. Eine Hand in der Luft, dann die zweite. Einmal stand er auf, mit diesem *Männer schauen auf Frauen herab*-Blick, und Mom deutete auf die Couch, worauf er seinen Hintern wieder drauf fallen ließ. Er rieb sich den Schädel und dann die Augen.

Ich ging vom Truck zum Schuppen. Die Tür stand offen, und ich lugte rein. Paige lag mit dem Gesicht auf dem kalten Beton, ihr Körper neben einem metallenen Klappstuhl, von dem sie wahrscheinlich gefallen war. Ich schnippte mein Feuerzeug an und suchte nach irgendwas Weichem, was nicht schwierig war, denn Mom sammelte allerhand alte Quilts, Kissen, Bettbezüge und Vorhänge.

Paige schnarchte. Ich schob ihr einen mit irgendwelchen Decken und Tüchern gefüllten Müllbeutel unter den Kopf und deckte sie mit einem Quilt zu. Die Schuppentür ließ ich einen Spalt weit offen, damit die Morgensonne sie so nervte, dass sie aufwachte.

Die Fliegentür quietschte, als ich sie aufzog, und auch wieder, als ich sie zuzog. «Hey», sagte ich.

Frick stand auf und sah mich an. «Guck mal auf die Uhr», sagte er. «Musst du morgen nicht in die Schule?»

Ich trat die Schuhe von mir, schleuderte Dreck über den ganzen Küchenläufer.

«Bist du so dicht, dass du nicht mehr weißt, welchen Monat wir haben?», fragte Mom.

Er stand auf und nuschelte irgendwas. Sein Zopf war aufgegangen, das Haar klebte verschwitzt an seinen Wangen. Als niemand reagierte, ging er zur Spüle und spritzte sich Wasser ins Gesicht. Er griff ins Regal, holte ein Pillenfläschchen runter, schüttelte zwei in die Handfläche und warf sie sich in den Mund. Stellte das Fläschchen wieder ins Regal, und dann streckte er den Kopf vor und trank aus dem Hahn. Nachdem er sich Gesicht und Hände abgetrocknet hatte, vergaß er, den Hahn zuzudrehen. Er ging den Flur runter, rammte einmal mit der Schulter die Wand und verschwand in Moms Zimmer.

«Himmel», sagte Mom. Sie erhob sich von der Couch. «Ich dachte schon, er geht nie schlafen.»

«Was hat er denn da gequasselt?»

Mom lief zur Spüle und stellte das Wasser ab. «Ich weiß nicht – ich glaube, irgendwas stimmt nicht mit ihm. Er nimmt Ambien, damit er schlafen kann, vielleicht kommt daher seine Schlafwandlerei.»

Sie ging ins Wohnzimmer und sah nach, wie viel Wein Frick getrunken hatte. Sie goss sich eine Tasse voll und nippte daran. In der Küche warf sie einen Blick darauf, und dann schüttete sie den Inhalt ins Spülbecken. Sie wusch ein paar Teller und Schüsseln ab, und die besonders verschmutzten, an denen Essen klebte wie Lava, weichte sie in heißem Seifenwasser ein.

Sie ließ eine Gabel fallen.

«Oh», sagte sie, und dazu fiel ihr die alte Weisheit «Unverhofft kommt oft» ein.

«Dann hoffen wir mal, dass es das Publishers Clearing House mit einem fetten Lotteriegewinn ist», sagte ich, obwohl einem das wirklich nicht als Erstes in den Sinn kam. Ich dachte an die Frau im Bus, wie still sie gewesen war, wie starr sie die ganze Fahrt über nach vorn geblickt hatte.

Mom hob die Gabel auf. «Bei unserem Glück hätten sie sich in der Adresse geirrt. Oder es wäre der Gerichtsvollzieher, der wegen dem Wagen kommt.»

«Bist du mit den Raten hinterher?»

Mom stieß einen von Herzen kommenden Seufzer aus. «Ich hätte das nicht sagen sollen. Über diesen Scheiß brauchst du nichts zu wissen. Aber in ein paar Tagen kriege ich sowieso meinen Scheck.»

Ich ließ mich auf einen Küchenstuhl fallen und streckte die Beine aus.

«Wir müssen dir mal neue Hosen besorgen», sagte Mom. «Aus denen hier bist du rausgewachsen.»

«Ein Jahr werden sie schon noch halten.»

«Das Jahr wird um sein, bevor du piep sagen kannst.»

Mom trocknete sich die Hände ab, und bevor sie die Arbeitsfläche abwischen konnte, sagte ich, nein, das würde schon ich machen.

«Wenn du drauf bestehst», sagte sie. «Gib mir einen *baasus* – ich gehe jetzt ins Bett.»

Wir sagten Gute Nacht, und als sie an ihre Zimmertür kam, drehte sie sich um und fragte: «Hast du Paige gesehen?»

Ich sagte Nein.

Es war still im Haus, als ich die Oberflächen abwischte. Der Boden knarrte unter meinen Füßen, und die Wanduhr tickte. Es war spät geworden. Ich deckte das Geschirr ab, das Mom offen stehen lassen hatte. Ich beobachtete mein Spiegelbild im Fernseher, das größer wurde, je näher ich herankam – und als ich das Licht ausschaltete, verschwanden mein Körper und meine schlecht sitzenden Hosen mitsamt der Küche im Hintergrund.

*

Am Morgen nachdem ich Paige im Schuppen schlafen gelegt hatte, wachte ich auf und traf sie nicht mehr dort an. Zwei Tage lang regnete es durch, und ich sah sie nie. Jedes Mal war sie verschwunden. Ich wusste nicht, warum sie draußen im Regen rumlaufen wollte, aber das tat sie. Als es endlich aufklarte – irgendwann gegen vier Uhr morgens, denn ich war zum Geräusch heftigen Regens eingeschlafen, der aufs Dach schlug, und wachte zu Fricks Fernsehgeräuschen aus dem Wohnzimmer auf –, nahmen Tyson, JP und ich uns vor, unsere Kanus in den Fluss zu lassen, der hochstand und viel Strömung hatte. Schon am frühen Morgen verließ ich das Haus. Frick hatte zwei Ambien genommen und war endlich eingeschlafen, und Mom trug mir auf, nicht so spät zurückzukommen, sagte, dass sie einen Großeinkauf plante und eine Überraschung fürs Dinner. Bevor ich mich unten am Fluss mit JP und Tyson traf, hatte das Filmteam in dem Van neben mir gehalten und gefragt, ob es mich filmen dürfte, wie ich mit den Händen in den Taschen die Straße runterlief, und ich meinte, für sechzig Dollar könnten sie ein paar von uns beim Kanufahren filmen, aber sie sagten, sie hätten einen strammen Zeitplan und müssten irgendwohin. Ich war mir ziemlich sicher, dass sie mich im Weggehen filmten.

JP, Tyson und ich paddelten ein paar Stunden lang gegen die Strömung, die Sonne schien, und JP und ich schubsten Tysons Kanu mit unseren Paddeln hin und her und lachten, während er auf dem breiten Fluss, der unser Herzblut war, die Balance hielt. Wir steuerten an all dem Land vorbei, das dem Staat gehört, bis wir schließlich zu der morastigen Insel kamen, auf der unsere althergebrachten Jagdgründe liegen.

Wir zogen die Kanus an Land, und die Erde schmatzte unter unseren Füßen. Wir gingen vierzig Minuten landeinwärts, entfernten uns von all den Schwarzeschen, suchten nach einer weniger sumpfigen Stelle.

«Da», sagte JP und deutete auf ein trockenes Fleckchen. «Das sieht gut aus.»

Das Feuer brannte lichterloh. JP zog ein paar Bier aus seinem Rucksack. Eins fiel ihm runter. Das gab er Tyson.

«Hallo, schönen Dank auch», sagte Tyson.

«Willst du es nicht?», sagte JP. «Dann gib es wieder her.»

Tyson ließ die Lasche knacken und zog sie hoch.

«Dachte ich mir's doch.»

Ich nippte daran und zog eine Grimasse. «Ich trink ja nicht jeden Tag Pisse, aber wenn es doch mal vorkommt, ist es Starkbier.»

«Klappe», sagte JP. «Was Besseres konnte ich nicht auftreiben. Die hat mein Bruder in seinem Zimmer rumliegen lassen. Wir könnten ja Paige fragen, ob sie uns welches kauft, aber dann trinkt sie vielleicht alles weg.»

«Dieser Mist ist nicht lustig.» Bevor er sich entschuldigen konnte, hatte ich das Bier leer. «Die Neige schmeckt auch nicht besser als der Rest der Dose.»

«Manchmal», sagte JP mit der Stimme von Thomas aus *Smoke Signals*, «ist ein guter Tag zum Sterben. Und manchmal ist ein guter Tag zum Starkbiertrinken.»

«Thomas», sagte ich. «Du hast Scheiße im Hirn.»

«Tja.» JP schüttelte den Schaum aus seiner Dose auf die Erde. «Nie ist ein guter Tag zum Starkbiertrinken. Tyson, falls du dieses Jahr nicht von der Schule abgehst, kannst du dir *Smoke Signals* im Geschichtsunterricht gleich zweimal anschauen.» Er rülpste und sprach weiter. «'tschuldigung. Das erste Mal kriegst du ihn vorgeführt, wenn ihr kurz den Pfad der Tränen streift, und dann noch mal am Ende der Ausführungen über den Settlement Act.»

«Wir haben den wirklich zweimal gesehen, oder?», fragte ich.

«Nichts drückt das Wort ‹eingeboren› besser aus als ‹Hey, Victor!›.»

«Und Röstbrot», sagte ich.

Das Bier schlug so schnell durch, wie ich es geleert hatte. Das Feuer war warm. Deshalb fiel mir das Röstbrot ein – bei den Gemeinschaftstagen würde es das wieder geben. Vielleicht fand ich genug Kleingeld in meinem Zimmer, um mir welches zu leisten. Vielleicht hatte Paige auch noch irgendwo was, unter dem Bett oder in einer Schublade. Sogar Frick konnte was in seinem Truck haben. Obwohl, bei der letzten Durchsicht hatte ich da bloß ein paar Pennies und eine Zweidollarnote gefunden, die zum Ausgeben zu cool war. Mom hatte kein Geld, und ich war klug genug, nicht nachzuschauen. Wenn sie je welches hatte, verjubelte sie es. Geld – es war überall und nirgends.

Der Haufen Hölzer und dünner Äste neigte sich dem Ende zu, und unser Rausch genauso. Wir pissten allesamt aufs Feuer und brachen zu den Booten auf. Jeder für sich war in seinen stillen Absacker vertieft, also sagten wir nichts, stiegen in unsere schaukelnden Kanus, stachen unsere Paddel zum Abstemmen in die Erde, und dann den Fluss runter mussten wir keinerlei Kraft mehr aufwenden, ließen uns einfach von ihm heimwärts treiben, und über einige Abschnitte fächerte uns der Fluss so auseinander, dass JP weit zu meiner Linken und Tyson weit zu JPs Linker war. Als wir an die Biegung kamen, brachte uns die mäandrierende Strömung wieder zusammen, und dann machten wir vier Schläge zum Ufer, und die Kanus glitten auf den weichen Grund, vor dem eine Rebenwand wie nasses Haar herunterhing. Wir banden sie an ein paar Bäumen fest, und mit gesenkten, schmerzenden Köpfen gingen wir durch den dunkelnden Wald zur Straße.

*

Als ich nach Hause kam, war Moms Wagen weg, und Fricks Truck stand unbewegt an derselben Stelle neben der Einfahrt im Gras. Tyson meinte, er gehe jetzt nach Hause zum Essen, und JP sagte das Gleiche, bloß dass er nicht zu sich, sondern zu Tyson nach Hause mitwollte, und den ganzen Weg die Straße runter sagte er immer wieder zu Tyson, er habe Scheiße im Hirn, dass er, JP, sehr wohl wisse, es werde für alle genug zum Dinner geben, denn schließlich habe er Tysons Mutter geholfen, die Einkäufe reinzutragen.

Schon von draußen hörte ich den Fernseher dudeln. Komische, unnatürlich kehlige Laute drangen aus den Fenstern auf den Rasen vor dem Haus, und als ich rein- und ins Wohnzimmer durchging, wurden sie noch lauter. Da lief ein Zombiefilm – *Land of the Dead* –, aber keiner sah ihn sich an, und weil der Film so laut war und keiner zusah, wirkte er noch gruseliger.

Die Zedernholztruhe, die uns als Kaffeetisch diente, war mit Asche übersät, und überall auf dem Fußboden lagen Zellophan und Verpackungen von Hershey-Riegeln verstreut. Der schwarze Deckel der Fernbedienung schaute unter der Truhe hervor, und ich hob ihn auf und fand auch noch eine Batterie da unten. Unter einem Couchkissen tat ich die Fernbedienung selbst auf, aber die andere Batterie konnte ich nicht finden. Der Film lief weiter, und ein Mann mit Kopfhörern und einem Gewehr in der Hand wurde von einem jugendlichen Zombie in einem schmutzigen schwarzen Anzug gepackt, und der Mann schrie und rollte auf dem Skateboard rückwärts, auf dem er aus irgendwelchen Gründen unterwegs war, und dann erschien Zombie auf Zombie, ein dreckiger Clown biss ihm ins Handgelenk, als wäre es Hühnerfleisch, ein anderer riss ihm die Haut vom Hals, und eine ganze Horde Untoter stieß ihn in einen Schuppen, wo er auf den Rücken fiel und die Bande ihn zerfetzte und seine Innereien auffraß, während er stöhnend starb.

Ich schob die eine Batterie wieder in die Fernbedienung, legte sie mitsamt dem Deckel auf die Truhe, ging zum Fernseher und schaltete ihn ab, und in der Stille waren ihre Schreie zu vernehmen, die mich zu Tode erschreckten.

«Was ist?», brüllte ich. Ich rannte den Flur runter zu Paiges offener Tür und ging rein. Ihr Zimmer war geschrottet – die Kommode umgeworfen, der Spiegel in kleine und große Splitter zerbrochen auf dem Boden. Ein brennendes Räucherstäbchen schwärzte das weiße Linoleum. Niemand da.

Wieder schrie sie. Moms Zimmer. Ich machte die Tür auf und sah Paige heulend auf dem Bett, und auf ihr saß Frick, in Kleidern, aber dabei, ihre runterzureißen. Sie brüllte meinen Namen, und Frick schlug sie, sah dann über die Schulter hinweg zu mir und nannte mich einen verfickten Jesuiten.

Paige schrie, während Frick, gegen die Wände torkelnd und sich die Finger reibend, langsam hinter mir herkam. Ich zog mich durch den Flur zurück und behielt ihn im Auge, und er nuschelte, das sei sein Wigwam, Weiße hätten hier nichts zu suchen, und ich lockte ihn durch den Flur und die Küche, und dann machte ich die Hintertür auf und trat auf die Betontreppe, damit er mir nach draußen folgte. Er muss aber gedacht haben, ich würde abhauen, denn er drehte sich um und begann, durch den Flur zurückzugehen.

Der Van mit dem Filmteam kam die Straße rauf, und ich wollte ihnen zurufen, sie sollten die Polizei holen, aber sie fuhren zu schnell an mir vorbei und sahen mich gar nicht. Es war eine Sackgasse, also mussten sie irgendwann zurückkommen.

An der Eingangstür nahm ich einen meiner Schuhe und warf ihn nach Frick, und er fuhr herum, schmiss den Kühlschrank um, trat über all die verstreuten Lebensmittel und die zerbrochenen Würzpastengläser und kam mir hinterher. Er hatte erst ein, zwei Schritte getan, als Paige ihm den aschegrauen Schürhaken über den Kopf zog. Sie schrie und zitterte und holte aus und schwang und schrie und zitterte und schwang und schrie und zitterte und schwang den Haken, und als ich zu ihr rüberkam, während sie auf seinen Schädel einschlug, schwang sie ihn einmal gegen mich, aber dann ließ sie den dicken Metallstab sinken und sagte: «Erzähl ihr nichts», und ich schnappte mir das Eisen, nahm es ihr aus der Hand und ließ es auf den Fußboden knallen.

Ein Wagen hupte, und Paige sah zum Fenster. Sie stieß

mich zur Seite und lief aus der Hintertür. Ich folgte ihr – schaute gar nicht darauf, wie er dort lag –, und als ich auf den Stufen stand, sah ich Moms Kofferraum aufspringen. Mom stieg aus dem Wagen, und sie sagte zu mir: «Trag ein paar Tüten rein, *gwus*», und zu Paige, die schon die Einfahrt runter zum Wagen lief, sagte sie: «Ich hab dir dein Lieblingsessen mitgebracht, *doosis*. Ist schon entschalt. Billig war es nicht.»

Ich machte mich in Richtung Wagen auf, blieb aber noch auf den Stufen stehen. Die Plastiktüten raschelten, als Mom sich ein paar aus dem Kofferraum schnappte.

«Geh nicht rein, Momma», sagte Paige.

Die Tüten hörten auf zu rascheln.

«Geh nicht rein.»

«Was ist los?», fragte Mom, und Paige begann zu schluchzen und hängte sich an Mom wie ein Kind, aber Mom konnte sie nicht halten.

«Was hast du da im Gesicht?», sagte Mom.

Bis dahin hatte ich es gar nicht gemerkt – und jetzt wusste ich nicht, wie lang ich das schon machte –, aber ich hatte die Hand vor den Mund gelegt und reingebissen. Ich blutete und wischte mir den Handteller an den Jeans ab.

Ich ging die Stufen runter, aber nicht zu ihnen hin. «Sie hat es nicht absichtlich gemacht», sagte ich. «Sie hat es nicht vorgehabt.»

«Was vorgehabt?» Mom versuchte, sich Paiges Umklammerung zu entziehen. Der Van mit dem Filmteam kam zurück. Paige schrie, weinte und sagte: «Geh nicht rein!» Der Van hielt, das Fenster ging runter, und der Fahrer, ein alter, graubärtiger Weißer, fragte, ob mit Paige alles in Ordnung sei.

«Kümmern Sie sich um Ihren eigenen Scheiß», sagte

Mom zu ihm. «Sie sind hier ein bisschen weit weg vom Weihefeuer, oder?»

Der Fahrer schien sehr beleidigt und redete weiter – «Ich versuche doch bloß zu helfen, was ist mit ihr? Jace, greif mal zum Telefon, sie braucht Hilfe» –, aber Mom ignorierte ihn einfach, packte Paige mit der Hand im Gesicht und sagte: «Was hast du getan?»

«Frick war's», brüllte ich, und Mom riss sich von Paige los, rannte die Einfahrt rauf, und sie würdigte mich keines Blickes, als sie die Treppe rauflief und das gelbe Haus betrat, und sie schrie auf und schluchzte, als sie rückwärts wieder rauskam, die Stufen runterlief und auf dem harten, harten Boden der Einfahrt zusammenbrach.

Paige heulte sich beim Fahrer des Vans aus. «Er ist auf mich losgegangen», sagte sie. «Er ist auf mich losgegangen.»

«Es ist schon jemand unterwegs», sagte der Fahrer. «Gleich wird jemand hier sein. Er wird Sie nicht kriegen.»

Mom erbrach sich.

Ein Mann filmte, und ich sagte ihm, er solle die verdammte Kamera ausmachen.

Mom wischte sich den Mund ab und sagte immer wieder «Himmel noch mal». «Himmel noch mal, Himmel noch mal, Himmel noch mal.» Ich rieb ihr über den Rücken und versuchte, sie hoch- und vom Erbrochenen wegzuzerren, aber sie sagte, so könne das nicht gehen, kroch auf Paige zu, winkte mit den Händen den weißen Fahrer fort und sagte wiederholt: «Lasst mein Baby zu mir, komm her, komm her», und Paige ging weinend zu ihr rüber, und da auf der Einfahrt hielt Mom meine große Schwester im Schoß, und sie wiegte sie und sagte: «Wo ist mein anderes, wo ist mein anderes?», und ich lief gerade noch rechtzeitig zu ihr, kroch neben ihr in den staubigen Kies, gerade noch rechtzeitig, bevor die Welt mit ihrem blutroten Horizont und ihrer rot glühend untergehenden Sonne in Schwarz überblendete.

# Sein Name ist Donner

Ich bin nicht mehr blind, aber vor vielen Jahren gab es mal eine Zeit, in der ich das Augenlicht verloren hatte. Nächste Woche gehe ich wegen meinem grauen Star zum Augenarzt, und er wird mich fragen, ob meine Augen schon mal einen Schaden hatten. Ich weiß nicht, wie es bei solchen Sachen läuft, aber im Fall, dass ich mich operieren lassen muss, habe ich das Gefühl, irgendwelche medizinischen Informationen, irgendwelche wichtigen Details zurückzuhalten, könnte leicht dazu führen, dass der Arzt sein spitzes Werkzeug in die falsche Richtung bewegt.

Ich will die Geschichte schon im Eigeninteresse richtig erzählen, deshalb sollte ich, glaube ich, hier anfangen. Ich war zehn, und ich saß auf einem harten Stuhl, dicht an einen Schreibtisch geschoben, der zu hoch für mich war. Immer mal wieder stand Jane, die Sekretärin der Reservatsschule, von ihrem großen braunen Schreibtisch auf, kam zu mir, sah, wie wenig ich von dem Kartentest über das Sonnensystem geschafft hatte, und sagte: «Den Planeten da kennst du doch, oder?» Sie roch nach Zimt, was die Geschmacksrichtung der Nikotinkaugummis war, die sie kaute. «Er reimt sich auf *Pferde*.»

Ich wusste, wo die Sonne war, das lag auf der Hand, und ich kannte zwei Planeten, die drumherum kreisten: Pluto – weit, weit draußen am Rand – und die Erde. Heute könnte ich wahrscheinlich immer noch bloß die beiden verorten; andererseits ist es mehr als fünfzig Jahre her, dass der Pluto degradiert wurde – aus dem Sonnensystem verstoßen –, deshalb zählt der nicht mehr. Aber auf diesem Stuhl damals konnte ich die – oder irgendeine – Antwort einfach nicht hinschreiben, denn wenn ich auf das weiße Papier mit den unterschiedlich großen Kreisen darauf schaute, sah ich die Erde und fragte mich, wie es wohl meiner Schwester Paige ging.

Mom war bei ihr, und auch Frick, der trommelte und sang, um das Kind willkommen zu heißen. (Er hatte sich entweder den Tag bei der Instandhaltung freigenommen, oder es war schon die Zeit, wo er einfach nicht mehr hinging.) Wenn ich mich richtig entsinne, war sogar Paiges Sozialarbeiterin Marla da, zumindest zeitweise, weil Mom später immer wieder erzählte, zuerst habe sie gedacht, Marla sei eine nette Frau, aber da habe sie falschgelegen. Als ich älter wurde, sagte ich dann immer, Marla habe nur ihre Arbeit getan, womit Mom natürlich nicht einverstanden war. Ich wäre gern mit ihnen allen zusammen in der Klinik gewesen, aber am Morgen hatte ich einen Hustenanfall gehabt – mich beim Wassertrinken verschluckt, mehr nicht –, und Mom dachte sofort, ich wäre krank und würde das Kind anstecken. Deshalb musste ich in die Schule.

Jane ließ ihren Kaugummi schnalzen. «David», sagte sie. «*Pferde*. Es reimt sich auf *Pferde*.»

«Erde», sagte ich zu ihr.

«Sehr gut», sagte sie. «Schreib es hin.»

Sie kehrte an ihren Schreibtisch hinter mir zurück, und ich schrieb *Zuhause* unter den Planeten, was zugleich stimmte und falsch war, die Art Antwort, für die ein cooler Lehrer halbe Extrapunkte verteilt und *schlau* danebengeschrieben hätte. Aber diese coolen Lehrer taten das bloß bei den Schülern, die sowieso jede Antwort wussten, jede Hausaufgabe machten, nie eine Sozialarbeiterin hatten und jeden einzelnen Tag zur Schule gingen.

An dem Tag – einem grauen, bezogenen Anfang September – holte Frick mich vom Nachsitzen ab. Vielleicht war es auch nicht Nachsitzen. Nachsitzen musstest du, wenn dein Name auf der Tafel stand und daneben ein Häkchen war, was mir beides nie passiert ist. Ich war brav und folgsam. Ich hatte bloß Probleme mit Prüfungen, mit dem Lernen, mit Aufgaben in der Schule und zu Hause, deshalb winkte mich oft am Ende des Schultags, wenn die dumpfe Glocke zu schlagen aufhörte und einem doch noch im Ohr nachhallte, die Naturkundelehrerin zu sich – sie hatte die breitesten Hüften überhaupt – und sagte, sie hätte noch ein paar Zusatzaufgaben für mich. Dann saß ich vorn im Büro und hörte Jane eine Stunde lang beim Tippen zu, während ich die eine oder andere Aufgabe löste, dabei Tierkekse aß und Wasser aus Weichplastikbechern trank.

Auf dem Parkplatz grummelte Fricks Truck im Leerlauf, der Auspuff pustete Abgase in die Luft. Meine Tür war verriegelt, und Frick musste rübergreifen und sie aufmachen. Ich kletterte rein, wobei er mir den Rucksack abnahm und ihn in den schmalen Raum hinter die grauen Sitze stellte.

«Ist das Baby zu Hause?», fragte ich.

Frick schaltete in Drive und fuhr vom Platz. «Nein», sagte er. «Es geht ihm nicht gut.»

Und das tat es noch ein paar Tage lang nicht. Jeden einzelnen saß ich nach, war unfähig, irgendeinen Test hinzukriegen, und fragte mich, ob das Kind zu Hause sein würde, wenn Frick mich abholen kam. Schließlich wurde der Junge tatsächlich in unser gelbes Häuschen gebracht. Jahre später, wenn ich Mom sonntags in den Altenwohnungen des Reservats besuchte, erzählte sie mir – mit der leisen, freundlichen Stimme, die sie sich im Alter zugelegt hatte –, dass er furchtbare Krämpfe vom Methadonentzug gehabt hatte, eine Enthüllung, die sein schreckliches Gekreisch erklärte. Damals dachte ich, er würde so heulen, weil Paige sich weigerte, ihn an sich ranzulassen – sie war deprimiert, still, saß ständig mit verschränkten Armen und einer kokelnden Zigarette im Aschenbecher auf der Couch. Aber nein – der Schmerz des Jungen war auf den Entzug seiner Mutter zurückzuführen, die Methadon genommen hatte, um das Verlangen zu bezähmen, diese blauen Pillen mit Alk runterzuspülen, das Verlangen, die Erinnerung an das schreckliche Rumgrapschen von Männerhänden auf ihrem Körper zu betäuben – all das auf diesem Planeten, den ich nicht benennen konnte. Komisch ist, dass ich das zwar wusste – dass sie wegen ihres Drogenkonsums auf Methadon war und die Sucht wiederum auf diesen Mann zurückging, der ins Mohawk-Res geflüchtet war (Frick hatte ihn verfolgt) –, mir aber nicht bekannt oder vorstellbar war, wie Abhängigkeit vom einen Körper zum anderen überging, wie all diese Ereignisse und Taten sich auswirken würden.

Als der Junge nach Hause kam, kümmerte hauptsächlich Mom sich um ihn, weil Paige es nicht konnte. Sie wickelte ihn in ein weiches weißes Deckchen, das die Nonnen uns geschenkt hatten – zusammen mit Windeln,

Handtüchern und Gutscheinen für den Kaufladen, und all das wurde uns in einem Eschenkörbchen geliefert, in dem der Junge auch schlief, der einzige Platz außer den Armen meiner Mutter, wo er sich beruhigte. Mom wiegte ihn und summte ihm irgendwas vor, während sie bei leise gestelltem Fernsehton auf der Couch saßen und Frick mit einer unangezündeten Kippe in der Küche stand und eingebildete Asche abschnippte. Und da waren wir auch – Mom und der Junge auf der Couch, ich fernsehend auf dem Fußboden, Paige schlafend in ihrem Zimmer und Frick beim imaginären Rauchen am Küchentisch –, als der erste von zahlreichen Anrufen aus der Klinik kam, bei denen der Name des Kindes eingefordert wurde.

Paige weigerte sich, ihm einen Namen zu geben, und wir durften ihn nur deshalb namenlos mit nach Hause nehmen, weil Frick den Arzt belogen und gesagt hatte, erst müsse eine Namensgebungszeremonie auf geweihtem Grund stattfinden. Vielleicht war es auch keine Lüge, aber ich entsinne mich an keine Zeremonie; stattdessen entsinne ich mich, Frick eines Abends am Telefon mit seinem Bruder, der im Westen lebte, darüber lachen gehört zu haben. Jedenfalls hatte der Arzt, vielleicht um juristischen Ärger zu vermeiden oder im Bemühen um kulturelle Sensibilität, zugelassen, dass der Junge nach seiner Zeit auf der Intensivstation und den morgendlichen Phenobarbitalgaben nach Hause durfte.

Aber als die Tage namenlos verstrichen, begann die Klinik, wieder und wieder anzurufen. «Nächste Woche», sagte Mom dann. «Wir müssen noch eine Woche auf die Zeremonie warten.» Sie hielt inne und hörte zu. «Weil», sagte sie, «es mit der Planetenkonstellation zu tun hat.»

Als sie auflegte, fragte ich sie, ob sie wüsste, wo der Neptun war.

«Auf dem Grund des Ozeans», sagte sie.

Die Tage vergingen, und die Anrufe aus der Klinik wurden ungeduldiger. «Er braucht jetzt einen Namen», hieß es. «Sonst geben wir ihm einen. Den können Sie dann ändern, sobald Sie selbst einen haben.» Heute würde es mich interessieren zu erfahren, wie sie ihn wohl genannt hätten; Google gibt an, dass eine Klinik «ohne Vornamen» oder «Baby X» in die Geburtsurkunde schreiben würde. Ich weiß bloß, dass sie dem Kind am Ende keinen Namen gegeben haben, aber sie riefen täglich um die gleiche Zeit an – gegen vier Uhr nachmittags. Wir wussten jedenfalls, wann wir damit zu rechnen hatten, und Mom nahm den Jungen, packte ihn warm ein (abends wurde es schon merklich kühler), und Frick und ich folgten ihr nach draußen, wo wir dann eine Stunde lang auf den Betonstufen saßen und frische Luft schnappten.

An einem dieser Tage draußen gaben wir ihm schließlich doch einen Namen, oder wir benannten ihn irgendwie. Die Idee dazu hatte Frick. Eine kleine Regenfront zog durch, und wir saßen sie im Schuppen aus – Mom und das Baby, Frick und ich. Kurzfristig schüttete es, und die grünen Blätter schlugen um und zitterten mit ihren blassgrünen hellen Unterseiten, während scharfe weiße Lichtblitze den Himmel aufleuchten ließen und die Erde unter uns grollte. Im Verlauf all dessen weinte der Junge nicht. Der Sturm ließ nach, der Regen tröpfelte sanfter und sanfter aufs Dach; Frick zog noch einmal an seiner Kippe, hielt sie dann in der geöffneten Schuppentür unter tropfendes Wasser, wo sie zischend ausging und Frick sie auf den Boden warf.

«Bedogi», sagte er und blies Rauch aus. Auf Panawahpskek heißt das *Donner*, also gaben wir ihm diesen Namen oder wollten ihn zumindest so lange so nennen, bis Paige aus diesen dunklen Gefilden auftauchte.

Allzu oft hielt ich Bedogi nicht im Arm. Gewöhnlich bloß dann, wenn Mom und Frick und ich da draußen auf den Stufen saßen, um den Anrufen aus der Klinik zu entgehen. Dann gab Mom ihn mir, damit sie im Schuppen eine rauchen konnte, und Frick folgte ihr immer. Seit Bedogi auf der Welt war, verhielt Mom sich anders. Sie rauchte nicht mehr im Haus, und sie hörte auf zu trinken und schlürfte stattdessen Tee. Frick auch, aber bloß, weil Mom ihm gesagt hatte, sonst müsse er ausziehen, und der einzige Ort, wohin er gekonnt hätte, wäre sein unvollendetes Camp ein paar Kilometer nördlich des Reservats gewesen.

Wenn ich den Jungen im Arm hatte, flüsterte ich mit ihm, machte ihm Hoffnung wegen seiner Mutter. «Sie wird schon wieder», sagte ich auf den Stufen zu ihm. Ich erinnere mich an das erste Mal, als ich das zu ihm gesagt habe. Wie könnte ich mich nicht daran erinnern? Es war ein kühler Abend Ende September, kurz vor neun, und ich hielt ihn im Arm, während Mom und Frick sich im Schuppen stritten. (Frick wollte ausgehen und was trinken, aber Mom meinte immer wieder, das hätte er nicht nötig.) Als ich dem Jungen sagte, seine Mutter würde schon wieder, kam Mom aus dem Schuppen und fragte, was ich da gesagt hatte. Ich sagte es ihr und glaubte schon, ich hätte was Falsches gesagt, da nahm Mom mir Bedogi ab und sagte genau das Gleiche.

«Richtig, sie wird schon wieder. Komm, David, lass uns reingehen.»

Wir gingen alle wieder nach drinnen, und das Küchenlicht war so hell, dass ich die Augen zusammenkneifen musste. Bedogi war in Moms Armen eingeschlafen und schlief immer noch, als Mom nach Paige rief. Er schlief auch dann weiter, als Paige nicht reagierte und Mom wieder ihren Namen rief, lauter diesmal. Beim dritten Anlauf brüllte Mom nach Paige, und Bedogi wachte auf und entrang sich einen gurgelnden Kreischer.

«David», sagte Mom. «Geh und weck deine Schwester.»

Paige war gar nicht da – nicht mal als Körperabdruck auf dem fest eingeschlagenen Bettzeug.

«Sie ist weg», sagte ich zu Mom. Ich stand im Flur, als wollte ich gleich noch mal nachschauen, weil meine Augen sie nicht wahrgenommen hatten.

«Was soll das heißen, sie ist weg?», sagte Mom. Noch mal rief sie Paiges Namen, und Bedogi stieß einen lauten Schrei aus.

«Schhh, schhh», sagte Mom.

Sie erhob sich von der Couch. Ich trat zur Seite, als sie durch den Flur kam und ins Dunkel von Paiges Zimmer spähte. Wieder sagte sie Paiges Namen.

Aber Paige war weg. Ihr Fenster war zu, nur das Fliegengitter lag abgerissen vor dem Haus im Gras.

Frick ging es holen, aber Mom meinte, er solle es nicht wieder anbringen, sonst käme Paige vielleicht später zurück und durch die abgeschlossenen Türen nicht wieder ins Haus. «Wie kann sie es nur wagen?», sagte sie. «Wie kann sie das nur wagen?»

«Soll ich sie suchen gehen?», sagte Frick. Er verstaute das Fliegengitter in Paiges Schrank. «Ein bisschen rumfahren?»

«Nein», sagte Mom.

Bedogi weinte eine gute Stunde lang durch. Mom gab sich alle Mühe, ihn zu besänftigen – sie wiegte ihn und summte lauter und lauter, bis er es über sein Geschrei hinweg hörte und sich beruhigte. Bald begann er, tiefer zu atmen, und schlief ein. In dem Moment, als ich gerade dachte, dass Bedogi jetzt irgendwas träumte, an das er sich nie erinnern würde, ging Mom ihn ins Bett bringen und trug mir auf, das Deckchen von der Couch zu nehmen und mitzukommen. In Paiges Zimmer hatte Mom das Licht angemacht und stand glotzend vor der leeren Stelle auf Paiges Zimmerboden. Das Eschenkörbchen, in dem Bedogi schlief, war verschwunden.

«Dieses Aas», sagte Mom.

«Glaubst du, sie hat getrunken?», sagte Frick, aber darauf wusste Mom keine Antwort.

Mom schlug ihr eigenes Bett auf und legte Bedogi mit zwei Kissen links und rechts in die Mitte. Schweigend kam sie aus dem Zimmer und ging nach draußen. Frick folgte, aber Mom warf ihm nur einen, einen einzigen Blick zu, darauf blieb er drinnen bei mir und setzte sich schweigend an den Küchentisch, während ich mich aufs Linoleum im Wohnzimmer niederließ. Als Mom wieder reinkam, wusch sie sich die Hände, schrubbte sich den Rauchgeruch von den Fingern.

«Willst du, dass ich sie suchen fahre?», sagte Frick.

Der Abfluss rülpste, und Mom trocknete sich die Hände an den Jeans ab.

«Ich weiß schon, was du vorhast», sagte sie. «Fahr einfach. Wenn du sie findest, findest du sie. Wenn nicht, weiß ich, wo du bist.» Mom drehte sich um und ging ins Bad.

Frick zog seine Stiefel an, schnürte sie zu und war weg, noch bevor Mom vom Klo zurückkam. Als sie raustrat, sagte sie nichts. Sie schaltete alle Lampen in der Küche und im Wohnzimmer aus und ging dann mit vorsichtigen Schritten durch den dunklen Flur in ihr Zimmer.

*

In späteren Jahren habe ich diese Geschichte ein paarmal erzählt, und manchmal sagte ich dann, ich hätte die ganze Nacht dort auf dem Fußboden verbracht, und bei anderer Gelegenheit, ich hätte mich doch ins Bett gelegt. Bei den späteren Versuchen, sie zu erzählen – einmal einem Therapeuten und einmal einer Frau, mit der ich ein paar Jahre verheiratet war –, begann ich, um den Bericht wahrhaftiger zu machen, dieses Detail zu erwähnen, dass mir nicht mehr einfiel, ob ich die ganze Nacht dort gesessen oder mich ins Bett gelegt hatte. Und heute weiß ich zwar nach wie vor nicht, ob ich die ganze Nacht dort sitzen geblieben oder ins Bett gegangen bin, stelle mir dafür aber die Frage, ob dieses Detail die Geschichte tatsächlich irgendwie ehrlicher macht oder nicht.

In den nächsten paar Tagen, ohne Paige und Frick, war es still im Haus. Mit Ausnahme des Telefons, das mindestens viermal am Tag anhaltend läutete und läutete. Ich weiß nicht, wie oft ich an diesen Tagen, in denen sie fort waren, in die Schule gegangen bin, aber doch zumindest ein Mal. Meine Naturkundelehrerin nahm weiter das Sonnensystem durch und erzählte im Unterricht, dass die Sonne in vier bis fünf Milliarden Jahren explodieren würde – dabei zog sie riesige Kreidekrakel durch die Kreide-Erde, die sie an die Tafel gemalt hatte. Aber sie versicherte uns, dass wir, die Menschheit, das nicht mehr mitbekommen würden, dass die Sonne in wenigen Millionen

Jahren, bevor sie explodiert, sich ausdehnen und die Erde mit einem Happs verschlingen wird.

Ich fragte meine Mutter danach. Sie fegte mit einer Hand auf und hielt Bedogi in der anderen.

«Hab ich auch schon gehört», sagte sie. «Das kam neulich Abend auf PBS.» Sie fixierte die Kehrschaufel mit dem Fuß und kehrte den Dreck im Stehen auf die rote Fläche. «Würdest du das mal in den Müll bringen?»

«Also stimmt es?», sagte ich. «So wird es kommen?»

«Bis dahin sind wir längst weg», sagte Mom.

«Aber so wird es kommen?», fragte ich noch mal.

«Das wird behauptet.»

«Aber glaubst du, es wird passieren?»

«Ich glaube, dass du herkommen, dir diese Kehrschaufel nehmen und sie ausleeren musst, das glaube ich.»

Jeden Tag lag Bedogi in Moms Armen, und jeden Tag saß Mom auf der Couch oder werkelte in der Küche und kochte für sich und mich Mittag- oder Abendessen. Ich fragte nicht mehr nach der Sonne, aber ich begann, sie im Blick zu behalten. Jeden Abend, wenn sie unterging und der Wald zu Gold wurde, ging Mom mit Bedogi über den kurzen Pfad hinter unserem Haus, schlug einmal den Kreis und zeigte ihm die Eichen, die Ahorne und die Birken, zeigte ihm Fricks Schwitzhütte und nahm ihn sogar einmal mit rein. Und während sie unterwegs war, bemühte ich mich die ganze Zeit, mit schnellen Blicken auf ihre Gestalt festzustellen, ob die Sonne tatsächlich noch rund war oder sich schon zu uns hin ausbeulte. Wenn Mom mit ihrer Tour fertig war, gab sie Bedogi mir, und ich saß auf den Stufen und hielt ihn in den Armen, während sie den gleichen Spaziergang noch mal alleine machte. Und während sie unterwegs war, erzählte ich dem Jungen, dass die Sonne kugelrund aussah und keinen Anlass zur Sorge bot.

Eine Woche lang tauchten Paige und Frick nicht mehr auf, riefen auch nicht an. Und falls doch, gingen wir nicht dran. Nur einmal in dieser Woche war Mom ans Telefon gegangen, und da waren nicht sie oder die Klinik dran gewesen, sondern Marla, Paiges Sozialarbeiterin, die sich fragte, warum Paige nicht zum Termin gekommen war. «Ich richte ihr aus, sie soll Sie anrufen, wenn sie wieder zu Hause ist», sagte Mom. «Sie ist gerade nicht da.» Den Rückruf bekam Marla aber nie, denn auch an diesem Abend kam keine Paige nach Hause.

Am Samstag dann hatte es die ganze Nacht geregnet, und am Morgen roch es im Haus nach dem nassen Gras draußen. Als ich in der frühen Morgendämmerung aus meinem Zimmer kam, saß Mom in schwarzer Hose und Jeansjacke mit den Schlüsseln in der Hand am Küchentisch. Sie wollte einen von ihnen finden.

«Wo ist Bedogi?», sagte ich.

Mom stand auf. «Im Bett. Heute Morgen hab ich ihn gefüttert, aber später musst du das machen. Seine Fläschchen sind im Kühlschrank. Denk dran, sie unter heißem Wasser aus dem Hahn aufzuwärmen, aber nicht zu lange.»

«Warum können wir nicht mit?», sagte ich. «Können wir nicht mitfahren?»

«Nein», sagte sie. «Bleib bei dem Baby. Ich bin bald wieder da.» Und dann wandte sie sich den an der Wand aufgereihten Schuhen zu und griff zu ihren Gummistiefeln, und ich wusste, dass sie Frick im Camp abholen würde.

«Was, wenn er Kacka macht?»

«Du hast doch gesehen, wie ich ihm die Windeln wechsle. Geh nicht ans Telefon, während ich weg bin, und auch nicht an die Haustür.» Durchs Wohnzimmerfenster sah ich zu, wie sie ihren weißen Toyota rückwärts aus der Einfahrt rangierte und dann losfuhr, um Frick zu suchen.

Allzu oft denke ich nicht an Frick. Er ist seit Jahren tot, und ich war nicht mal bei seiner Beerdigung. Kaum jemand war da. Warum auch? Aber manchmal werde ich das Gefühl nicht los, dass ich doch hingesollt hätte. Dass es irgendwas, das ich nicht mit Worten benennen kann, weniger einsam gemacht hätte. In meiner eigenen Einsamkeit habe ich viel darüber nachgedacht, darüber, ob ich hätte hingehen sollen. Nach seinem Tod bin ich eine Weile in den Süden, nach North Carolina runter, und habe gegen Cash Militärfahrzeuge frisch lackiert. Und da, während ich auf den Knien Sprühfarbe auf Laster auftrug, habe ich viel an ihn gedacht. Klar, da ist diese eine schreckliche Erinnerung, aber es gibt auch süße, die flüchtigen mit einem zweifellos eher flüchtigen, aber doch genauso eindringlichen Clou, wie er mich zum Beispiel vom Nachsitzen abholte und mir den Rucksack abnahm, damit ich in seinen hochbeinigen Truck klettern konnte, und wie ich dann immer den Rucksack dort vergaß und er doch irgendwann in meinem Zimmer stand. Oder wie meine Fahrradkette immer geölt war, oder wie er meine zerbrochenen Spielzeugmänner klebte, die Beine, Arme oder Köpfe wieder dranpappte. Oder wie er mich selbst im Vollrausch noch ins Bett trug, wenn ich auf der Couch eingeschlafen war.

Mom hat ihn geliebt, und ich nehme an, dass sie deshalb an diesem Tag losgefahren ist, um ihn zu holen, aber warum sie mich auf den Jungen hat aufpassen lassen, ist mir schleierhaft. Einmal, vor ungefähr zehn Jahren, habe ich sie gefragt, warum sie mich mit dem Baby allein gelassen hat. Ich hatte ihr ein Sandwich von Coffee Pot mitgebracht, und über aufgeweichtem Brot in ihrer verrauchten Altenwohnung erzählte sie mir, dass sie mich nicht allein gelassen, sondern Bedogi und mich mitgenommen habe, dass es so lange her und ich noch ein Kind gewesen sei und mich deshalb nicht mehr erinnerte. Aber ich erinnere mich sehr wohl, und das ist nicht die Geschichte, die ich kenne, nicht die Geschichte, die ich erzähle oder erzählt habe, und auch nicht die, die ich weiterhin erzählen werde – obwohl ich Moms Version mal an einem Therapeuten ausprobiert habe, die, in der sie uns mitgenommen hat, und das endete wie erwartet. Ich muss berichten, was passiert ist, und passiert ist das: Sie hat uns nicht mitgenommen. Aber ich sehe ein, warum sie an ihre Version geglaubt hat, denn an die musste sie glauben.

Während Mom weg war, schaute ich gelegentlich nach Bedogi. Den Großteil des Vormittags verschlief er, also verhielt ich mich still im Haus, lauschte darauf, dass er aufwachte, und fürchtete mich vor dem Moment, in dem er losheulen und ich irgendwas dagegen unternehmen müssen würde. Aber er weinte nicht. Aus dem Wohnzimmer hörte ich ihn niesen, und als ich zu ihm ging, strampelte er in der Luft herum, die Händchen zu Fäusten so klein wie Baumwollbällchen geballt. Ich setzte mich aufs Bett, worauf er zu rangeln begann, sich vielleicht ein bisschen erschrak.

«Ich bin's», sagte ich zu ihm. «Mom – na ja, Grammy, deine Grammy, nicht meine – ist los, um Frick zu suchen. Du glaubst sicher, sie würde eher deine Mom suchen, oder?»

In meiner Erinnerung trat er einmal mit den Beinchen, ein kleines *Ja*.

«Die kommt schon wieder», sagte ich zu ihm und meinte seine Mutter. «Und dann wird's ihr besser gehen.»

Während ich so mit ihm redete, behielt ich meine wahren Ängste für mich, vor allem, dass keine von ihnen jemals zurückkommen und die Sonne explodieren würde.

Ich saß ein paar Stunden lang bei ihm, bis er zu quengeln begann und ich dachte, er hätte vielleicht Hunger. Ich holte ein Fläschchen aus dem Kühlschrank, drehte das Warmwasser auf und hielt es darunter. Ich hatte schon zugesehen, wie Mom es prüfte, wie sie es umdrehte und sich ein bisschen Ersatzmilch auf den Handrücken träufelte. Das versuchte ich jetzt auch, aber ich wusste nicht, ob sie die richtige Temperatur hatte, wusste nicht, ob sie zu heiß war oder nicht heiß genug. Mit dem Fläschchen kehrte ich dann ins Zimmer zurück, stellte es auf den Nachttisch, und während die Flüssigkeit wieder abkühlte, schnitt ich für Bedogi Gesichter und machte Furzgeräusche. Als ich das Fläschchen nahm, um ihn zu füttern, und er mit seinem kleinen Mund nach dem Gumminippel suchte, klopfte jemand an die Hintertür.

Die Frau drückte das Gesicht gegen die Scheibe, die Hände um die Augen getunnelt, und sah mich durch den Flur zurückschauen. Als ich wieder in Moms Zimmer schlüpfte und nicht aufmachte, klopfte sie erneut.

Es war Marla. Ich träume oft davon, wie sie an dieser Tür steht, und seit Mom nicht mehr hier ist, noch öfter. Bis dahin war ich ihr bloß zweimal begegnet, einmal, als ich nachsaß – oder im Hausaufgabenraum, wie auch immer – und sie mich über mein Zuhause ausfragen kam. Der Lehrer für indigene Studien, ein kurz gewachsener *skeejin*, der lustige Geschichten über Gluskabe erzählte – den «Mann aus dem Nichts», der angeblich nach vielen

Versuchen uns erschaffen hatte –, verwies sie schließlich vom Schulgelände, weil meine Mutter nichts von diesem Treffen wusste. Ein zweites Mal traf ich sie, als sie Paige und den Jungen besuchte. Da saß sie an unserem Küchentisch, während Paige sich einen Namen für das Kind auszudenken versuchte, und ich fragte sie, ob sie sich an mich erinnerte.

«Ich glaube nicht, dass wir uns schon mal begegnet sind», log sie mit süßer, glockenheller Stimme und schüttelte mir die kleine Hand. Bestimmt war das in dem Moment ganz richtig. Aber an dem Tag beschloss meine Mutter, sie nicht zu mögen. Während Marla an unserem Küchentisch saß und sich mit schräger Schrift einen Haufen Notizen machte, erkundigte Mom sich, was sie da dokumentierte, und Marla drehte sich auf ihren breiten Schenkeln um und sagte: «Die Zustände hier.»

Bei der Geschichte fand Mom nie ein Ende. Tagelang kam sie immer wieder darauf zurück. Übel nahm ich ihr das nicht, tue es bis heute nicht. Ich habe noch nie ein reinlicheres Haus gesehen als unseres – Mom schrubbte einfach alles makellos sauber, vielleicht mit zu viel Bleiche, wenn sie in Rage geriet, so wie an dem Tag, nachdem Marla gegangen war. Da hatte sie auf allen vieren den Boden gescheuert und im Minutenabstand gesagt: «Habt ihr diese Beine gesehen? Diese *winooch* sollte sich mal um ihren eigenen Zustand kümmern.»

Insgesamt begegnete ich Marla in meinem Leben vier Mal, und der Tag, als sie an die Hintertür klopfte, war das dritte. Sie hörte bloß auf zu klopfen, um meinen Namen zu brüllen und mir zu sagen, ich solle aufmachen. «David», schrie sie. «Ich bin's, Marla. Mach auf, mein Lieber.»

Ich entsinne mich, Bedogi aus den Kissen genommen

und im Arm gewiegt zu haben, und vielleicht habe ich das Weitere aus reinem Schuldgefühl falsch in Erinnerung, aber ich hatte solche Angst, dass ich tatsächlich überlegte, ihr die Tür aufzumachen. Tat ich dann aber doch nicht. *Das* ist ein unveränderliches Detail. Als ich mit Bedogi im Arm dort saß, redete ich meinem erschrockenen Selbst ein, sie könne klopfen und brüllen und wieder klopfen, bis ihre fetten Beine sie nicht mehr trugen. Ich und Bedogi waren nämlich in gutem Zustand, außer dass er bei Marlas Geklopfe und Gebrüll ein bisschen zu weinen anfing.

Um weiter so tun zu können, als wären wir nicht da, obwohl Marla mich gesehen hatte, musste ich ihn beruhigen. Ich griff nach dem Fläschchen auf dem Nachttisch, und als ich es an seinen Mund führte, saugte er sich am Gumminippel fest, und ich hielt das Fläschchen hoch.

Weder er noch Marla legten eine Pause ein: Er saugte, sie klopfte, er saugte, sie klopfte, er schluckte, sie schrie, er saugte, sie klopfte, klopfte und klopfte. Sie hörte einfach nicht auf und klopfte weiter, während ich Bedogi sein Bäuerchen machen ließ, er mir übers Hemd spuckte und ich ihm den Mund abwischte und ihn wieder zwischen die Kissen legte. Als ich mein schmutziges Hemd auszog und es zu Boden warf, hörte Marla endlich auf zu klopfen, und die Fliegentür schlug zu.

Bedogi döste zwischen den Kissen ein, und ich schaute den Flur runter auf die Tür: keine Marla dahinter. (Auch davon würde ich träumen – in einem Haus zu sein und jemanden klopfen zu hören, bloß damit dann keiner an der Tür war, keiner mich suchte.)

Jetzt, wo sie fort war, schlüpfte ich in mein Zimmer, griff mir ein frisches Hemd, zog es an und kroch dann durch den Flur ins Wohnzimmer. Ich blieb gebückt und näherte mich langsam den vor dem Fenster hängenden Vorhängen. Ich zog sie ein bisschen zur Seite; in der Einfahrt stand Marlas roter Dodge, und sie saß drin und telefonierte. Ich sah sie reden, und dann legte sie auf.

Ich entsinne mich, gezögert zu haben, als sie ausstieg und wieder die Einfahrt raufkam. Ich hätte noch die Zeit gehabt, zu Bedogi ins Zimmer zurückzukehren, aber ich ging nicht rein, als ich gesollt hätte. Am Ende blieb ich im Wohnzimmer hängen, und jedes Mal, wenn sie klopfte, drückte ich den Rücken fester und fester gegen die Wand, als würde sie mich verschlucken, mich absorbieren und mich drinnen frei durch die Dämmung bewegen lassen können wie die bösen Goog'ooks, die in unserem Haus rumgeisterten und eine Sprache sprachen, die bloß wir hörten, die Goog'ooks, die Frick nie hat ausräuchern können. (Für ihre Anwesenheit hat er immer mich verantwortlich gemacht; er meinte, sie seien gekommen, weil ich mal nachts gepfiffen hätte.) Wenn mich das Haus doch nur hätte absorbieren können, dann wäre ich dorthin abgetaucht, wo die Rohre in der Kälte rappelten, und dann wieder hoch zu Bedogi, hätte mich durch die Dämmung nach oben geschlängelt, mit dem Arm durch den Rigips gelangt und ihn mitgenommen, hätte ihm erzählt, dass Marla wegen unserer Zustände da war.

Wieder hörte sie irgendwann auf, und die Fliegentür schlug zu. Ich kroch zurück ans Wohnzimmerfenster, spähte zwischen Vorhang und Fensterbrett durch. Da stand Marla hinter ihrem Wagen und sprach mit den Stammespolizisten.

Es waren zwei, und sie waren in einem Einsatzwagen gekommen. Einer war weiß, ein Mann namens Mitch, der Mom mal angehalten hatte, weil sie mit der vorgeschriebenen Geschwindigkeit gefahren war – jedenfalls behauptete sie das. Der andere war indigen, und er hieß Charlie. Obwohl alle ihn Choggy nannten. Einmal war er wegen einer Medizin zu Frick gekommen, weil seine Frau nicht schwanger werden konnte, aber Frick hatte ihm gesagt, dafür habe er keine Medizin.

Marla und die Cops unterhielten sich noch, als ich zu handeln beschloss. Ich kroch in den Flur, stand auf und eilte in Moms Zimmer.

Ich wusste, dass Marla reinkommen, das Haus betreten wollte. Sie hatte mich gesehen, egal, wie sehr ich so tat, als hätte sie es nicht. Heute wie damals frage ich mich, warum sie nicht einfach durch die Tür gerauscht ist und uns gerettet hat. Frage mich, ob dann alles anders gelaufen wäre.

In Moms Zimmer machte ich den Schrank auf, aber der war voll mit Kleidung, Decken und kaputten Metallbügeln. Ich schaute unter ihr Bett und sah, dass ich nicht zwischen Boden und Rahmen passte.

Bedogi strampelte überrascht, als ich ihn aus den Kissen hochnahm, aber er weinte nicht, sondern sah mich bloß genauso an, wie ich ihn ansah, und ich roch den süßlichen Geruch der Ersatzmilch in seinem Atem.

Ich warf einen Blick durch den Flur, sah ihre Köpfe, als sie die Treppe zur Hintertür hochstiegen, und flitzte in Paiges Zimmer. Sie begannen zu klopfen, ein schneller Dreivierteltakt, und ich öffnete Paiges Kleiderschrank. Er war genauso voll wie Moms, ein dichter Wald von runterhängender Kleidung; auf dem Boden purzelten Kartons und Bedogis Babyschale herum, von deren Tragegriff ein weicher, lächelnder Stern hing, der jetzt von selbst und viel zu laut glückliche Töne zu spielen begann. Ich griff ihn mir und begrub ihn tief im Schrank, und dabei fiel irgendwas auf mich runter: das Fliegengitter, das Paige entfernt und Frick nicht wieder angebracht hatte. Ich schaute zum Fenster, hörte den Türknauf in der Küche knacken und hatte keine Wahl – ich durfte ja die Tür nicht aufmachen.

*

Das verdorrte Gras war kühl an meinen nackten Füßen, meine Fersen drückten sich tief in die Erde, und ich drehte mich bloß ein einziges Mal um – um das Fenster zuzumachen. Dann rannte ich über die Wiese auf den steinigen Asphalt und hielt Bedogi fest, dessen Ärmchen langsam aus der Decke rutschte. Den ganzen Weg die Straße runter schrammte ich mir die brennenden Füße auf, und bis ich es auf den braungrünen Waldboden schaffte, den das Sonnenlicht durch Laub und dichte Kiefernnadeln fleckte, waren sie stechend taub.

Tief im Wald, während ich Bedogi in seinem grünen Deckchen an die Brust drückte, achtete ich auf meine Schritte über scharfkantige Steine, umging den Giftsumach und duckte mich unter ausgreifenden Ästen durch. So näherte ich mich wieder dem Haus, hielt alle paar Schritte an, um zu überprüfen, ob ich auch nicht zu entdecken war. Ich versteckte mich hinter einem Baum, als ich Marla auf den Stufen stehen sah, wo Choggy mit dem Finger auf sie zeigte und mit einem Nicken feststellte, dass niemand zu Hause war. Sie hielt dagegen, schob ihn beiseite, betrat das Haus und sah selbst nach. Sie kam wieder raus, und Choggy rief, sie habe sich das eingebildet.

Vielleicht habe ich mir allerdings bloß eingebildet, dass er das gesagt hat, aber ich glaube nicht.

Ich entfernte mich von der Stelle hinter unserem Haus. Ging tiefer in den Wald, bis der Pfad sich gabelte, und nahm den steinigen Weg zum Fluss.

Der Wind wehte stark genug, um die Kronen der Bäume da oben zu teilen und mich einen Blick auf die Sonne erhaschen zu lassen. Ich blieb stehen und sah direkt rein, bis die Brise sich legte, die Kronen sich wieder schlossen und den Wald in Schatten tauchten.

«Hast du sie gesehen?», sagte ich zu dem Jungen. Ich beobachtete den Himmel, hoffte, die Bäume und Blätter würden sich noch mal teilen und mich erkennen lassen, dass die Nachmittagssonne nicht anschwoll, dass sie noch rund und gesund war.

«Sie wird gleich wieder durchkommen», sagte ich zu ihm, ganz versessen darauf, mich zu versichern, dass die Welt weiterexistieren würde. Und je länger ich darauf wartete, dass der Wind die Bäume teilte, umso schwerer lag mir Bedogi in den Armen.

Von hier an fällt es mir nicht mehr leicht, mich an Details zu entsinnen. Ich erinnere mich nicht, was zwischen meinen Worten «Hey, hey, hey, wach auf» und dem Moment passiert ist, als ich mich vollpinkelte. Ich erinnere mich nicht, wie lange ich mit den Füßen im gehärteten Matsch im hellen Wald stand und den Jungen festhielt. Ich erinnere mich nicht, wie ich in unser leeres Haus zurückgekommen bin, erinnere mich nicht, wie ich überhaupt rausgefunden habe, wo ich wohnte. Ich konnte nämlich nichts mehr sehen. Ich erinnere mich nicht, das getan zu haben, aber als er starb – denn gestorben ist er, ein Detail, das sich nicht ändern wird oder zu ändern ist –, musste ich zu lang in den Ball voll glühendem Leben am Himmel gestarrt, mir die Netzhaut und die Linse verbrannt und die Welt zu einem schwarzen Klecks gemacht haben.

In der grasbewachsenen Senke, die Frick nie mähte, wartete ich, und ich spürte, wie meine nasse Hose auskühlte, spürte den toten Körper des Jungen in meinen Armen. Irgendwo ist da eine echte Erinnerung – als hätte ich einen Moment lang wieder sehen können –, in der ich Moms Wagen hinter Fricks Truck einparken sah, wie um ihn zu blockieren, ihn nie wieder wegzulassen. Ich konnte das nicht sehen – das weiß ich –, aber in meinem Gehirn existiert die bildhafte Erinnerung: Frick steigt aus seinem Truck, die drei hirschledernen Medizinbeutel, die er nur zu zeremoniellen Anlässen trug, schwingen ihm am Hals, als er die Wagentür zuschlägt. Er hält alle drei mit einer Hand fest, und dann nimmt er einen ab. Er gibt ihn Paige, deren Haar ganz zerzaust ist, teils steif getrocknet, teils im Gesicht klebend – ich sollte Mom nie fragen, wie sie sie gefunden hatten oder was überhaupt vorgefallen war –, und sie hängt sich den Beutel um und verbirgt ihn unter dem Hemd. Mom geht zum Ende der Einfahrt und sieht im grauen Postkasten nach.

Frick steht auf der Treppe, mit gesenktem Kopf, die Schlüssel klingelnd, während er den richtigen sucht. Paige ist hinter ihm, wartet, aber dann kehrt sie zum Truck zurück, langt auf die Ladefläche und holt Bedogis Eschenkörbchen runter. Sie trägt es auf der Schulter wie einen Schlafsack, als hätte sie hier ihr Zelt aufgestellt, um diesen Grund und Boden als ihren eigenen zu kennzeichnen, als wäre sie endlich dort angekommen, wo sie zu bleiben gedenkt.

Sie sieht mich. Paige sieht mich. Am Waldrand, ihre Erde und ihren Grund und Boden hochgereckt in meinen Armen. Sie stellt das Körbchen auf die Motorhaube von Fricks Truck und kommt zu mir, kommt zu Bedogi. Sie starrt ihn an, bis sie blau im Gesicht wird, und ich kann bloß sagen, dass ich nicht sehen kann, ich kann nicht sehen, und doch kann ich sehen, dass ich sie sehe.

Sie sagt nichts, als sie ihn mir aus den Armen nimmt, wobei das Deckchen zu Boden fällt, und ihn an Frick vorbeiträgt, der am Fuß der Treppe steht, und vorbei an Mom, die mich an der Schulter fasst, das runtergefallene Deckchen aufhebt und sagt: «Das ist jetzt nicht passiert, das konnte so nicht passieren», und das sagt sie so lange, bis es zur Wahrheit dieser Geschichte wird. Drinnen setzt sie mich an den Küchentisch, und eine ganze Weile ist nichts zu vernehmen als Moms Weinen und die Klospülung, und als Frick wiederkommt, sagt er, er wird jetzt anrufen, aber Mom hält ihn mit einem enorm lauten Schrei zurück. Schließlich ist sie es, die zum Hörer greift, und sie, die lügt. «Die werden mir mein Baby nicht wegnehmen», sagt sie, als sie 911 wählt.

Polizei und Rettungswagen treffen ein. Paige sitzt mit Bedogi in den Armen auf der Couch, und sie schaut ihn so durchdringend an, dass die Cops und Sanis, die um sie rumstehen und Fragen stellen, gar nicht existieren. Im Haus ist es still, trotz all der durcheinanderredenden und Fragen stellenden Sanis und Cops. Ich starre die ganze Zeit auf den Küchentisch. Wechsle nicht meine nassen Hosen. Sitze mit gesenktem Kopf da. Die Augen tun mir weh und tränen (es fühlt sich an, als wäre Sand hinter den Pupillen), und als ich schließlich zu weinen anfange, frage ich mich, welcher Schmerz da jetzt die Tränen auslöst.

Mom erzählt dem protokollführenden Polizisten, dass wir alle wegen einer Zeremonie und einem Gebet für Paige im Camp waren. Sie sagt, Bedogi war wach, als wir das Camp verließen, und als wir nach Hause kamen, dachten wir, er würde schlafen. Als sie mit der Geschichte durch ist – der Geschichte, an die sie künftig glauben wird, dass Bedogi und ich die ganze Zeit bei ihnen waren, dass er auf der Rückfahrt im Schlaf gestorben ist –, meldet sich Paige zu Wort.

«Er kann nicht sehen?», sagt sie. «Was soll das heißen, er kann nicht sehen? Er kann doch sehen, oder?» Ob jetzt jemand vorhat, da nachzuhaken oder nicht, uns alle unterbricht das läutende Telefon. Alle halten inne – Paige, Mom, Frick, ich, die Polizisten mit ihren Stiften und Notizblöcken, die Sanis, die vor Paige knien und ihr die Hand auf die Schulter legen –, und wir lauschen dem Telefon, das auf dem Küchentisch klingelt. Wir warten darauf, dass es aufhört. Und ungeachtet dessen, wie die Details unserer Geschichte sich auf den Rest unseres Lebens auswirken werden, kann ich nicht der Einzige gewesen sein, der wusste, wer da dran war, warum der Anruf erfolgte und wie sehr es wehtat und immer noch wehtut, ein Telefon läuten zu hören.

*

Der Arzt meinte, bei meinem Sehvermögen sei akut nichts zu machen, aber es werde schon zurückkommen. Er hatte recht, und ich hatte Glück. In den nächsten Tagen kam es langsam zurück, und ich denke, in diesem Moment – in dieser Blindheit – liegt die Ursache für meinen grauen Star. Jedenfalls werde ich meinem Augenarzt davon erzählen. Allerdings weiß ich nicht, wie viel er von der Geschichte erfahren muss – vermutlich reicht es, ihm zu erzählen, dass ich als kleiner Junge mal zu lange in die Sonne geschaut habe.

Richtig sehen konnte ich wieder, als wir Bedogis sterbliche Überreste zurückbekamen. An dem Tag war es kalt, und ich entsinne mich, zusammen mit Frick viel Ofenholz reingetragen zu haben, während Mom Mais- und Bohnensuppe kochte. Bei einem dieser Gänge nach hinten raus zu der blauen Plane, die ein Ster Holz bedeckte, tauchte Marla zum vierten und letzten Mal auf. Sie wedelte mit dem Obduktionsbericht und sagte, sie wolle mit uns reden, dass sie da ein paar Fragen hätte. Aber wir ignorierten sie einfach. Sie wollte nicht gehen, sondern rief von der Hintertreppe ins Haus. «Er war hier, nicht wahr? Geben Sie doch zu, dass er hier war!» Das wollte Mom aber nicht. Einmal hab ich dieses Detail ihr gegenüber zur Sprache gebracht, aber da sagte sie bloß, Marla habe sie drankriegen wollen, sie habe falschgelegen, und ich läge auch falsch. Aber Marla lag richtig, und vielleicht hat Mom deshalb mit Fricks Abhäutermesser in der Hand die Hintertür aufgerissen und sie die Einfahrt runtergejagt, wobei sie schrie, sie habe hier nichts verloren – «Das ist eine Totenzeremonie!»

Marla verschwand, und an dem Tag beerdigten wir den Jungen hinter dem Haus bei der knorrigen Eiche, deren Stamm Frick mit roten, weißen, schwarzen und gelben Fähnchen umwunden hatte. Wir sollten um Frieden beten, aber ich entsinne mich nicht, für was ich gebetet habe. All das ist lange her, und längst wohnt jemand anderes in dem gelben Häuschen. Ich frage mich, ob diese Leute wissen, dass dahinten ein Kind begraben liegt. Einmal hab ich Paige angerufen und sie das gefragt. «Hör auf damit», sagte sie und legte auf. Ich weiß, dass die Familie, die jetzt dort wohnt, die Schwitzhütte abgerissen und ein Schaukelgerüst dorthin gestellt hat.

Als die Zeremonie vorbei war, als alle ihr Sprüchlein gesagt hatten und die letzte Erde draufgeschaufelt war, blieb Paige am längsten draußen. Es war schon dunkel, als sie schließlich reinkam. Mom und Frick rauchten im Wohnzimmer, nippten am Wein, ich lag mit einem feuchten Waschlappen über den immer noch schmerzenden Augen auf dem Fußboden, und Paige verschwand in ihrem Zimmer. Mit dem Eschenkörbchen unter dem Arm kam sie wieder raus. Die stählerne Klappe quietschte, als sie den heißen Holzofen aufmachte, und als sie das Körbchen in die Flammen schob, zischte und knackte ein Scheit. Bei offener Klappe kniete Paige vor dem züngelnden Feuer. Mom drückte ihre Zigarette aus und lag als Erste neben ihr auf den Knien, dann folgte ich mit dem kalten Lappen in der Hand, schließlich Frick, und zusammen sahen wir zu, wie das Körbchen des Jungen verbrannte, während der Schweiß auf unseren Gesichtern abkühlte und das Körbchen rauchend in sich zusammenfiel, wie es die Sonne eines Tages tun wird, wenn ihr Kern in ein großes Schweigen hinein explodiert, nicht unähnlich dem, das um die orangerote, verblassende Kohle im Holzofen versammelt saß.

# Anmerkung zur Schreibweise des Penobscot

Historisch betrachtet war das Penobscot eine gesprochene Sprache. Mit der Zeit bekam es ein Alphabet und ein Rechtschreibsystem. Ich habe mich entschieden, dieses System nicht zu verwenden, und stattdessen in diesem Buch aus diversen Gründen die englische Phonetik benutzt. Es ging mir dabei um Zugänglichkeit – dass Penobscots und Nicht-Penobscots die Worte gleichermaßen richtig aussprechen können. Damit will ich keineswegs die Unmengen großartiger Arbeit diskreditieren, die in die Wiederbelebung dieser Sprache investiert wurden, der die Kolonialisierung beinahe den Garaus gemacht hätte. Jedoch möchte ich, dass die phonetische Schreibweise meine *eigene* Kenntnis der Sprache widerspiegelt. Ich beherrsche das Penobscot nur rudimentär. Ich habe da noch viel zu lernen, wie auch die Figuren, über die ich hier schreibe. Was ich von der Sprache weiß, stammt von Familienangehörigen, die das eine oder andere Wort auf Penobscot einstreuten, und aus dem Schulunterricht (ich wünschte, ich hätte da besser aufgepasst!). Wenn ich beim Schreiben ein Penobscot-Wort buchstabiere, tue ich das bewusst phonetisch. In vielerlei Hinsicht ist die Entscheidung für die Phonetik – neben der Zugänglichkeit und meiner Sprachbeherrschung – auch eine Bestandsaufnahme der Sprache, so wie ich und andere aus meinem Stamm sie gegenwärtig kennen.

## Danksagung

Teile dieses Buchs sind in den folgenden Zeitschriften und Magazinen erschienen:

«Burn» («Verbrennung»): *Narrative*, Sommer 2018.
«In a Jar» («In einem Glas»): *Granta.*
«Food for the Common Cold» («Essen gegen die Erkältung»): *Narrative*, Herbst 2020.
«In a Field of Stray Caterpillars» («Auf einem Feld voll verirrter Raupen»): *Arkansas International.*
«The Blessing Tobaccco» («Der Weihetabak»): *TriQuarterly*, Winter 2020, und *Lit Hub*.
«Safe Harbour» («Sicherer Hafen»): *Narrative, Winter 2019.*
«Smokes Last» («Mit den Kippen auskommen»): *The Whitefish Review*, Herbst 2017.
«Earth, Speak» («Erde, sprich»): *Shenandoah*, Herbst 2019.
«Night of the Living Rez» («Nacht der lebenden Roten»): *RED INK*, Frühjahr 2017.
«The Name Means Thunder» («Sein Name ist Donner»): *The Georgia Review*, Herbst 2019.

Mein tief empfundener Dank an die wunderbaren Leute bei Tin House: Win McCormack, Craig Popelars, Elizabeth DeMeo, Alyssa Ogi, Diane Chonette, Jakob Vala, Becky Kraemer, Alex Gonzales, Nanci McCloskey und Sangi

Lama. Es fühlt sich an, als wärt ihr alle ein Teil der Familie. Ein besonderes Lob verdient meine fantastische Lektorin Masie Cochran, die geholfen hat, dieses Buch so gut zu machen, wie es sein kann.

Dank an den Stonecoast-MFA-Studiengang der University of Southern Maine, die ein himmlischer Ort für mein schriftstellerisches Wachstum war. Dank an Justin Tussing, Robin Talbot und Matt Jones und Dank an meine Mentoren Rick Bas und Aaron Hamburger. Ohne diesen Studiengang wäre ich heute nicht dort, wo ich bin. Es hat mir die Zeit geschenkt, zu schreiben und mich handwerklich weiterzuentwickeln.

Dank auch an die Elizabeth George Foundation, deren Großzügigkeit mir erlaubt hat, dieses Buch fertigzustellen.

All den LektorInnen und VerlegerInnen, die meine Texte in den vergangenen Jahren publiziert haben – ich danke euch. Meiner Familie bei *Narrative* – Tom Jenks, Carol Edgarian, Mimi Kusch und Jack Schiff –, danke für das, was ihr da tut. Es ist so wichtig.

Dieses Buch gäbe es nicht ohne die Unterstützung so vieler Menschen. Da muss ich ganz vorne anfangen. Danke an die Leute in der Onoro High School: Claire Moriarty, Karen Frye und Chris Crocker. Was hätte ich ohne eure beständige Hilfe und Zuwendung getan?

Danke an Carol Lewandowski und John Goldfine. Ihr wart die besten Lehrkräfte, um die ein Studierender bitten kann. Immer wieder kehre ich zu den Dingen zurück, die ihr mich gelehrt habt. Ich bin euch ewig dankbar. Und danke an meine DozentInnen am Dartmouth College, die in der Englischen Fakultät und in der für Indigene Studien, die mich angespornt haben.

Ich sehe mich gezwungen, «Agentin» zu sagen, aber sie gehört zur Familie: Danke, Rebecca Friedman, dass du die beste «Agentin» bist, die sich ein Schriftsteller wünschen kann. Und vielen, vielen Dank an Cara Hoffman. Angefangen hat sie als Mentorin, aber nun ist sie eine Freundin und ein Familienmitglied, und es fühlt sich an, als würden wir uns schon ewig kennen.

Der Penobscot Nation – und all meinen Vorfahren, die gelitten und ausgehalten haben, damit wir heute hier sein können – bin ich zu tiefstem Dank für ihre riesige Unterstützung verpflichtet. Stammesfonds haben mir erlaubt, meine Studienträume weiterzuverfolgen, was zweifellos zu meinem heutigen Erfolg beigetragen hat. Ein Dank muss auch ganz allgemein an die Gemeinschaft der Penobscots gehen: Ihr habt mich alle angefeuert und stets ermutigt. Danke. Einen besonderen Dank möchte ich auch an Gabe Paul und Carol Dana richten, die sich meine gelegentlichen Fragen zum Penobscot angehört haben. Ich bin noch Anfänger, und ich weiß, dass ich ein besserer Schüler werden muss.

Dank an Jake, Tyler, Ethan, Julian, Dylan, Yuma, Chad, Emily, Darby und Athena – wer wäre ich, wenn ich nicht mit euch zusammen aufgewachsen wäre?

Meine Familie hat mich immer unterstützt, für mich gesorgt und mich geliebt, deshalb geht mein größter Dank an sie. Dank an meine Mutter Carol Morgan, der ich wünschen würde, sie könnte noch hier sein, wenn dieses Buch herauskommt. Dasselbe gilt für meinen Vater John Talty. Aber ich weiß, dass ihr beide stolz seid, genauso wie Grammy und all die anderen, die vor euch abberufen wurden. Danke an meine Schwester Jessica Moores, die mich immer unterstützt und alles liest, was ich schreibe – ich liebe dich, Jess. Vielen Dank an meine Tanten und Onkel: Tante Linda und Onkel Mike, Tante Susie und Onkel Tom, Tante Dot Dot und Onkel Albert, Tante Barbara und Onkel Conrad. Danke an meine Cousinen und Cousins Stephanie, Mike, Jade, Julie und Lily. Ein ganz besonders süßer Dank an meine Nichten und Neffen Joao, Josie und Lizzy.

Zuletzt ein Dank an meine Schwiegereltern Linda und Kevin – für alles, was ihr tut und noch weiter tun werdet. Auch an meinen Schwager und meine Schwägerin Keven und Melanie und ihren Sohn Cole, dessen Existenz allein schon ständig daran erinnert, wie wertvoll das Leben ist.

Und zuallerletzt: ein Dank an meine beste Freundin und Gattin Jordan.